有期雇用法制
ベーシックス

BASICS OF FIXED-TERM EMPLOYMENT LAW

荒木尚志・編著

はしがき

　2013年の総務省労働力調査（基本集計）によると，現在，全労働者の36.6％，つまり，日本の労働者の3人に1人以上が有期労働・パート労働・派遣労働等に従事する非正規労働者である。非正規労働者の雇用の不安定さ，正規労働者との処遇の格差が大きな社会問題となっているが，その主たる要因は，非正規労働者の多く（7割程度）が期間の定めのある有期労働契約で雇用されていることにある。

　そこで有期雇用労働者をどのように取り扱うかが労働政策上の重要課題となり，2012年8月に行われた労働契約法改正では，有期労働契約に関して3つの重要な規定を新設することとした。すなわち，①同一使用者のもとで有期労働契約が5年を超えて更新された場合，当該有期契約労働者に無期労働契約への転換申込権を付与する「5年無期転換ルール」の導入（同法18条），②有期労働契約の更新拒否が解雇と同視される場合および雇用継続への合理的期待が生じていた場合について，客観的合理的理由を欠き社会通念上相当と認められない更新拒否の効力を否定するとした判例法理（雇止め法理）の明文化（同法19条），そして③有期労働契約であることを理由とする不合理な労働条件の禁止（同法20条），である。

　②は従来確立していた判例法理を明文化したもの（2012年8月10日から施行）だが，①は不安定雇用である有期労働契約を安定雇用である無期労働契約に誘導し，③は正規労働者と有期契約労働者との不合理な処遇格差を是正しようとするもので，これまでにない新たなルールである（①③は2013年4月1日から施行）。労働契約法は，非正規雇用の中核問題である有期労働契約に対して本格的取組みを開始したといえよう。

　ところで，有期労働契約に関する法規制としては，これらの2012年労働契

約法改正による規定のほかに，明治以来の民法の規定，1947年制定の労働基準法の規定，2007年制定の労働契約法の規定がある。有期雇用法制を正しく理解するには，これらの民法・労働基準法・労働契約法にまたがる規制の全体像を把握しておく必要がある。そのためには，これらの規定の趣旨・目的を理解しておくことが重要である。

例えば，2003年に改正された労働基準法14条が「労働契約は，……3年……を超える期間について締結してはならない」と定めたところ，製造業等を中心に，3年（2年11か月等）を上限に有期契約労働者を雇止めするといった運用が広がった。しかし労働基準法14条は有期労働契約の反復更新の上限規制を行ったものではなく，人身拘束の弊害を除去するために1回の有期労働契約の期間の上限を定めたにすぎない。また，3年内に雇止めすれば「雇止め法理」の適用を免れるという保障があるわけでもない。法制度の誤解に基づくともいえるこのような運用は，法規制の趣旨・目的をきちんと理解していれば避けられるものである。

そこで本書は，民法・労働基準法・労働契約法にまたがる有期雇用に関する法規制全体について，その趣旨・目的および規制内容をわかりやすく解説することに努めた。すなわち，第1章で有期雇用法制の全体像を俯瞰した後，第2章では労働基準法と労働契約法による有期労働契約規制の各条文について，当該規制の趣旨・目的と規制内容および効果を明瞭に伝えることを心がけて解説している。そして，第3章では，こうした有期雇用法制の中で，2012年労働契約法改正が実際の人事管理にどのようなインパクトを持ち，また，今後生起する解釈論上・実務上の諸課題をどう考えていくべきかについて，岩村正彦東京大学教授の司会により島田陽一早稲田大学教授と荒木が参

加して，鼎談の形で論じている。この鼎談はジュリスト1448号（2012年12月号）に掲載され，その後の議論でもしばしば引用されることとなったものであり，本書に再録し，読者の参考に供することとした。鼎談掲載をご快諾下さった岩村教授・島田教授に厚く御礼申し上げる。

　本書は新進気鋭の労働法研究者と編者とが議論を重ねて作り上げた。この企画を提案いただいた有斐閣雑誌編集部の亀井聡さんと，本書出版のプロセスをひとかたならぬ尽力と細やかな心遣いでサポートいただいた小野美由紀さんには心からお礼を申し上げたい。

　非正規雇用問題は正規雇用のあり方と表裏をなしている。注目すべき展開をとげた有期雇用法制は，これからの日本の雇用システムに対して大きなインパクトを持つものである。本書が，日本の雇用社会にとって大きな課題となった非正規雇用問題を考えるうえで確かな指針を提示できていれば幸いである。

　　　　　　　　　　　　　　　　　2014年5月　　執筆者を代表して
　　　　　　　　　　　　　　　　　　　　　　　　荒木尚志

CONTENTS 1

第1章　有期雇用法制の全体像 …… 001

Ⅰ．有期雇用法制
——民法・労働基準法・労働契約法にまたがる規制の全体像 …… 003
1. 有期労働契約の3つの法的効果 …… 003
2. 人身拘束効果と法規制（労基法14条） …… 004
3. 雇用保障効果と法規制（民法628条，労契法17条） …… 006
4. 自動終了効果による不安定雇用問題と法規制
   （労契法18条・19条・20条） …… 007

Ⅱ．2012年労働契約法改正による有期労働契約規制 …… 007
1. 非正規雇用問題の顕在化 …… 007
2. 非正規雇用と有期雇用 …… 009
3. 諸外国における有期労働契約規制 …… 010
4. 日本における有期労働契約規制をめぐる検討 …… 011
5. 2012年労働契約法改正 …… 013

Ⅲ．有期雇用法制の課題 …… 016

第2章　有期雇用法制の個別条文解説 …… 019

NUMBER ❶　労働基準法14条（契約期間等） …… 021

Ⅰ．労働基準法14条1項の趣旨 …… 022
Ⅱ．沿革 …… 022
1. 1998年改正 …… 022

	PAGE
2. 2003年改正	023
Ⅲ. 契約期間の原則的上限規制	024
1. 契約期間の意義	024
2. 期間の定めの解釈	027
Ⅳ. 例外①：一定の事業の完了に必要な期間	028
1. 労働基準法14条1項柱書	028
2. 職業訓練期間の特例	031
Ⅴ. 例外②：5年上限（労基法14条1項1号・2号）	031
1. 高度の専門的知識等を有する労働者との労働契約（1号）	031
2. 満60歳以上の労働者との労働契約（2号）	033
3. 5年上限の活用の留意点	033
4. 5年間の退職制限	034
Ⅵ. 上限規制違反の効果	034
Ⅶ. 契約期間の下限	036

NUMBER ❷　**労働契約法17条（契約期間中の解雇等）** ……… 038

Ⅰ. 労働契約法17条1項の意義	038
1. 民法628条との関係	038
2. 約定解雇権の効力	039
3. 契約期間の雇用保障機能	040
Ⅱ. 解雇の予告	041
Ⅲ.「やむを得ない事由」	041
1. 判断基準	041

CONTENTS 2

	PAGE
2. 立証責任	042
3.「やむを得ない事由」の否定例	043
4.「やむを得ない事由」の肯定例	047
Ⅳ.「解雇することができない」	**048**
1. 民法628条との関係	048
2. 労働契約法16条との関係	048
Ⅴ. 労働契約法17条2項	**050**

NUMBER ❸ 労働契約法18条（有期労働契約の期間の定めのない労働契約への転換） ……… 051

Ⅰ. 労働契約法18条の概要	**052**
1. 本条の基本的な枠組み	052
2. 本条の趣旨：無期転換ルールの必要性	053
Ⅱ. 無期転換申込権	**054**
1.「同一の使用者」との労働契約関係	054
2. 2以上の有期労働契約の通算期間が5年を超えること	056
3. 5年無期転換ルールの特例	056
4. クーリング期間	057
Ⅲ. 無期転換申込権の行使	**058**
1. 無期転換申込権の行使可能期間	058
2. 無期転換申込権の放棄	060
3. 無期転換申込権行使の効果	061
Ⅳ. 無期転換と労働条件	**061**

	PAGE
1．無期転換ルールと労働条件	061
2．労働条件の変更：「別段の定め」	063
Ⅴ．無期転換後の雇用保障	067

NUMBER ❹ 労働契約法19条（有期労働契約の更新等) …… 069

Ⅰ．判例法理の成文化 …… 070
1．概要 …… 070
2．判例法理の形成 …… 070
Ⅱ．労働契約法19条の要件 …… 073
1．1号または2号該当性 …… 073
2．労働者からの雇用継続の申込み …… 089
3．使用者の拒絶 …… 093
4．雇止めが客観的に合理的な理由を欠き、
　社会通念上相当であると認められないこと …… 095
5．効果 …… 098

NUMBER ❺ 労働契約法20条
（期間の定めがあることによる不合理な労働条件の禁止）……… 100

Ⅰ．はじめに …… 100
1．経緯 …… 100
2．特質 …… 103
3．目的 …… 105

CONTENTS 3

	PAGE
Ⅱ．要件	107
1．要件①「有期労働契約を締結している労働者の労働契約の内容である労働条件が」	107
2．要件②「期間の定めがあることにより」	109
3．要件③「同一の使用者と期間の定めのない労働契約を締結している労働者の労働契約の内容である労働条件と相違する」	111
4．要件④「不合理と認められるものであってはならない」	113
Ⅲ．効果	116
1．民事的効力	116
2．その他	118
Ⅳ．今後の課題	118

第3章　鼎談 2012年労働契約法改正 ――有期労働規制をめぐって ……… 121

Ⅰ．はじめに	123
Ⅱ．2012年労働契約法改正までの経緯	124
Ⅲ．無期労働契約への転換	126
1．概観	126
2．要件	127
3．効果	137
4．クーリング期間について	148
Ⅳ．雇止め法理の立法化	150

	PAGE
1．概要	150
2．判例法理との関係	151
3．更新の合理的な期待について	154
4．無期転換申込権との関係	156
V．不合理な労働条件の禁止	**158**
1．概要	158
2．要件	159
3．効果	163
VI．おわりに	**165**

資料 171

1．条文 173
2．労働契約法の施行について（抜粋）
　（平成24年8月10日基発0810第2号） 185
3．有期労働契約研究会 報告書（平成22年9月10日） 200
4．雇用形態による均等処遇についての研究会報告書の概要
　（平成23年7月） 232

判例索引 243
事項索引 246

凡例

裁判例の表示

本文（地の文）

例／最高裁昭和 58 年 10 月 7 日大法廷判決（民集 37 巻 8 号 1282 頁）

本文のかっこ内・脚注

例／最大判昭和 58・10・7 民集 37 巻 8 号 1282 頁

＊最高裁の法廷名は，大法廷判決（決定）は「最大判（決）」として，小法廷については，たとえば第一小法廷判決（決定）は「最一小判（決）」のように示す。引用頁の表示は，その判例集の通し頁とする。

判決文・条文の引用

判決文・条文を「　」で引用してある場合は，原則として原典どおりの表記とするが，以下の点を変更している。また，解説文中では「　」を用いて判決文・条文の趣旨を書いているものもある。なお「　」内の〔　〕表記は執筆者による注であることを表す。
- 漢数字は，成句や固有名詞などに使われているものを除き算用数字に改める。
- 漢字の旧字体は新字体に改める。
- 促音や拗音を表すひらがなは原文にかかわらず小書きとする。
- カタカナ表記で濁点・句読点の用いられていない判決文・条文について，執筆者によってひらがな表記に改められたものや濁点・句読点が補われているものがある。

法令名等の略語

法令名等の略語は，以下に掲げるものを除き，原則として小社刊『六法全書』巻末掲載の「法令名略語」による。

研究開発力強化法	研究開発システムの改革の推進等による研究開発能力の強化及び研究開発等の効率的推進等に関する法律
高年法	高年齢者等の雇用の安定等に関する法律
任期法	大学の教員等の任期に関する法律
能開法	職業能力開発促進法

パートタイム労働法‥	短時間労働者の雇用管理の改善等に関する法律
労基法 …………	労働基準法
労契法 …………	労働契約法
労働者派遣法 ………	労働者派遣事業の適正な運営の確保及び派遣労働者の保護等に関する法律
施行通達 …………	労働契約法の施行について（平成24年8月10日基発0810第2号，平成24年10月26日一部改正）
有期通算基準省令‥	労働契約法第18条第1項の通算契約期間に関する基準を定める省令（平成24年10月26日厚生労働省令第148号）

文献略語

荒木・労働法 ………	荒木尚志『労働法〔第2版〕』（有斐閣，2013年）
菅野・労働法 ………	菅野和夫『労働法〔第10版〕』（弘文堂，2012年）
土田・労契法 ………	土田道夫『労働契約法』（有斐閣，2008年）
西谷・労働法 ………	西谷 敏『労働法〔第2版〕』（日本評論社，2013年）
水町・労働法 ………	水町勇一郎『労働法〔第5版〕』（有斐閣，2014年）
荒木＝菅野＝山川・詳説労契法 ……	荒木尚志＝菅野和夫＝山川隆一『詳説労働契約法』（弘文堂，2008年）
西谷＝野田＝和田・新コンメン ……	西谷敏＝野田進＝和田肇編『新基本法コンメンタール労働基準法・労働契約法』（日本評論社，2012年）

判例集・判例評釈書誌の略語

民(刑)録 ……………	大審院民(刑)事判決録
行録 ………………	行政裁判所判決録
民(刑)集 ……………	大審院，最高裁判所民(刑)事判例集
集民(刑) ……………	最高裁判所裁判集民(刑)事
高民(刑)集 …………	高等裁判所民(刑)事判例集

下民(刑)集	下級裁判所民(刑)事裁判例集
行集	行政事件裁判例集
労民集	労働関係民事裁判例集
裁時	裁判所時報
新聞	法律新聞

法律雑誌・判例評釈書誌等の略語

労判	労働判例
労経速	労働経済判例速報
中労時報	中央労働時報
労旬	労働法律旬報
季労	季刊労働法
判時	判例時報
判評（判時□号）	判例評論（判例時報□号添付）
判タ	判例タイムズ
金判	金融・商事判例
金法	金融法務事情
ジュリ	（月刊）ジュリスト
論ジュリ	（季刊）論究ジュリスト
曹時	法曹時報
法教	法学教室
法協	法学協会雑誌
法時	法律時報
法セ	法学セミナー
民商	民商法雑誌
リマークス	私法判例リマークス
論叢	法学論叢

執筆者紹介（執筆順）

第 1 章		荒木尚志	（あらき・たかし）東京大学大学院法学政治学研究科教授
第 2 章	NUMBER ❶❷	桑村裕美子	（くわむら・ゆみこ）東北大学大学院法学研究科准教授
	NUMBER ❸	原　昌登	（はら・まさと）成蹊大学法学部教授
	NUMBER ❹	池田　悠	（いけだ・ひさし）北海道大学大学院法学研究科准教授
	NUMBER ❺	櫻庭涼子	（さくらば・りょうこ）神戸大学大学院法学研究科教授

本書のコピー, スキャン, デジタル化等の無断複製は著作権法上での例外を除き禁じられています。本書を代行業者等の第三者に依頼してスキャンやデジタル化することは, たとえ個人や家庭内での利用でも著作権法違反です。

有期雇用法制ベーシックス

BASICS OF FIXED-TERM EMPLOYMENT LAW

第1章

有期雇用法制の全体像

Ⅰ．有期雇用法制——民法・労働基準法・労働契約法にまたがる規制の全体像

　労働契約は期間の定めのない無期労働契約と定めのある有期労働契約に二分される。そして，この区別は，雇用関係の終了について大きな相違をもたらす。また，有期労働契約は，いわゆる非正規雇用労働者の大半が有期労働契約で雇用されているという点では，非正規雇用問題の主要な原因でもあり，その対策が政策的にも大きな課題となってきた。

　2012（平成24）年労働契約法改正は，この非正規雇用の中核問題としての有期労働契約について本格的取組みを開始したものとして注目される。しかし，有期労働契約で雇用される労働者に対する法規制（以下「有期雇用法制」という）としては，民法や労働基準法における規制も問題となる。そこで，本書では，2012年労働契約法改正による規制だけでなく，民法・労働基準法・労働契約法にまたがる有期雇用法制全体を取り上げ，その相互関係にも留意しながら，現状をわかりやすく解説する。

１．有期労働契約の３つの法的効果

　有期労働契約には，次の３つの法的効果，すなわち，①人身拘束効果，②雇用保障効果，③自動終了効果が随伴する。

　労働契約に期間の定めを設けた有期労働契約では，労働者は当該期間労務を提供することを，使用者は当該期間雇用することをそれぞれ合意している。したがって，当該期間満了前に契約を解約することは契約違反となる。しかし，いかなる場合にも解約を認めないのも不都合なので，民法628条は，「当事者が雇用の期間を定めた場合であっても，やむを得ない事由があるときは，各当事者は，直ちに契約の解除をすることができる」としている。逆にいうと，やむを得ない事由がなければ，期間途中の解約は自由にはできないことを前提としていると解される。このような民法628条の規律によれば，労働者からする中途解約（辞職）が制限されることから①人身拘束効果が生じ，また，使用者からする中途

解約（解雇）が制限されることから②雇用保障効果も導かれる。さらに，有期労働契約では，当事者が契約存続の期間について合意していることから，期間満了時には，当事者の解約の意思表示を要することなく契約関係が終了するという③自動終了効果がもたらされる。

　有期労働契約には，無期労働契約とは異なるこれら３つの特徴的な効果が随伴しているが，これらの効果について，労働者保護の観点から一定の規制が必要か否かが問題とされてきた。①②については，民法や労働基準法において古くから規制の対象となっていたが，③の自動終了効果，そしてそれと密接に関連する労働条件格差問題については，一部が判例法理によって対処されたほかは，正面から法規制の対象とされることなく推移してきた。しかし，2012年の労契法改正では，いわゆる５年無期転換ルールを導入し，また，有期契約であることによる不合理な労働条件を禁止するという新たなルールを導入するに至った。有期労働契約に対する法規制の展開と現在の状況をまとめると次頁の**表**のようになる。

　なお，こうした有期労働契約に随伴する重要な効果にも鑑み，1998（平成10）年労基法改正以降，期間の定めは，書面によって明示することが必要とされている（労基15条，労基則５条２項・３項）。違反に対しては罰則も適用される（労基120条１号）。ただし，書面明示がなされなくても，有期労働契約であることが当事者間で合意されていれば，有期労働契約自体は有効に成立すると解されている。

２．人身拘束効果と法規制（労基法14条）

　有期労働契約においては，やむを得ない事由がなければ，期間中途の解約（辞職）ができないことから労働者の人身拘束効果が生ずる。これについては，民法自身が626条において，期間の定めが５年を超える場合，５年経過後はいつでも解約可能と規定することで，有期労働契約における拘束期間の上限を５年としていた。しかし，労働基準法14条は，人身拘束効果に対する法規制を強化し，1947（昭和22）年の制定時には１回の有期契約の上限を１年とした。また1998

表／有期労働契約に関する法規制の展開

	人身拘束効果	雇用保障効果	自動終了効果		労働条件格差
	1回の有期契約の上限規制	中途解雇規制	更新拒否規制	無期転換規制	格差是正規制
1896年（民法制定）	5年上限（民626条）	中途解約にやむを得ない事由要求（民628条）			
1947年（労基法制定）	1年上限（労基14条）		判例法理「雇止め法理」の形成		
1998年（労基法改正）		高度専門知識労働者・60歳以上に3年上限特例			
2003年（労基法改正）	3年上限（労基14条、ただし同137条で修正）	高度専門知識労働者・60歳以上に5年上限特例			
2007年（労契法制定）		中途解雇にやむを得ない事由を強行的に要求（労契17条）			
2012年（労契法改正）			雇止め法理の明文化（労契19条）	5年無期転換ルール（労契18条）	不合理な労働条件の禁止（労契20条）

第1章　有期雇用法制の全体像

（平成10）年改正では，高度専門職労働者や60歳以上の労働者について1回の期間の定めを最長3年まで認める例外規制が導入された。そして，2003（平成15）年改正では原則1年の上限規制が3年とされ，また，例外として3年上限とされた規制が若干の修正を経て5年上限とされた。このように，今日では，民法626条より厳格な労基法14条の規制が存在するため，民法626条自体が問題となることはほとんど[1]なくなった。

なお，実務においてはしばしば誤解が見られるが，労基法14条による3年の上限規制は，期間の途中に自由に退職できないという有期労働契約がもつ人身拘束効果に着目して，1回の期間の上限を規制したものであって，有期労働契約の反復更新可能な期間の上限を規制したものではない。したがって，例えば，1年の有期労働契約を3年を超えて反復更新することについて，労基法14条の規制は全く関知していない。労基法14条は有期労働契約の反復更新について何ら上限規制を行っていないがゆえに，後述する「雇止め法理」という判例法理が別途必要とされることとなり（Ⅱ5（1）），さらには5年無期転換ルールという新たなルールが要請されることとなったのである（Ⅱ5（2））。

3．雇用保障効果と法規制（民法628条，労契法17条）

有期労働契約においては，「やむを得ない事由」がなければ使用者も中途解約（解雇）できないことから，有期労働契約の期間中，労働者の雇用は原則として保障されることとなる。しかし，この民法628条による「やむを得ない事由」の要求が，任意的なものか強行的なものかをめぐって争いが生じた。当事者がたとえば「やむを得ない事由がない場合であっても，使用者は有期労働契約の期間途中に労働者を解雇することができる」と合意したり，その旨の就業規則が適用される場合には，「やむを得ない事由」の要求は働かなくなり，解雇も可能とな

---

1) なお民法626条の適用の意義が認められる場合としては，一定の事業の完了に必要な期間（労基14条）として5年を超える期間が定められた場合や，労働基準法の適用が除外されている家事使用人（労基116条）の有期労働契約が考えられる。

るのかという問題である。そして，2000年代になると，これを肯定する裁判例と否定する裁判例とが対立するに至った。

そこで，有期労働契約の中途解約には「やむを得ない事由」が強行的に要求され，合意によってこれを不要とすることはできないことを明らかにするため，2007（平成19）年労働契約法制定の際に，同法17条が設けられた。労契法17条は「やむを得ない事由がある場合でなければ」有期労働契約の期間満了までの間に「労働者を解雇することはできない」と規定し，上記の解釈論上の対立に決着をつけた。

4．自動終了効果による不安定雇用問題と法規制（労契法18条・19条・20条）

以上は，民法や労働基準法等，相当に以前から存在する有期労働契約規制であった。これに対して，2012（平成24）年労働契約法改正では，自動終了効果によりもたらされる有期労働契約の不安定雇用を中心とする問題に対して，判例法理たる雇止め法理を明文化した19条，判例法理にもなかった新たな規制として，5年無期転換ルールを定めた18条，および有期労働契約を理由とする不合理な労働条件の禁止を定めた20条が設けられた。その詳細については，項を改め，2012年労働契約法改正の背景を含めて，概観する。

Ⅱ．2012年労働契約法改正による有期労働契約規制

1．非正規雇用問題の顕在化

1990年代以降，いわゆる正規雇用労働者の比率が縮小し，非正規雇用労働者の比率が拡大する傾向が続いたが，2010（平成22）年には34.3％と非正規雇用労働者が労働者全体の3分の1以上に達した（**図**参照）。政府統計は，非正規雇用をその呼称によって把握してきたが，法的には，無期労働契約で，直接雇用され，フルタイムで働くという正規雇用にあらざる雇用を指すと解される。具体的

図／正規・非正規従業員の比率の変化

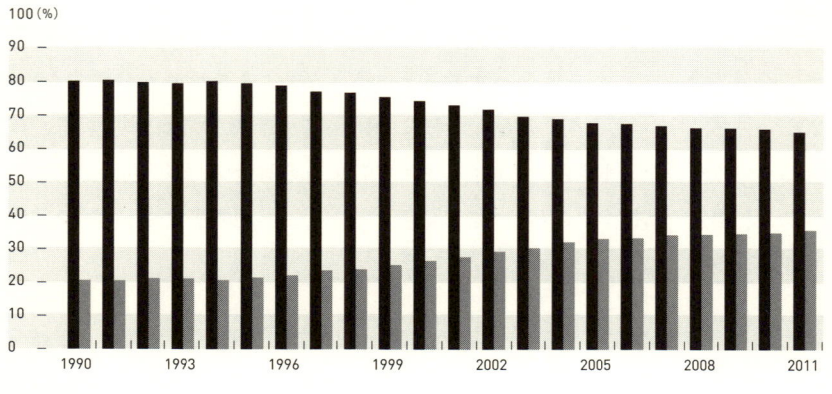

■ 正規従業員　　■ 非正規従業員　　　　　　出所／総務省・労働力調査（詳細集計）（各年）

には，有期契約労働，間接雇用たる派遣労働，そしてパートタイム労働が非正規雇用と位置づけられる。

　非正規雇用労働者は1990年当時も労働者の20％程度を占めていた。しかし，非正規雇用が，いわゆる家計補助的主婦パートや学生アルバイト等である場合には，その存在は大きな社会問題として受け止められることは少なく，また，生計依存的非正規雇用であっても，正規雇用の安定雇用を支える仕組みとして，日本の長期雇用システムに組み込まれた制度と位置づけられ，裁判所もそれを前提とした判断を下してきた[2]。

　しかし，1990年代初頭にバブル経済が崩壊して以降の長期経済低迷の中，企業が正規雇用を縮小し非正規雇用を拡大した結果，不本意ながら非正規雇用として就労する者が増えてきた。2011（平成23）年有期労働契約実態調査（個人調査）[3]によると有期契約労働者の属性は世帯主36.3％，世帯主の配偶者40.7％，

---

2) 例えば，日立メディコ事件・最一小判昭和61・12・4労判486号6頁は，正規従業員の希望退職募集を行う前に，有期契約労働者を雇止めすることも不当・不合理とはいえないとした。
3) 「平成23年有期労働契約に関する実態調査（個人調査）報告書」（http://www.mhlw.go.jp/toukei/list/dl/156-3a-3.pdf）。

世帯主の子5.2%である。特に，サンプルの3割を占める男性について見ると，世帯主が72.6%となっている。非正規雇用の量的拡大とともに，こうした非正規雇用労働者の属性の変化（生計依存的非正規雇用の増大）が非正規雇用問題を一層深刻化させることとなった。

そして，2008（平成20）年のリーマンショック後の世界的不況に際しては，非正規雇用労働者が真っ先に雇用調整の対象となり，国民一般にも大きな社会問題・政策課題として認識されることとなった。

２．非正規雇用と有期雇用

非正規雇用は，前述のように，無期労働契約で雇用されていない有期契約労働，直接雇用ではない派遣労働，フルタイムではないパート労働の3つに大別される。そして，非正規雇用の様々な問題点は，法的には有期雇用であって，解雇権濫用法理という雇用保障の規制に服することなく雇用関係が終了するという不安定雇用に起因するところが大きい。

従来の政府統計（総務省・労働力調査）では，非正規雇用をパート，アルバイト，派遣社員，契約社員等の勤め先における呼称で把握してきたため，有期契約労働者の比率を正確に把握することはできなかった。例えば，パート労働者が有期労働契約で雇用されているかどうか等は不明であった。そこで，2013（平成25）年1月より調査事項が変更され，有期契約労働者を統計上も把握できるようにした[4]。これによると，有期雇用労働者数は1426万人（有期契約の常雇892万＋臨時雇444万＋日雇90万）となり，雇用者（5502万人）を母集団とすると25.9%であり，役員を除いた雇用者（5168万人）を母集団とすると27.6%となる。そして，呼称把握による非正規雇用労働者数（1823万人）と有期雇用労働者数を単純に比較すると，非正規雇用労働者の78.2%が有期労働契約で雇用されていることになる。母数が呼称把握によるという問題もあり，おおよその

---

4) 佐藤朋彦「非正規雇用等の実態がより詳しくわかるようになりました――労働力調査平成25年（2013年）1月分結果より」http://www.stat.go.jp/info/today/061.htm。

数値ではあるが、非正規雇用の少なくとも7割程度を有期契約労働者が占めていると見られ、有期労働契約をいかに規制するかが非正規雇用政策の中核をなすといってよい。

3．諸外国における有期労働契約規制

非正規雇用問題の深刻化の中で、有期労働契約について正面から法規制を行うべきかが重要な政策課題となってきた。欧州諸国では詳細な有期労働契約規制が展開されてきたが、1999年にはEU有期労働指令も制定され、EU加盟国ではそれにしたがった国内法整備が義務づけられている。他方、アメリカでは有期労働契約について特段の規制は採用されていない。そこで、日本において有期労働契約についてどのような規制を行うべきかが議論されるようになった[5]。

（1）欧州の有期労働契約規制

欧州諸国における有期契約規制類型[6]を整理すると、(i)有期契約を締結すべき客観的事由がある場合（例えば、産休をとった労働者の代替要員を期間を限って雇用する場合等）にのみ有期契約を許容する等の有期契約締結事由の規制（いわば「入口規制」）、(ii)有期契約の利用が濫用にわたることを防止するために、更新回数を一定回数以下に制限したり、更新を含めて有期契約を利用できる期間を一定期間以下に制限する等の有期契約更新利用規制（いわば「出口（濫用）規制」）、そして、(iii)無期契約労働者との差別（不利益取扱い）禁止規制（いわば「内容規制」）の3つのタイプの規制がある。有期契約は前述した③自動終了効果により、解雇規制の及ばない不安定雇用となり、また、雇用保障の欠如ゆえに無期雇用より劣悪な労働条件となりがちなことから、労働者保護を図ろうとしたものである。

---

5) 荒木・労働法 448 頁。
6) 詳細は荒木尚志「有期労働契約規制の立法政策」菅野和夫先生古稀記念『労働法学の展望』（有斐閣，2013年）166 頁以下。

もっとも，有期契約の厳格な利用制限が労働市場の柔軟性を奪い，失業率の高止まり等の病理現象をもたらしているとの反省から，1980年代以降，欧州各国では，入口規制から出口（濫用）規制に規制の比重を移したり，入口規制を維持する場合にも有期契約締結可能事由を追加するなど，有期契約の利用制限を緩和する傾向が見られる。

（2）アメリカにおける有期労働契約規制

　これに対して，アメリカでは欧州のような規制は採用されておらず，有期契約の利用は自由であり，更新回数や利用期間にも制限はない。そもそも，アメリカでは無期契約労働者についても解雇が自由という「随意的雇用（employment at will）」の原則が今なお維持されているため，有期契約を利用することによる解雇規制の潜脱といった問題が存在しない。

　また，有期契約と無期契約とで労働条件に格差があっても，自由な転職によって解消されるべき問題であって，差別問題とは観念されていない。

4．日本における有期労働契約規制をめぐる検討[7]

（1）有期労働契約研究会報告書

　2008（平成20）年には，OECD対日審査報告書が，労働者の3分の1にまで増大した非正規雇用問題を指摘し，正規・非正規の労働市場の二重構造の深刻化に改善を求め[8]，また，同年秋のリーマンショック以降，いわゆる「派遣切り」に加えて有期労働契約の中途解約が「有期切り」として社会問題となった[9]。こうした中で，翌2009年2月に厚労省労働基準局長の委嘱により設置された「有期労働契約研究会」（座長：鎌田耕一東洋大学教授）は，今後の有期労

7）以下については荒木・前掲注6）170頁以下。
8）OECD対日経済審査報告書2008年版（要旨）（http://www.oecd.org/japan/40377219.pdf）。
9）有期労働契約の中途解雇が問題となり，労契法17条のやむを得ない事由なしとして解雇無効とされた事例として，プレミアライン（仮処分）事件・宇都宮地栃木支決平成21・4・28労判982号5頁。

働契約の施策の方向性について本格的検討を開始した。

同研究会は，有期労働契約規制のあり方について様々な議論が展開される中，事業所および労働者を対象とした実態調査，労使関係者等からのヒアリング，外国法制の研究等を踏まえて，2010（平成 22）年 9 月 10 日に有期労働契約研究会報告書を提出した。そこでは，比較法的検討を踏まえて，いわゆる入口規制（締結事由規制），出口規制（更新回数・利用可能期間・雇止め法理），そして，内容規制（均等規制等）について，あり得る政策選択のメリット・デメリットを示し，立法政策についての検討素材を提供した（巻末資料 3）。

（2）労働政策研究・研修機構『雇用形態による均等処遇についての研究会報告書』（2011 年 7 月）

非正規雇用の不安定雇用問題とも密接に関連するが，正規雇用との処遇格差問題をどう捉えるかも大きな政策課題であった。しかし，雇用形態による処遇格差問題については，均等処遇と均衡処遇，雇用形態差別禁止と不利益取扱い禁止，同一価値労働同一賃金原則等，非正規雇用の政策を考える際の主要な概念自体についても十分な整理ができていないように思われる状況であった。そこで，厚生労働省の委嘱を受けて独立行政法人労働政策研究・研修機構「雇用形態による均等処遇についての研究会」（座長：荒木尚志東京大学教授）は，非正規雇用における処遇問題に関する概念整理を中心に検討を行った。

2011（平成 23）年 7 月に提出された同報告書では，欧州における雇用形態差別規制と称される一連の規制は，正確には，差別禁止（有利にも不利にも異別取扱いを禁止し，同一取扱いを要求する規制）とは異なる，不利益取扱い禁止の規制（有利な取扱いは許容するが不利な取扱いは禁止する規制）と理解すべきであること等が指摘されており，その後の労働契約法 20 条の立案にあたっても参考とされた（巻末資料 4）。

（3）労働政策審議会労働条件分科会建議（2011 年 12 月 26 日）

有期労働契約研究会報告書提出の翌月，2010（平成 22）年 10 月からは，労働

政策審議会労働条件分科会が有期労働契約規制の立法化に向けた審議を開始した。同分科会での議論は2011（平成23）年秋までは，基本的方向性をめぐる議論が継続したが，同年12月末に具体的な立法の建議をとりまとめるに至った。これを受けて，2012（平成24）年3月に法律案要綱がとりまとめられ，同月労働契約法改正の法律案が国会に提出され，同年8月3日に成立した。

2012年労働契約法改正は，有期労働契約の無期労働契約への転換ルールの創設（労契18条），有期労働契約の更新拒否に関する雇止め法理の明文化（同19条），期間の定めを理由とする不合理な労働条件の禁止（同20条）の3点を規定した。このうち，19条は確立した判例法理を明文化したものであるのに対して，18条および20条は，従来の判例法理にもない新たな規制を立法によって創設したもので，企業の人事管理にも大きな影響を与える新たな規制として大きな関心を呼んでいる。以下，19条，18条，20条の順に概観する。

5．2012年労働契約法改正

（1）自動終了効果に対する雇止め法理による制約（労契法19条）

使用者が労働力を利用するために，無期労働契約を締結して労働者を雇い入れた場合，当該契約を使用者が終了させるためには，解雇権を行使することになる。そして解雇権の行使に対しては，それが「客観的に合理的な理由を欠き，社会通念上相当であると認められない場合」には，解雇権を濫用したものとして解雇を無効とするという「解雇権濫用法理」による制約がかかる（労契16条）。つまり，無期労働契約で雇用されている労働者を解雇するには客観的合理的理由・社会的相当性が必要とされる。

これに対して，有期労働契約においては，期間満了により自動的に雇用関係は解消され，雇用関係解消に，無期労働契約におけるような客観的合理的理由や社会的相当性は必要とされない。有期労働契約を利用すれば，労働力が必要な限りは契約を更新し，不要となれば更新せずに雇止めをすることで，解雇規制に服することなく，労働力を自由に調整可能となる。そこで，無期労働契約で雇用されたいわゆる正社員の雇用調整に相当に厳格な制約が課された日本の長期雇用シス

テムの中で、有期契約労働者は、雇用の調整弁、景気変動のショック・アブソーバーとして活用されてきた。

　しかし、有期労働契約が長期にわたって反復更新され、期間の定めも形骸化して、就労実態としては無期契約労働者と区別がつかなくなっているような場合に、当初の契約形式が有期労働契約というだけで、何らの合理的理由もなく雇用を剥奪されることは、いかにも不当と解された。そこで、判例は、その有期契約の運用実態に鑑み、解雇権濫用法理を類推適用する法理を確立した。いわゆる「雇止め法理」といわれる判例法理である。同法理はさらに労働者に雇用継続への合理的期待がある場合にも及ぼされるようになっていった。こうして、有期労働契約の自動終了効果については、判例法理による一定の規制が確立していった。労働契約法19条は、この「雇止め法理」を法律上明文化したものである。

　雇止め法理は判例法理として確立していた法理ではあるが、条文化されたことで、これまで十分に解釈論として詰められてこなかった論点について、条文の解釈論として議論が開始されつつある。

（2）有期労働契約（不安定雇用）の濫用的利用への対応としての無期転換ルール（労契法18条）

　雇止め法理は、解雇権濫用法理を類推適用することで自動終了効果を否定する法理ではあるが、その具体的な帰結は、終了前と同一内容の有期労働契約が再締結されたものとして扱うというものである。したがって、有期労働契約を締結した状態が継続することには変わりがない。

　しかし、有期労働契約の大きな問題は、単に、その不更新によって解雇規制に服することなく労働関係が自動的に終了するというだけではない。契約が更新されるか否かが使用者の意向にかかっているという状況下に置かれる有期契約労働者は、次回契約の更新拒否を恐れて、法律で保障された権利行使や、労働条件改善要求、セクハラ等の苦情申し出といった雇用関係上の当然の要求をなし得なかったり、自ら抑制しがちである。雇用保障に欠けた不安定な地位に置かれる有期契約労働者は、その交渉力において使用者に対して圧倒的に不利な立場に立た

される。そうした関係を使用者が5年を超えて利用することは，有期労働契約の濫用的利用と評価できるという立場から，安定雇用たる無期契約への転換ルールを導入したのが労契法18条である[10]。

労契法18条は，有期労働契約が少なくとも1回以上更新され，通算契約期間が5年を超えた場合，当該有期契約労働者に無期労働契約の締結を申し込む権利（無期転換申込権）を付与し，当該労働者が申込権を行使した場合，使用者はこれを承諾したものとみなすことで，有期労働契約を無期労働契約に転換する途を開いたものである。そして，契約間に空白期間がある場合，通算契約期間をどのように算定するか（いわゆるクーリング期間）についても規制が置かれた。

こうした規制は従来の判例法理にもない新たな規制であるために，かかる規制の当否，無期転換申込権の放棄の可否等をめぐって，活発な議論が展開されている。特に，5年無期転換ルールについては，2013年12月の「研究開発システムの改革の推進等による研究開発能力の強化及び研究開発等の効率的推進等に関する法律」および「大学の教員等の任期に関する法律」の改正により，大学，研究開発法人等における有期契約研究者・研究補助者・教員について，無期転換が可能となる期間を5年ではなく10年に延長する措置が採られた。また，高度の専門的知識をもつ労働者および定年後の高齢者の継続雇用についての特例を認める「専門的知識等を有する有期雇用労働者等に関する特別措置法案」が2014年に国会に提出されている。

（3）有期労働契約を理由とする不合理な労働条件の禁止（労契法20条）

正規雇用と非正規雇用の処遇格差問題は，従来，しばしば雇用形態差別の問題として議論されてきた。雇用関係における差別規制としては，労基法3条が均等待遇を定めている。そこで列挙された差別禁止事由のうち，有期労働契約を理由とする労働条件格差が「社会的身分」を理由とする差別に該当するかが問題となる。しかし，契約という合意によって設定された有期契約労働者という地位

---

[10] 施行通達第5の4(1)，荒木・労働法456頁参照。

は，自己の意思によって左右することのできない「社会的身分」にはあたらないと解されており，労基法3条の適用はない。

　雇用形態差別に関する先行規定としては，2014（平成26）年改正前のパートタイム労働法8条があった。同条は，職務内容の同一性，人材活用の仕組みの同一性，契約期間の同一性という3つの要件のすべてを満たしたパート労働者について，フルタイム労働者との差別を禁止していた。しかし，この規制は，適用要件が厳格に過ぎ，使用者としては，当該規制を免れるために，3つの要件のいずれかを満たさない雇用管理を行うことで，同条の規制を容易に免れることができるという問題点も指摘されていた。

　こうした2014年改正前パートタイム労働法8条の規制についての反省点や，欧州における規制の特質（差別禁止というよりも不利益取扱いの禁止規制と理解できること）等の検討も踏まえて，労契法20条は，従来にない規制を採用した。すなわち，有期契約労働者の労働条件が，「期間の定めがあることにより」，同一使用者に雇用される無期契約労働者の労働条件と相違し，その相違が，「業務内容及び当該業務に伴う責任の程度，当該職務の内容及び配置の変更の範囲その他の事情を考慮して，不合理と認められるものであってはならない」と規定した。

　差別禁止法理のように同一労働を前提としない点や，不合理性をどのように判断するのか等，20条の適用要件をめぐる問題，そして，20条を適用した場合，いかなる救済が認められるのかという効果をめぐる問題等が議論されている。

III. 有期雇用法制の課題

　日本の雇用労働政策は長期雇用システムの中核をなす正社員を中心に展開され，非正規雇用は正規雇用の雇用安定を支える存在として位置づけられがちであった。しかし，労働者の3分の1以上が非正規雇用となり，その雇用の不安定，処遇格差が大きな社会問題を惹起し，本格的な非正規雇用政策が要請される

に至っている。非正規雇用の大半を占める有期契約労働者に対する有期雇用法制は，その中でも最も重要な規制となる。

冒頭にみたように，2012（平成 24）年労働契約法改正は，この課題に初めて本格的な取組みを開始したものであった。しかし，新たな規制には常にプラスの側面とマイナスの側面が伴う。新たな規制がどのように作用しているのかを冷静に観察し，マイナスの側面が生じている場合には，それをいかにして除去しプラスの側面を強化するかを模索していく必要がある。

また，非正規雇用問題は，正規雇用問題と表裏一体，不可分である。非正規雇用の不安定雇用問題への対処は，正規雇用労働者の雇用保障の再検討を促すであろうし，非正規雇用の不合理な労働条件を是正することは，正規雇用の労働条件の見直しを不可避とするであろう。そして，労働条件の見直しは，労働者が多様化し，労働者相互の利害が対立し得る状況の中で，集団的労働条件設定の在り方をどうするかという労働法のさらなる大きな課題にもつながる。したがって，非正規雇用への対応は，非正規労働者に限った問題ではなく，正規雇用を含めた日本の雇用システム全体の再検討を要請し，また，集団的労働関係法をも含めた労働法の現代化という課題への取組みをも要請している。2012 年労働契約法改正によって開始された非正規雇用政策への本格的取り組みは，こうした労働法システム全体の再構築という大きな枠組みのなかで受け止めていく必要があろう。

有期雇用法制ベーシックス

BASICS OF FIXED-TERM EMPLOYMENT LAW

第2章

有期雇用法制の個別条文解説

NUMBER 1

労働基準法

14条

契約期間等

（契約期間等）
第14条① 労働契約は，期間の定めのないものを除き，一定の事業の完了に必要な期間を定めるもののほかは，3年（次の各号のいずれかに該当する労働契約にあっては，5年）を超える期間について締結してはならない。
　一　専門的な知識，技術又は経験（以下この号において「専門的知識等」という。）であって高度のものとして厚生労働大臣が定める基準に該当する専門的知識等を有する労働者（当該高度の専門的知識等を必要とする業務に就く者に限る。）との間に締結される労働契約
　二　満60歳以上の労働者との間に締結される労働契約（前号に掲げる労働契約を除く。）
② 厚生労働大臣は，期間の定めのある労働契約の締結時及び当該労働契約の期間の満了時において労働者と使用者との間に紛争が生ずることを未然に防止するため，使用者が講ずべき労働契約の期間の満了に係る通知に関する事項その他必要な事項についての基準を定めることができる。
③ 行政官庁は，前項の基準に関し，期間の定めのある労働契約を締結する使用者に対し，必要な助言及び指導を行うことができる。

Ⅰ. 労働基準法 14 条 1 項の趣旨

　労働基準法 14 条 1 項は労働契約に期間を設定する場合の上限を定めている。労働契約に期間が設定されると，当事者は「やむを得ない事由」がある場合のみ契約の解除ができるため（民 628 条），労働者が長期にわたって使用者に拘束されるおそれがでてくる。そこで民法は，雇用契約の上限期間を 5 年とし，雇用契約が 5 年を超過している場合または第三者の終身期間継続すべきものとされている場合には，5 年の経過後は，各当事者はいつでも 3 か月前の予告で契約の解除をすることができるとした（同 626 条）。しかし，戦前は契約期間の定めが労働者に対する身分的な関係を創り出すための手段として用いられ，労働者の不当な人身拘束につながったため，労基法 14 条は民法よりも短い期間を契約期間の上限として設定し，労働者保護を図っている。

Ⅱ. 沿革

　労働契約の期間の上限は，労基法制定当初は，「一定の事業の完了に必要な期間を定めるもの」以外は 1 年とされていた。しかし，戦前見られた身分的拘束の危険が減少する一方，より長期の有期契約を締結するメリットが労使双方から指摘され，次第に上限規制が緩和されていく[1]。

1. 1998 年改正

　上限規制に関する最初の改正は 1998 年であった。同年の労基法改正（平成 10 年法律第 112 号）により，原則 1 年の上限に新たな例外が設けられた。すなわ

---

[1] 以下の労基法の改正経緯については，金子征史＝西谷敏編『基本法コンメンタール：労働基準法〔第 5 版〕』（日本評論社，2006 年）82 頁［金子］，菅野・労働法 220 頁等参照。なお，厚生労働省第 89 回労働政策審議会労働条件分科会（2011 年 6 月 27 日）での議論も参考になる。

ち，①新商品の開発や科学研究などに関する専門的知識等をもつ労働者が不足している事業場において，かかる労働者を新たに雇い入れる場合，②事業の開始，転換，廃止等のための業務で一定期間内の完了が予定されているものに必要な専門的知識等を有する労働者が不足している事業場において，かかる労働者を新たに雇い入れる場合，③満60歳以上の労働者を雇い入れる場合の3つのケースについて，3年までの期間設定が可能となった。当時の議論では，労働者側は細切れの雇用の不安定さを訴え，使用者側は，1年契約だと教育訓練投資のインセンティブが働かず，良質の労働力確保につながらないとしていた。そして，労使にニーズがあり，双方が望むのであれば，より長期の契約期間設定を禁止する必要まではないのではないかという議論になり，上記3年の例外が新設された。この改正は，原則となる1年の上限を延長するためのワンステップとしての役割を担ったといえる[2]。

2．2003年改正

その後，雇用形態や働き方の多様化という時代の流れの中でさらなる規制緩和を望む声が高まり，労基法2003年改正（平成15年法律第104号）によって1年の原則的上限が3年に延長された。またこのときに，上限3年の例外として，一定の高度の専門職および満60歳以上の労働者について，5年までの契約期間の設定が認められた。特例の上限に服する類型を1998年改正時と比較した場合，「満60歳以上の労働者」はそのままである（労基14条1項2号）が，1998年改正のところで挙げた①②は，高度の専門的知識等を有する業務に就く労働者という類型（同1号）に単純化された。このとき，1998年改正時に設定された，専門的知識等を有する労働者が「不足している事業場」において，そのような労働者を「新たに雇い入れる場合」，という2要件の両方が削除された。

2003年改正は，特に労基法制定以来維持されてきた1年の原則的上限を3年とする点で大幅な規制緩和であったので，国会審議において有期労働契約の濫用

---

2) 西谷＝野田＝和田・新コンメン49頁［吉田美喜夫］。

的利用が懸念された。そこで，改正規定の施行後3年を経過した場合において，改正規定について施行の状況を勘案しつつ検討を加え，その結果に基づいて必要な措置を講じることとされた（2003年改正労基法附則3条）。そして，この措置が講じられるまでの間は，労働者は，1年を超える契約期間を定めた場合でも，一定の事業の完了に必要な期間を定めるものおよび5年の特例が適用される労働者を除き，契約期間の初日から1年を経過した日以後は，いつでも退職できることとされた（労基137条）。その結果，現行法では，3年の有期労働契約を締結しても改正前と同様に1年を超えて労働者を拘束することはできず，使用者にとっては，3年までは「やむを得ない事由」のない限り解雇できない雇用保障を約した契約として扱われることになる[3]。これにより使用者が3年までの有期契約を利用するインセンティブが低下したためか，労働契約において実際に1年を超える契約期間を設定する例は少ないようである[4]。

III．契約期間の原則的上限規制

現行の労基法14条1項によると，契約期間は原則として3年を超えてはならない。

1．契約期間の意義

（1）定年制

定年制の定めがある場合，これは労基法14条1項が規制する契約期間にあたるか。定年制のうち，定年に達したときは解雇する旨を定める場合（定年解雇制）には，定年は労働契約の当然の終了事由ではないため契約期間とならない

---

[3] 荒木・労働法451頁。
[4] 2011（平成23）年7月1日時点で1年超の有期労働契約を利用している事業所は全事業所の12.3%であった。厚生労働省労働基準局「平成23年有期労働契約に関する実態調査（事業所調査）報告書」。http://www.mhlw.go.jp/toukei/list/dl/156-2a-3.pdf.

が，定年に達した日の翌日をもって自動的に労働契約が終了するという内容である場合（定年退職制）には，定年が労働契約の終期の定めと解されるため問題となる。しかし定年退職制においては，定年に達する前に労働者に労働契約を解約する自由が確保されているため，定年に達するまでの間は期間の定めのない契約であると解され，労基法14条1項が規制する契約期間にはあたらないと考えられている[5]。

（2）任期法との関係

　同様の論理は大学教員の任期法に基づく任期制にも妥当する。国立大学法人，公立大学法人または私立大学の教員については，「大学の教員等の任期に関する法律」（任期法）において，一定の場合[6]に労働契約で任期を定めることができ（5条1項）[7]，3年（または5年）を超える任期制も導入可能である。任期法上，これらの教員と大学との関係は，任用ではなく「労働契約」であると整理され（2条4号，5条1項・2項），一般に労基法の適用を受けるが，任期法の任期制においては，1年経過後は退職の自由が保障されている（5条5項）。任期法の目的は，教員の流動化による大学での教育研究の活性化にあり（1条），同法に基づく任期制において1年経過後の退職自由を保障する5条5項も，多様な知識または経験を有する大学教員の流動性確保の観点から設けられたものである。

　上記の通り，労基法14条1項は，民法628条の存在により労働者は期間途中で自由に退職することができず，人身拘束の弊害があるため設けられたものであるから，労働契約上の任期が3年を超える場合であっても，1年経過後には退職

---

[5] 厚生労働省労働基準局編『平成22年版労働基準法（上）』（労務行政，2011年）212頁以下，青木宗也＝片岡曻編『労働基準法I〔第1条～第41条〕』（青林書院，1994年）211頁［諏訪康雄］。
[6] 具体的には，①先端的，学際的または総合的教育研究等で多様な人材の確保が特に必要となる教育研究組織の職，②助教の採用，③大学が定めまたは参画する特定の計画に基づき期間を定めて行う研究教育の職である（任期法4条1項1号ないし3号）。
[7] ただし，任期制とする場合には，あらかじめ，当該大学に係る教員の任期に関する規則を定めておかなければならない（任期法5条2項）。

の自由が保障されているのであれば，労基法14条1項が懸念する人身拘束の危険はないといえる。したがって，任期法における1年経過後の退職自由が保障された任期は，労基法14条1項が制限する契約期間にはあたらず[8]，2つの法律は相互に矛盾なく両立することになる。結果として，国立大学法人，公立大学法人または私立大学の教員と大学は，労基法14条1項に基づき3年（または5年）以内の契約期間，あるいは，任期法に基づきこれを超える任期を労働契約で設定することができる[9]。

任期法に基づく任期制について，現実には7年，10年といった比較的長期の任期が付されることも多いが，文部省通達は，5年を超える労働契約について5年を超えた段階で使用者側にも解約自由を認める民法626条を強行規定と解し，任期の上限を5年としている[10]。これに対しては，民法626条は使用者にとっては5年を超える拘束を認めてもよい任意規定であり，使用者を拘束する方向では，例えば7年という任期は有効と解すべきとする見解もある[11]。

（3）「1回」の契約期間の上限規制

先にみたように，労基法14条1項で長期の契約期間の設定を禁止しているのは労働者の不当な拘束を避けるためであるから，3年以内の契約期間を定めた労働契約の終了時に，その契約期間を労働者の自由意思で更新することまでも否定するものではない。労基法14条1項は1回の契約期間の長さを規制するにすぎないのである。したがって例えば，更新が繰り返される場合に，勤務が3年を超えて長期間継続することになっても，それは本条の禁止するところではない。

[8) 「大学の教員等の任期に関する法律等の施行について（通達）」（平成9・8・22文高金第149号）第1の4 (6)，野田進『事例判例労働法──「企業」視点で読み解く〔第2版〕』（弘文堂，2013年）96頁。
[9) 和田肇＝野田進＝中窪裕也『国立大学法人の労働関係ハンドブック』（商事法務，2004年）75頁以下，東京大学労働法研究会『注釈労働基準法（上巻）』（有斐閣，2003年）277頁以下〔大内伸哉〕。
[10) 前掲注8) 通達。
[11) 和田＝野田＝中窪・前掲注9) 72頁以下。

ところが，実務では，労基法14条が有期契約を反復更新して利用可能な「総期間」の規制を定めたものと誤解してか，あるいは，本条の上限期間を雇止め法理（労契19条）の適用を回避できる可能性の高い安全値とみてか，短期契約を反復更新し，合計でこの上限期間に達する前に雇止めをする例がみられる。これは労基法14条とは全く関係のない対応である[12]。

2．期間の定めの解釈

労基法14条の適用にあたっては，契約上何らかの期間が設定された場合に，それが労働契約の存続期間なのか，それとも従業員としての適格性を観察・評価するための試用期間なのかが問題となる。前者は労基法14条が規制する契約期間であるのに対し，後者は，労働契約の存続期間ではなく，期間の定めのない契約において特別な解約権が留保された期間[13]であり，労基法14条の規制は受けない。使用者は，労働契約の締結に際し，「労働契約の期間に関する事項」を書面により明示しなければならず（労基15条1項，労基則5条1項1号），この義務が遵守されれば，契約の存続期間の有無や長さは通常明らかであるが，現実には当事者間で争いとなることも多い。

例えば，期間は「一応1年」で，勤務状態をみて再雇用するかどうか判断する旨の説明を受けて採用された常勤講師の雇止めが問題となった事案において，最高裁は，「〔期間設定の〕趣旨・目的が労働者の適性を評価・判断するためのものであるときは，右期間の満了により右雇用契約が当然に終了する旨の明確な合意が当事者間に成立しているなどの特段の事情が認められる場合を除き，右期間は，契約の存続期間ではなく，試用期間であると解するのが相当」とした[14]。この最高裁の一般論は，試用目的での有期労働契約利用をその旨の「明確な合意が当事者間に成立している」などの「特段の事情」のある場合にあらかじめ限定

---

[12] 荒木・労働法451頁。
[13] 三菱樹脂事件・最大判昭和48・12・12民集27巻11号1536頁参照。
[14] 神戸広陵学園事件・最三小判平成2・6・5民集44巻4号668頁。

するものといえる。しかし，日本には有期労働契約の利用目的にかかる規制は存在せず，試用目的での有期労働契約締結も可能であるため，最高裁の一般論と現行法との整合性には疑問が生じる[15]。契約上の期間がどのような法的性質をもつかは個別の契約解釈の問題であり，具体的な事実関係に照らして両当事者の真意を追求した結果，黙示に契約の存続期間を設定したものと解釈されることも十分あり得ると解すべきである。

Ⅳ．例外①：一定の事業の完了に必要な期間

1．労働基準法14条1項柱書

労基法14条1項の上限規制が及ばない第1の例外は，一定の事業の完了に必要な期間を定める場合（14条1項柱書）である。この例外は労基法制定当初から存在している。

（1）趣旨

労基法14条1項柱書の例外規定は，契約の対象となる事業自体の終了が予定されているので長期拘束の弊害が少ないと考えられる一方，当該事業に必要な期間だけ労働契約を存続させ，事業完了に支障のないようにする必要も無視できないことから，労働者の長期拘束の抑止と事業遂行上の要請との兼ね合いを考慮して設けられたものである[16]。「事業の完了に必要な期間」の長さに労基法上制約はないが，不当に長ければ公序良俗（民90条）違反の問題が生じる[17]。また，当該労働契約は少なくとも民法626条の制限は受けるので，5年を超える期間が定められた場合は，当事者は5年を経過した時点で，いつでも3か月前の予告で契約を解除することができる[18]。

---

15) 菅野・労働法201頁。
16) 青木＝片岡編・前掲注5) 211頁［諏訪］。
17) 有泉亨『労働基準法』（有斐閣，1963年）114頁。

(2)「一定の事業」

　労基法14条1項柱書にいう「一定の事業」とはいかなるものか。労基法9条は,「事業又は事務所」を同条以下で「事業」と呼ぶとしており,その概念については,営利・非営利にかかわらず「業として継続的に行われる作業の一体をいう」[19]とされている。14条1項柱書にいう「事業」も,業としての継続性が前提となるのはもちろんであるが,多数説はさらに,有期事業であることが客観的に明らかなことが必要とし,かつ要件としてはそれで足りると解している[20]。同見解によると,例えば,一定期間で完了する土木工事や,大学の予算年限の限られた研究プロジェクトが14条1項柱書にいう「事業」に該当する[21]。また,「ダム,トンネル,橋梁工事,コンピューターの特定システム開発,展示会などのイベント事業のように,時限的で特定性(または独立性)のあるプロジェクト業務」[22]と定義するものもある。これに対し,14条1項柱書の例外規定は,一定期間事業所を設置し,終了の際には閉鎖をするプロジェクトのためのものであるとして,より厳格に解する立場もある[23]。両説の違いは,特定プロジェクトのための事業所設置および廃止を要件とするか否かにあるが,反対にいずれの立場でも14条1項柱書の例外に当たらないのは,当該プロジェクトが一回的でなく,終了後も企業内で同一業務が継続していく場合であると解される。

(3)期間の明確性

　長期拘束の弊害除去の観点からは,労基法14条1項柱書の例外の適用が認められるためには,労働者があらかじめ事業の完了までに要する期間を把握でき,

---

18) 有泉・前掲注17)114頁,東京大学労働法研究会・前掲注9)275頁[大内]等。
19) 昭和22・9・13発基第17号ほか。厚生労働省労働基準局編・前掲注5)109頁。
20) 厚生労働省労働基準局編・前掲注5)213頁,野田・前掲注8)95頁,中窪裕也=野田進『労働法の世界〔第10版〕』(有斐閣,2013年)76頁等。
21) 前掲注20)での引用文献。大学の研究プロジェクトについては,野田・前掲注8)95頁。
22) 青木=片岡編・前掲注5)210頁以下[諏訪]。
23) 菅野和夫『労働法〔第6版〕』(弘文堂,2003年)186頁,下井隆史『労働法〔第4版〕』(有斐閣,2009年)46頁。

キャリア設計等が可能となるように，期間が事前に明確になっている必要があるのが基本である[24]。これに対し，単にある事業の完成までという不確定期限の労働契約が許されるか否かについては争いがある。学説では，① これを否定し，一定の有期の契約をして更新していくか，期間の定めのない契約をなすべきであるとする説[25]，② 原則はそうだとしても，屋外での土木工事のように事業の完了日が天候などによって一定しない場合に，契約の最終日を具体的に定めずに「本工事が完了するまで」とすることは，通常の労働契約についての原則的上限期間である3年以上の期間のどこかで工事の完了することが客観的に明らかであって，その完了日が工事の進捗とともに客観的に推測し得る性質のものである限り，例外として許容されるとする説[26]などがある。

(4) 事業の完了

労基法14条1項柱書による例外は，その文言の通り，当該事業自体が一定期間で完了する場合に適用され，当該労働者の職務が一定期間で終了するだけでは足りない。裁判例の中には，当該職務が存在する限りでの期間の定めのない労働契約，言い換えれば，当該職務が存在しなくなることを不確定期限とする労働契約が，期限到来によって終了したと判断したものがある[27]。しかし，このような不確定期限による契約終了を認めれば解雇法理を簡単に回避できるため，妥当でない[28]。

---

[24] 青木＝片岡編・前掲注5) 211頁［諏訪］，東京大学労働法研究会・前掲注9) 275頁［大内］等。
[25] 吾妻光俊『労働基準法〔訂正版〕』（日本評論社，1955年）67頁。
[26] 金子＝西谷編・前掲注1) 83頁［金子］，東京大学労働法研究会・前掲注9) 275頁以下［大内］等。
[27] ジョブアクセスほか事件・東京地判平成22・5・28労判1013号69頁。
[28] 水町勇一郎・ジュリ1422号（2011年）145頁，荒木・労働法451頁。なお同判決は控訴審で変更され，当該職務が終了したことのみを理由とする雇用終了は解雇権の濫用であるとされている（東京高判平成22・12・15労判1019号5頁）。

2. 職業訓練期間の特例

　労基法 14 条 1 項柱書の例外に関連して，職業能力開発促進法（能開法）24 条 1 項の認定を受けて行う職業訓練については，職業訓練課程に応じて，能開法施行規則が定める訓練期間の範囲内で，より長い契約期間（最高 4 年）を訓練生との間で設定し得ることが法律で別途明記されている（労基 70 条，労基則 34 条の 2 の 2）。ただし，その場合も，当該事業場において定められた訓練期間を超えてはならない（労基則 34 条の 2 の 2）。そして，職業訓練生を労基法 14 条の契約期間を超えて使用する場合には，行政官庁の許可が必要である（労基 71 条）。このように，能開法に基づく職業訓練については，使用者が国家の厳格な監督に服することになっているため，より長い契約期間を認めても身分拘束等の弊害は十分排除されると解されている[29]。

V　例外②：5 年上限（労基法 14 条 1 項 1 号・2 号）

　3 年の上限規制が及ばない第 2 の例外は，労基法 14 条 1 項 1 号または 2 号に該当し，5 年までの契約締結が許される場合である。

1．高度の専門的知識等を有する労働者との労働契約（1 号）

　同条 1 項 1 号は，厚生労働大臣が定める基準に該当する高度の専門的知識，技術または経験（専門的知識等）を有する労働者が，当該専門的知識等を必要とする業務に就く場合である。

（1）現行の枠組み

　この例外は，労基法 1998 年改正の際には，専門的知識等を有する労働者が

---

29) 寺本廣作『労働基準法解説』（時事通信社，1948 年）183 頁。

「不足している事業場」で，かつ，そのような労働者を「新たに雇い入れる場合」に限定されていた。したがって，高度専門職を他事業所に異動させてポストに空きをつくり，そこに新たに高度専門職を特例期間で雇い入れることや，既に雇用している労働者をこのポストにあてて有期契約に転換する場合には，特例期間は利用できなかった。しかし，いずれの要件も2003年改正時に規制緩和の一環として削除されたため（改正経緯についてはⅡ参照），このような対応も可能となった[30]。現在では，当該労働者が当該専門的知識等を必要とする業務に就く者であれば，いつでも5年以内の期間を設定することができる。なお，高度の専門的知識等を有する労働者が，当該高度の専門的知識を有する業務に就いていない場合の上限期間は，5年ではなく3年である点には注意が必要である。

（2）高度の専門的知識等の基準

高度の専門的知識等の基準は，「労働基準法第14条第1項第1号の規定に基づき厚生労働大臣が定める基準」[31]において，次の者が限定列挙されている。

① 博士の学位を有する者
② 公認会計士，医師，歯科医師，獣医師，弁護士，一級建築士，税理士，薬剤師，社会保険労務士，不動産鑑定士，技術士，弁理士
③ システムアナリスト試験合格者，アクチュアリー資格試験合格者
④ 特許発明の発明者，登録意匠の創作者，登録品種の育成者
⑤ 農林水産業・鉄工業・機械・電気・土木・建築の技術者，システムエンジニア，デザイナーであって，大学卒業後5年，短期大学・高等専門学校卒業後6年，高等学校卒業後7年以上の実務経験を有する者，またはシステムエンジニアとしての実務経験5年以上を有するシステムコンサルタントであって，年収1075万円以上の者
⑥ 国，地方公共団体，公益法人等によって知識等が優れた者と認定されている者

以上列挙された労働者は，実務上1年を超える期間を設定して雇用するニーズが高い者であることに加え，高度の専門能力ゆえに「自らの労働条件を決める

---

30) 菅野和夫『労働法〔第7版補正2版〕』（弘文堂，2007年）168頁以下。
31) 平成15・10・22厚労告第356号。

に当たり，交渉上，劣位に立つことのない労働者」[32]であり，労働者保護の規制を緩和しても問題はないと考えられたことから，上限5年の特例の対象者とされたものである[33]。

2．満60歳以上の労働者との労働契約（2号）

同2号は，契約締結時に満60歳以上である労働者との労働契約の場合である。満60歳以上の労働者は，定年後は雇用機会が相対的に少なく，あっても多くは短期の雇用で，短期雇用のまま，その契約の更新が繰り返されることが少なくない。このような労働者の雇用安定という点では，むしろ長期の有期契約の方が有利と考えられ，労基法1998年改正において5年特例の対象に含められたものである[34]。なお，1号による契約で雇用されている労働者と契約を更新する場面では，その更新時に当該労働者が満60歳以上であれば，2号により5年以内の契約を締結することも可能である。

3．5年上限の活用の留意点

2003年改正の施行通達[35]においては，有期契約期間の上限の延長は，有期労働契約が労使双方から良好な雇用形態の一つとして活用されるようにすることを目的としたものであり，この改正を契機として，企業において，期間の定めのない契約の労働者の退職に伴う採用や新規学卒者の採用について，これまでは期間の定めのない契約の労働者を採用することとしていた方針を有期契約労働者のみを採用する方針に変更するなど，有期労働契約を期間の定めのない労働契約の代替として利用することは，改正の趣旨に反するとされている。

---

32) 衆議院厚生労働委員会「労働基準法の一部を改正する法律案に対する附帯決議」（2003年6月4日），参議院厚生労働委員会「労働基準法の一部を改正する法律案に対する附帯決議」（2003年6月26日）。
33) 金子＝西谷編・前掲注1）83頁〔金子〕。
34) 金子＝西谷編・前掲注1）83頁〔金子〕。
35) 平成15・10・22基発第1022001号。

4．5年間の退職制限

　5年の特例が適用される労働者については，労基法2003年改正で導入された暫定措置である「1年経過後の退職の自由」が妥当せず（労基137条），最大5年間，「やむを得ない事由」（民628条）に基づく解除しかできないことになる。このことは，3年上限が適用される労働者には1年経過後の退職の自由が付与されるのと対照的である。

　労基法137条は，もともと政府案には存在せず，衆議院での修正によって付加されたものである。修正提案者の答弁では，上限が1年から3年になる労働者に退職の自由を確保する必要性以外に理由説明はなく，上限が3年から5年になる労働者との区別について意識されないまま，現行法の形での改正に至ったようである[36]。上限3年と5年の労働者間で退職自由に関する現行制度にアンバランスが生じているのは事実であり，それをどのように解消するか，議論が必要であるように思われる。立法政策上は，上限3年の労働者について1年経過後の退職自由を廃止し，3年間の拘束を可能にすることもあり得よう。

Ⅵ　上限規制違反の効果

　労基法14条1項の上限規制に違反する契約が締結された場合，30万円以下の罰金に処せられる（同120条1号）。労働者も当該契約の当事者であるが，労基法14条は労働者保護のための規定であることから，処罰されるのは使用者のみである[37]。また，上限を超える契約の締結自体が労基法14条違反を構成するのであり，実際に上限を超えて労働させたか否かは問われない。

　学説上争いがあるのは，3年（特例の場合は5年）を超える契約期間を設定す

---

[36] 厚生労働省第89回労働政策審議会労働条件分科会議事録（2011年6月27日）を参照。
[37] 厚生労働省編・前掲注5）228頁。

る労働契約が，労基法14条1項違反の結果どのように修正されるかである。この点については，労基法13条の強行的・直律的効力により期間は3年に修正されるとする見解（第1説）が通説[38]・裁判例[39]である。同説によると，期間3年を過ぎて労働関係が継続されたときは黙示の更新（民629条1項）により期間の定めのない労働契約になったものと推定され[40]，3年経過後の解雇は，解雇権濫用の審査（労契16条）に服することになる。これに対し，有力説（第2説）は，労基法14条は人身拘束の防止のために民法626条ないし628条を修正した特則である以上，上限を超える期間を定めた場合に使用者は上限を超える期間の拘束関係を主張できないが，労働者にとっては上限を超える期間の定めは有効で，その期間の雇用保障を享受でき，また，当該期間の満了により労働関係は終了すると主張する[41]。さらに，第3の見解として，期間の定めのない契約の下でも解雇権濫用法理によって雇用保障が確立している今日では，労働者の雇用の安定という利益を重視して，期間の定めが無効になり，期間の定めのない契約になるとの立場[42]もある。

　第3説については，当事者に期間を設定する意思があったことを全く無視してよいのか，という疑問が生じる[43]。また，第2説については，上限規制を超える雇用保障を認める点で労働者に有利な解釈ではあるが，有期契約にはその期間満了時に労働関係を終了させるという効果もあり，この自動終了効果を，上限規制を超えて3年以上という相当の期間継続した契約についても認めてよいの

---

[38] 有泉・前掲注17）114頁，厚生労働省編・前掲注5）228頁，前掲注35）平成15・10・22基発第1022001号，西谷・労働法439頁，水町・労働法329頁，荒木・労働法453頁等。
[39] 旭川大学事件・札幌高判昭和56・7・16労民集32巻3＝4号502頁，読売日本交響楽団事件・東京地判平成2・5・18労判563号24頁等。
[40] 民法629条1項の黙示の更新後の契約期間については議論があるが，期間の定めのない労働契約になるとするのが通説である（荒木・労働法454頁以下等）。
[41] 菅野和夫『労働法〔第5版補正2版〕』（弘文堂，2001年）182頁，下井隆史『労働基準法〔第2版〕』（有斐閣，1996年）67頁等。
[42] 中窪＝野田・前掲注20）76頁，斉藤周「契約期間の制限」山口浩一郎＝菅野和夫＝西谷敏編『労働判例百選〔第6版〕』（有斐閣，1995年）27頁，金子＝西谷編・前掲注1）84頁〔金子〕等。
[43] 荒木・労働法453頁。

か等が問題点として指摘されている[44)]。これらの問題点に加え，労基法13条の強行的・直律的効力からすると，3年の上限を超える労働契約は3年の期間に短縮されると解釈するのが自然であり，第2の有力説をとる論者も最近では第1説を支持するに至っている[45)]。

VII. 契約期間の下限

契約期間の長さについては，労基法は下限規制を行っていないので，1か月，1週間，さらに1日のみの労働契約も可能である。実際上，数日ないし1日といったスポット的な需要も多数存在し，このような労働を求める人々も相当数存在している。しかし，短期の有期労働契約は，短期間の労働需要のために利用されるだけでなく，むしろ，雇用調整の容易さゆえに，継続的な労働需要のためにも多用されている。そのため，細切れの有期労働契約による不安定雇用問題への対処のため，2007年の労働契約法制定時に，使用者は，期間の定めのある労働契約について，その締結の目的に照らして，必要以上に細分化された契約期間で反復して更新することのないよう配慮しなければならないとの規定が置かれた（労契17条2項）。この規定は訓示規定であり，それ自体で契約内容や権利義務を変動させるものではないが，使用者がこの配慮を行わないことが労働者の雇用継続の合理的期待（労契19条参照）を基礎づける一要素となり得るという点で，一定の意義を有している[46)]。

なお，労働契約の期間について現行法上一般的な下限規制は存在しないものの，労働者派遣法においては，これと同様の機能を果たす規制が存在する。労働者派遣においては，2000年以降，派遣業者が派遣就業のために登録している労

---

44) 荒木・労働法453頁。
45) 菅野・労働法220頁，下井隆史『労働基準法〔第4版〕』（有斐閣，2007年）95頁。
46) 荒木＝菅野＝山川・詳説労契法157頁。

働者に携帯電話や電子メール等により連絡をとり，様々な企業における1日単位の労働に派遣する「日雇い派遣」が広がっていた。日雇い派遣は，労働者派遣の要件を満たして行う限りは，派遣期間が1日であること自体で違法となるものではないが，雇用が不安定で，技能形成にもつながりにくいという問題点があった。そこで，2012年3月末に成立した改正法（平成24年法律第27号）において，日雇い派遣を含む30日以内の短期派遣が原則として禁止されるに至った（労派遣35条の3）。この新規制は，労働契約の存続期間そのものではなく，派遣期間を制約するものではあるが，登録型派遣の場合は派遣期間と労働契約期間が一致することが多いため，現行制度において契約期間の下限規制の機能を一定程度果たしているとみることができる。

NUMBER 2

労働契約法

17条

契約期間中の解雇等

（契約期間中の解雇等）
第17条① 使用者は，期間の定めのある労働契約（以下この章において「有期労働契約」という。）について，やむを得ない事由がある場合でなければ，その契約期間が満了するまでの間において，労働者を解雇することができない。
② 使用者は，有期労働契約について，その有期労働契約により労働者を使用する目的に照らして，必要以上に短い期間を定めることにより，その有期労働契約を反復して更新することのないよう配慮しなければならない。

Ⅰ．労働契約法17条1項の意義

1．民法628条との関係

　有期労働契約の期間途中の解約については，2007年の労働契約法制定前は民法628条が唯一これを規制していた。同条によると，「やむを得ない事由」がある場合には，期間途中であっても即時に解除することができる[1]。そして，この条文からは一義的に明らかでないが，一般的には，使用者による解除（＝解雇）

については，同規定の反対解釈として，「やむを得ない事由」がなければならず，原則として中途解雇できないと考えられてきた。裁判例の多くも，期間途中の解雇について，当事者の合意の有無にかかわらず，やむを得ない事由の有無を判断しており[2]，同様の立場にたつと解される。しかし，近時の裁判例には，民法628条は，契約解除を困難にする，すなわち拘束力を強化する合意を無効とする点では強行規定であるが，解除を容易にする合意は可能であると述べるものも存在し[3]，議論が行われていた。そこで，この点の解釈に決着をつけるため，労契法制定時に，その17条1項において，民法628条の反対解釈が，使用者による解除（＝解雇）については強行規定として妥当することが明らかにされた[4]。

2．約定解雇権の効力

労契法17条1項の強行性を前提とすれば，労働契約の当事者が，期間途中いつでも解雇が可能，あるいは，やむを得ない事由がなくとも解雇が可能という合意をしたとしても，その合意は無効であり，使用者は民法628条の「やむを得ない事由」に基づく解雇権しか有しないことになる[5]。もっともこのことは，期間途中の解雇について何らかの合意が労使間でなされた場合に，その合意が常に民法628条ないし労契法17条1項により無効となることを意味するものではない。「いつでも自由に解雇できる」というように，明確に中途解雇の自由を規定している場合を除けば，約定解雇権の発生事由を，民法628条および労契法17条1項の「やむを得ない事由」と同様の意味に限定解釈し得るケースが多いと思われるからである。たとえば，就業規則に中途解雇事由として「心身の故障により業務に堪えられないと認められるとき」，「勤務成績・態度が不良で改善の見

---

1) ただし，その事由が当事者の一方の過失に起因する場合には，その者は相手方に対して損害賠償の責任を負う（民628条後段）。
2) 後にみる安川電機八幡工場（パート解雇）事件・福岡高決平成14・9・18，モーブッサンジャパン（マーケティング・コンサルタント）事件・東京地判平成15・4・28等。
3) ネスレ・コンフェクショナリー関西支店事件・大阪地判平成17・3・30労判892号5頁。
4) 荒木＝菅野＝山川・詳説労契法153頁以下。
5) 土田・労契法680頁。

込みがないとき」と定められている場合には、当該事由は、期間満了を待つことなく契約を終了させなければならないほどの緊迫した理由を想定したものと、限定解釈を施すことができる。同様の手法を採ったと解される裁判例として、安川電機八幡工場（パート解雇）事件[6]がある。同事案では、就業規則に中途解雇事由として「事業の縮小その他やむを得ない事由が発生したとき」と規定されていたが、裁判所は、民法628条を前提とすると、当該就業規則上の解雇事由の解釈にあたっても、解雇が雇用期間の中途でなされなければならないほどの「やむを得ない事由」の発生が必要であるというべきであるとし、当該就業規則規定に、民法628条（および現在では労契法17条1項）の解釈を読み込んでいる。

なお、労働者側からの中途解約については、「やむを得ない事由」がなくても解約可能とする合意の効力を認めて差し支えないとする見解が多数である[7]。当事者の合意によって労働者の退職の自由を確保することを妨げる必要はないというのが主な理由であり[8]、妥当な解釈である。

3．契約期間の雇用保障機能

有期契約労働者の期間途中の解雇は「やむを得ない事由」がなければなし得ず、この事由は解雇権濫用法理（労契16条）における要件（客観的合理的理由および社会的相当性）よりも該当性が厳しく審査される（**Ⅲ1**参照）。それゆえ、労働契約に期間が付されると、労働者は、その期間は無期契約の場合よりも高度の雇用保障を受けることができる。こうした雇用保障機能も、労働契約期間が有する重要な側面である。

---

6) 福岡高決平成14・9・18労判840号52頁。
7) 荒木＝菅野＝山川・詳説労契法154頁、西谷敏＝根本到編『労働契約と法』（旬報社、2011年）309頁［奥田香子］、西谷＝野田＝和田・新コンメン416頁［中窪裕也］。反対、土田・労契法680頁。
8) 西谷＝野田＝和田・新コンメン416頁［中窪］。

Ⅱ．解雇の予告

　民法 628 条はやむを得ない事由がある場合の即時解除権を規定しているが，労基法は，使用者による解雇につき，原則として 30 日前の予告または予告手当の支払を要求している（同法 20 条 1 項）。そして，即時解雇は，① 天災事変その他やむを得ない事由により事業の継続が不可能になった場合，または，② 労働者の責に帰すべき事由に基づいて解雇する場合に限定される（同但書）。この規定は期間途中の解雇にも適用されるので，有期契約労働者の中途解雇については，民法 628 条の「直ちに」という文言が修正され，使用者は労基法上の予告規制に服することになる。

　労基法 20 条 1 項但書にいう「やむを得ない事由」または「労働者の責に帰すべき事由」は，原則 30 日の予告期間の経過を待つことができないほどの事由であるのに対し，民法 628 条および労契法 17 条 1 項の「やむを得ない事由」は，有期労働契約の残りの期間（1 か月の場合もあれば，数か月，数年というケースもある）の満了を待つことができないほどの事由であり，両者は重なり合うこともあれば，異なることもある。すなわち，中途解雇について民法 628 条および労契法 17 条 1 項の「やむを得ない事由」が存在する場合でも，当然に労基法上の予告が不要ということにはならないのであり，この点に注意が必要である。

Ⅲ．「やむを得ない事由」

1．判断基準

　労契法 17 条 1 項は民法 628 条の反対解釈を（強行的ルールとして）明文化したものであることから，両規定における「やむを得ない事由」の概念は同一のものと解される[9]。いかなる場合がこれに該当するかについて，戦前の大審院判例は，雇用契約を締結した目的を達するにつき重大な支障を引き起こす事由をいうとしていた[10]。この判示が示すように，契約の当事者は契約の有効期間中はこれに拘束されるのが契約上の原則であることから，期間途中の解雇を認めるに

041

は，この原則に対する例外を認めるに足るだけの重大な事由が要求される。一般的には，期間の定めのない労働契約についての解雇権濫用法理（労契16条）よりも厳格な基準であって，期間満了を待たずに契約を終了しなければならないほど，予想外で切迫した事情が必要である[11]。

2．立証責任

期間途中の解雇については，それを正当化する「やむを得ない事由」を基礎づける事実を，労使のいずれが立証すべきかが問題となる。理論的には，労契法17条1項は，「やむを得ない事由」がある場合に中途解除権が発生するとの民法628条を前提に，かかる事由が存在しない場合の帰結を規定したものであるので，「やむを得ない事由」の立証責任は使用者側にあることになる[12]。この点，立法過程では，政府案で「やむを得ない事由がないときは」解雇できないとされていたのが，これではやむを得ない事由がないことの証明責任を労働者が負っているとの解釈が生じるおそれがあるとして，衆議院で「やむを得ない事由がある場合でなければ」という表現に改められたという経緯がある[13]。これにより，労契法17条1項において，期間途中の解雇を正当化する「やむを得ない事由」の立証責任は使用者側にあることが，より明確になったといえる[14]。

解雇された労働者が提起した労働契約上の地位確認訴訟においては，使用者が抗弁として解雇の意思表示を行ったことの主張立証をした場合，期間の定めのある労働契約を締結している労働者は，再抗弁として，労働契約に期間の定めがあることを主張立証することができ，使用者はこれに対する予備的抗弁として，解

---

9) 西谷＝野田＝和田・新コンメン415頁［中窪］。
10) 福音印刷事件・大判大正11・5・29民集1巻259頁。
11) 菅野・労働法234頁，土田・労契法679頁，荒木＝菅野＝山川・詳説労契法155頁，西谷＝野田＝和田・新コンメン415頁［中窪］。
12) 荒木＝菅野＝山川・詳説労契法155頁以下。
13) 厚生労働省第75回労働政策審議会労働条件分科会議事録（2008年2月12日）。
14) 「特集 労働契約法逐条解説」労旬1669号（2008年）56頁［奥田香子］。

雇にはやむを得ない事由が存在したことを主張立証しない限り，解雇の効力は発生しなくなるといえる[15]。

3．「やむを得ない事由」の否定例

「やむを得ない事由」の有無は事案ごとに判断されるが，裁判例ではこれを否定したものが圧倒的に多い。

（1）労働者側の事情

例えば，中部共石油送事件[16]では，期間1年の嘱託契約で雇用したXを，複数回契約更新の後，1か月半で中途解雇したことの効力が争われた。同事案で裁判所は，①Xは解雇時64歳であったが，満60歳以上であれば労働能力が低減するとの一般的経験則は存在せず，仮に存在するとしても満60歳以上と知って会社が雇用したのであるから，労働能力に遜色ないと評価したと認められること，②会社の事務処理の遅延や経理事務内容の誤りは契約の更新前に既に判明しており，それでも契約を更新したのであるから，会社がこの事実をXを中途解雇しなければならない程重要な事実と考えていたか疑問であること，③会社が，X採用の際に，Xが詐称したとされる経歴を重要な要素と考えていたと認めがたく，これらを有しないことでXの事務遂行に重大な障害を与えたともいえないことから，「やむを得ない事由」の存在を否定した。

モーブッサンジャパン（マーケティング・コンサルタント）事件[17]では，会社が6か月の期間を付して月給100万以上で雇用したXを，約2か月後に解雇したことについて，Xの作成した在庫表と販売予算の内容は一見してずさんであるが，ともに素案の域を出ないこと，Xが会社に精算を求めた私用電話は，金額が多額でないうえ，Xは精算を受けていないことから，会社が主張する作

---

15) 荒木＝菅野＝山川・詳説労契法156頁。
16) 名古屋地決平成5・5・20 判タ826号228頁。
17) 東京地判平成15・4・28 労判854号49頁。

成書類の誤りと費用の一部不正請求は，本件解雇を根拠づけるやむを得ない事由にあたらないとされた。

東大阪市環境保全公社（仮処分）事件[18]では，契約期間6か月の臨時職員Xを，使用者が期間満了の約20日前に解雇した事案において，Xが3か月間ほぼ勤務していないとしても，Xは病気入院中であったのであり，退院後の有給休暇取得に関してもXに就労意思がなかったとは言えず，担当業務の変更によって業務遂行が可能であること，その他，会社主張の，不正行為または公社の信用を著しく失墜する言動や反抗的態度も重大なものでないことから，「やむを得ない事由」は存在しないとされた。

労働者側の適格性欠如や規律違反を理由とする期間途中の解雇については，最近でも，学校法人東奥義塾事件[19]において，契約期間4年の高等学校塾長（校長）を，約1年後に，不適切発言や乱暴な行動を理由に解雇したことにつき，やむを得ない事由の存在が否定されている。

（2）使用者側の事情

使用者側の事情としては，受注減による業績悪化について，該当性を否定したものが多い。前出の安川電機八幡工場（パート解雇）事件では，約3か月間の雇用契約を締結したパートタイム労働者Xらについて，契約更新後5日目に，約1か月後の解雇が予告された。同事案において，裁判所は，会社の業績は，当該解雇の半年ほど前から受注減により急速に悪化しており，人員削減の必要性は認められるものの，同解雇の対象となったパート労働者は合計31名であり，残りの雇用期間は約2か月，Xらの平均給与は月額12万円から14万円程度であったことや会社の企業規模などからすると，業績悪化が急激であったとしても，労働契約締結からわずか5日後に，3か月間の契約期間の終了を待つことなく解雇しなければならないほどの予想外かつやむを得ない事態が発生したとはい

---

[18] 大阪地決平成22・1・20労判1002号54頁。
[19] 仙台高秋田支判平成24・1・25労判1046号22頁。

えないとして,「やむを得ない事由」の存在を否定した。

同様に業績悪化を理由とする期間途中の解雇が無効とされたものとして,アンフィニ(仮処分)事件(2か月の雇用契約における半月後の整理解雇)[20]がある。

(3) 労働者派遣の場合

最近では,労働者派遣の分野で,派遣先による労働者派遣契約の解除を契機とする派遣労働者の中途解雇の効力が争われるケースが増えている。

労働者派遣には,常用型派遣[21]と登録型派遣[22]がある。常用型派遣においては,派遣元との労働契約に期間が付された場合,期間途中での解雇には,派遣以外の労働関係の場合と同様に民法628条の「やむを得ない事由」が必要である。これに対し,登録型派遣においては,通常は派遣元と派遣先で合意される派遣期間と同一の期間の有期労働契約を派遣元と締結して派遣されるので,派遣先への派遣期間が満了すると派遣元との労働契約も同時に終了し,登録状態に戻ることになる。しかし,登録型派遣において派遣元と派遣先の間の労働者派遣契約が中途解約された場合,派遣元と派遣労働者間の労働契約は当然に解約できるわけではない。この場合に派遣元が労働契約を解除すれば,有期契約労働者の中途解雇にあたるため,やはり「やむを得ない事由」が必要となる[23]。労働者派遣契約の解除を理由とする派遣元での中途解雇は経営上の理由に基づくものであり,整理解雇の4要件〔要素〕(人員削減の必要性,解雇回避努力,人選の合理性,手続の妥当性)を無期契約の場合よりも厳格に適用した上で,「やむを得ない事由」の有無が判断される[24]。

たとえば,プレミアライン(仮処分)事件[25]では,6か月の雇用契約締結の約

---

20) 東京高決平成21・12・21労判1000号24頁。
21) 労働者が,派遣元に常時雇用されている場合をいう(期間の定めのある労働契約で雇用されている場合も含む)。この場合,派遣先が見つかればその都度派遣されるが,派遣期間が終了しても労働者と派遣元との間の労働契約は存続する。
22) 労働者が派遣元に派遣労働者として登録し,派遣先が見つかれば,その時点で派遣元と労働契約を締結し,当該派遣先に派遣される場合をいう。この派遣形態では,派遣元との労働契約は派遣先に派遣される期間のみ成立している。

3か月後に，派遣先による労働者派遣契約の解除を理由に行われた解雇の効力が，整理解雇法理に照らして判断された。同判決では，派遣元は，労働者派遣契約の解除通知を受けた後，希望退職募集など派遣労働者を解雇する以外の措置をとっていないこと，解雇手続において合意解約の体裁を整えたこと，当該派遣労働者を期間内解雇する経営上の必要性も認めがたいこと等から，期間途中での解雇には「やむを得ない事由」は存在しないとされた。

また，アウトソーシング事件[26]では，登録型派遣で6か月の労働契約を締結して派遣先で就業していたXを，派遣元が約3か月後に解雇したことについて，解雇前後で派遣元の経営状態は健全であり経営上の必要性は低かったこと，解雇回避努力としての新規派遣先の紹介が十分でなかったこと，人選においても，Xのように期間満了前の有期契約労働者にのみ自主退職や解雇を打診し，他の労働契約の形態の従業員には特段解雇を打診しなかったのは不十分であること，派遣労働者の削減を必要とする経営上の理由や解雇後の処遇など十分説明していないことから，「やむを得ない事由」の存在が否定されている。

社団法人キャリアセンター中国事件[27]では，登録型の派遣労働者Xが，派遣元と1年の労働契約を締結し派遣されていたところ，派遣先が業務縮小のため派遣元に労働者派遣契約の解約を通知したことを理由に，7か月後に行われた中途解雇について，労働者派遣契約の解約通知のみでやむを得ない事情と評価することは相当でなく，また，業務量の縮小による合理化の必要も，有期労働契約の期間満了前に解雇しなければならないほどの事由とはいえないとされた。

---

23) なお，「派遣元事業主が講ずべき措置に関する指針」（平成11年労告第137号，最終改正は平成24年労告第474号）では，派遣元は，労働者派遣契約に定められた派遣期間の途中で派遣労働者の責に帰すべき事由以外で労働者派遣契約が解除された場合には，派遣先と連携して，派遣先の関連会社での就業をあっせんする等により派遣労働者の就業機会の確保を図るものとし，これができないときには，まず休業等により雇用の維持および労基法上の休業手当の支払をすべきとしている。
24) 後掲注26) アウトソーシング事件を参照。
25) 宇都宮地栃木支決平成21・4・28労判982号5頁。
26) 津地判平成22・11・5労判1016号5頁。
27) 広島地判平成21・11・20労判998号35頁。

同様に労働者派遣契約の解除だけで「やむを得ない事由」ありとはできないと判示されたものとして、ワークプライズ（仮処分）事件[28]がある。

4.「やむを得ない事由」の肯定例

以上に対し、「やむを得ない事由」の存在を肯定した数少ない裁判例の一つとして、新生ビルテクノ事件[29]がある。これは、期間1年の雇用契約を締結したXを、9か月半後に解雇した事案であった。当該事案で裁判所は、Xは正当な業務命令に繰り返し違反し、これに対する懲戒処分としての始末書提出にも応じなかったものであり、職場の秩序を保持する義務に違反するとした。そして、Xのこれらの行為は就業規則上の懲戒解雇事由である「会社の諸規程、又は業務命令に違反し、再度注意をしても従わないとき」および普通解雇事由の「その他やむを得ない事由」に当たり、本件解雇には民法628条の「やむを得ない事由」があるといわざるを得ないとした。

また、純粋な雇用契約の事案ではないが、飲食店がバンドマンとの間で有期の専属出演契約を締結後、中途解約（その正確な時期は不明）したことについて、当該契約は雇用契約そのものではないが、雇用契約に類似するため解除には民法628条を類推適用するのが妥当とした上で、当該飲食店は閉鎖し、新店舗開設計画も頓挫した以上、事業の継続は不可能であり、このような場合は民法628条の「やむを得ない事由」に該当すると判示したものがある[30]。

学説においては、①労働者の負傷・病気による就労不能や②悪質非違行為のほか、③天変事変や経済的事情により事業の継続が困難になったことが、解雇の「やむを得ない事由」の典型例とされる[31]。やむを得ない事由が認められた上記2つの裁判例は、それぞれ②と③の事案であった。なお、労働者派遣においては、労働者派遣契約の解除の理由が派遣先での労働力需要がなくなったこ

---

28) 福井地決平成21・7・23労判984号88頁。
29) 大阪地判平成20・9・17労判976号60頁。
30) 大阪地判昭和46・11・11判タ274号276頁。
31) 土田・労契法679頁。

とではなく，派遣労働者の責に帰すべき事由（派遣先での職務懈怠や適法な業務命令の不服従）の場合には，その内容や程度によって中途解雇に「やむを得ない事由」ありとされる可能性がある[32]。

Ⅳ.「解雇することができない」

1．民法628条との関係

　労契法17条1項は，期間の定めのある労働契約について，やむを得ない事由がある場合でなければ「解雇することができない」と定める。このように，労契法17条1項は「解雇することができない」旨を規定したものであるので，期間途中の解雇の根拠規定となるものではなく，その根拠規定は従来通り，民法628条である[33]。

2．労働契約法16条との関係

　労契法17条1項の「解雇することができない」の意味については，労契法16条との違いを意識する必要がある。この点，裁判例の中には，期間途中の解雇について労契法16条を引用し，当該解雇には客観的合理的理由と社会的相当性が必要と述べ，さらに，期間途中の解雇に必要とされる「やむを得ない事由」は16条の解雇権濫用法理を具体化したものと述べるものがある[34]。

　確かに，労契法17条1項の「やむを得ない事由」と労契法16条の客観的合理的理由および社会的相当性とでは，判断要素に一定の共通性がある[35]。しかしながら，両者の大きな違いは，労契法16条は民法627条1項に基づき使用者に解雇権があることを前提に，その権利の濫用の有無を審査する法理であるのに対し，労契法17条1項は，「やむを得ない事由」がない場合はそもそも解雇権

---

32) 西谷＝野田＝和田・新コンメン415頁［中窪］。
33) 平成20・1・23基発0123004号，土田・労契法678頁。
34) 前掲注27) 社団法人キャリアセンター中国事件。

が発生しないことを規定するものである点である。その意味で、労契法16条と17条では、論じている理論レベルが異なるのであり、その点で、17条は16条を具体化したものと位置づける上記裁判例には問題がある。また、労契法17条1項は強行規定である以上、期間途中の解雇を容易にする合意を有効と解した上で、約定解雇権の濫用を労契法16条の基準で審査するという論理構成[36]も採り得ない。「やむを得ない事由」のない期間途中の解雇は、「権利を濫用としたものとして、無効」（労契16条）ではなく、そもそも解雇の発生要件を満たさないため、解雇の効力が生じない（＝労契法17条1項の「解雇することができない」）のであり、両者の法的意味の違いを理解する必要がある[37]。

期間途中の解雇に「やむを得ない事由」が認められない場合には、解雇の意思表示は初めから存在しなかったことになるので、労働者は、解雇権濫用の場合と同様に、労働契約上の地位確認と賃金支払の請求をなし得る。訴訟提起の時点で既に有期労働契約の期間が満了している場合は、労働契約上の地位確認までは認められない（確認の利益がない）のが原則であるが、当該有期契約が労契法19条の雇止め制限法理の適用を受ける場合には、期間満了後も当該有期契約の更新が擬制され、労働契約上の地位確認が認められることがある。また、「やむを得ない事由」のない解雇が不法行為（民709条）の構成要件を満たせば、損害賠償請求も認められ得る。

---

35) 例えば、経営上の必要性を理由とする中途解雇の効力は、（審査の厳格度に違いはあるものの）無期契約労働者の解雇の場合と同様に整理解雇の4要件（要素）に照らして判断される。Ⅲ3（2）（3）、前掲注26）アウトソーシング事件参照。
36) 労契法制定前にこのような構成をとった裁判例として、前掲注3）ネスレ・コンフェクショナリー関西支店事件。
37) 荒木・労働法276頁、454頁参照。

V. 労働契約法17条2項

　労契法17条2項は，労働契約に必要以上に短い期間を定めて反復更新することのないよう定めている。同規定は，有期労働契約において業務の継続性等に照らして必要に応じた契約期間を設定するよう求めるものである。必要に応じた期間がどれだけであるかは個々の事案により異なり得る。同規定については本章1「労働基準法14条」Ⅶも参照。

NUMBER 3

労働契約法

18条

有期労働契約の期間の定めのない労働契約への転換

(有期労働契約の期間の定めのない労働契約への転換)

第18条① 同一の使用者との間で締結された二以上の有期労働契約(契約期間の始期の到来前のものを除く。以下この条において同じ。)の契約期間を通算した期間(次項において「通算契約期間」という。)が5年を超える労働者が、当該使用者に対し、現に締結している有期労働契約の契約期間が満了する日までの間に、当該満了する日の翌日から労務が提供される期間の定めのない労働契約の締結の申込みをしたときは、使用者は当該申込みを承諾したものとみなす。この場合において、当該申込みに係る期間の定めのない労働契約の内容である労働条件は、現に締結している有期労働契約の内容である労働条件(契約期間を除く。)と同一の労働条件(当該労働条件(契約期間を除く。)について別段の定めがある部分を除く。)とする。

② 当該使用者との間で締結された一の有期労働契約の契約期間が満了した日と当該使用者との間で締結されたその次の有期労働契約の契約期間の初日との間にこれらの契約期間のいずれにも含まれない期間(これらの契約期間が連続すると認められるものとして厚生労働省令で定める基準に該当する場合の当該いずれにも含まれない期間を除く。以下この項において「空白期間」という。)があり、当該空白期間が6月(当該空白期間の直前に満了した一の有期労働契約の契約

期間（当該一の有期労働契約を含む二以上の有期労働契約の契約期間の間に空白期間がないときは，当該二以上の有期労働契約の契約期間を通算した期間。以下この項において同じ。）が1年に満たない場合にあっては，当該一の有期労働契約の契約期間に2分の1を乗じて得た期間を基礎として厚生労働省令で定める期間）以上であるときは，当該空白期間前に満了した有期労働契約の契約期間は，通算契約期間に算入しない。

Ⅰ．労働契約法18条の概要

1．本条の基本的な枠組み

　本条は有期労働契約が1回以上更新され，2以上の有期労働契約の通算期間が5年を超える場合，労働者に無期労働契約締結申込権を与え，当該申込みがなされたとき，使用者はこれを「承諾したものとみなす」と規定することにより，有期労働契約を無期労働契約に転換させる仕組み（無期転換ルール）を定めたものである[1]。無期労働契約締結の申込みとその承諾というかたちをとっているが，労働者の申込みがなされた場合，使用者はこれを「承諾したものとみなす」と規定されているので，承諾を拒むことはできず，無期転換が成就する。

　本条は，非正規雇用たる有期雇用労働者をいわゆる正社員扱いすることを規定したものではなく，雇用の不安定な有期労働契約を無期労働契約に転換することにより安定した雇用に移行させることを目指したものである。したがって，無期転換後の労働条件については，別段の定めがない限り，有期労働契約当時の労働条件と同一とされている。

　なお，有期労働契約を締結しているパート労働者等から，無期転換すると，自由に退職できなくなるとの懸念が示されることがある。しかし，無期労働契約と

---

[1] 施行通達第5の4。同通達ほか，改正法の資料については http://www.mhlw.go.jp/seisakunitsuite/bunya/koyou_roudou/roudoukijun/keiyaku/kaisei/ を参照。

なっても労働者は，2週間の予告は必要だが（民 627 条），いつでも自由に退職できる。労働契約法は労使の力関係の相違を踏まえて，使用者の解約（解雇）は制限しているが（労契 16 条），労働者の解約（辞職）は制限しておらず，退職の自由を確保している。

2．本条の趣旨：無期転換ルールの必要性

有期労働契約は期間満了によって自動終了し，雇用終了に解雇権濫用法理は直接には適用されない。その結果，雇用保障に欠け不安定な雇用となる。この点について，有期労働契約は実態としては反復更新されており，安定的な雇用であって問題はないとする見解も立法過程ではみられた。しかし，有期労働契約の問題は，雇用終了に解雇権濫用法理が適用されず雇用保障に欠けるというだけではない。有期労働契約においては期間満了時に常に雇止めとなる可能性があり，更新されるかどうかは使用者の意向にかかっている。その結果，有期契約労働者は，契約存続中も，法律によって保障された権利行使（例えば年休権行使），労働条件改善要求，セクハラ・パワハラ等についての苦情申出といった雇用関係上の当然の権利主張・要求を，将来の更新拒絶を恐れて自ら控えてしまうということが生じがちである。つまり，雇用存続の保障のない有期労働契約において，労働者は使用者に対して雇用関係上，極めて弱い立場に置かれることとなる。このような有期労働契約の特質によってもたらされる交渉力格差を使用者が5年を超えて利用し続けることは，有期労働契約の濫用的利用にあたると評価して，無期転換の権利を労働者に与え，安定的雇用に移行させようとするのが本条の趣旨である[2]。したがって，結果として有期労働契約が反復更新され継続されていれば安定雇用であって何ら問題はないというわけではない。

このような無期転換ルールについては契約締結自由の制限であり違憲の疑いを指摘するものもある[3]。これに対して，無期転換は契約関係になかった当事者間に契約締結を強制するものではなく，契約関係にある当事者間において，法で保障された権利行使等を抑制する状況を除去するために労働条件は同一のまま無期労働契約への転換を図るものであり，違憲となるような契約締結自由の侵害とは

解し得ないとの反論がなされている[4]。

　他方、本条は、非正規雇用を正規雇用（正社員）に転換させ、その労働条件も正社員並みに引き上げることを目指したものというより、有期労働契約に由来する上述した不安定雇用の問題を解消し、安定雇用たる無期雇用に移行させることに眼目がある。したがって、無期労働契約に転換しても、別段の定めがない限り、労働条件は従前と同一とすることを原則としている。同時に、別段の定めによる労働条件変更も想定しており、特に、労働条件を有期労働契約当時より不利益に変更することは許されるか等が、解釈論として問題となる。

II．無期転換申込権

　無期転換申込権が発生するためには、以下の要件を満たしていることが必要である。

1．「同一の使用者」との労働契約関係

　有期労働契約から無期労働契約への転換申込権は、「同一の使用者」の下で有期労働契約の通算期間が「5年」を超える場合に行使できる。したがって、現在の使用者の有期労働契約期間に、以前の使用者の下での有期労働契約期間が通算されることはない。これに対して、就労する事業場が変わっても、使用者（契約

---

2) 以上については荒木・労働法456頁以下。施行通達第5の4(1)も労契法18条の趣旨について、「雇止め……の不安があることによって、年次有給休暇の取得など労働者としての正当な権利行使が抑制されるなどの問題が指摘されている。」「こうした有期労働契約の現状を踏まえ……無期転換ルール……を設けることにより、有期労働契約の濫用的な利用を抑制し労働者の雇用の安定を図ることとした」としている。
3) 安西愈『雇用法改正　人事・労務はこう変わる』（日本経済新聞出版社、2013年）38頁、野田進「有期・派遣労働契約の成立論的考察――労働契約のみなしと再性質決定との対比をめぐって」菅野和夫先生古稀記念『労働法学の展望』（有斐閣、2013年）219頁等。
4) 荒木尚志「有期労働契約の締結事由・無期転換」土田道夫＝山川隆一編『労働法の争点〔第4版〕』（有斐閣、2014年）152頁。

の相手方たる法人・事業主）が同一であれば，その契約期間は通算される。派遣労働者の場合，労働契約締結の相手方たる使用者は派遣元事業主であるので，派遣元が同一であれば，異なる派遣先に派遣されていても派遣元との間の有期労働契約期間が通算対象となる。

「同一の使用者」の要件につき，施行通達第5の4(2)イは，転換申込権の発生を免れる意図をもって（派遣や請負を偽装して）形式的に使用者を切り替えた場合，法の潜脱にあたるとして，契約期間を通算するとしている。たとえば，有期雇用の労働者の業務を一時的に請負会社に発注し，その労働者に請負会社との間で労働契約を締結させ，請負会社の従業員としてその業務に従事させ，クーリング期間（**4**）経過後に自社に復帰させる例等が考えられる。脱法目的か否かの認定が重要になるが，妥当な解釈といえる。なお，労働者派遣で同種の行為を行うことは，離職後1年以内の元の勤務先への派遣を原則禁止した2012年労働者派遣法改正（平成24年法律第27号）によって困難になったと解される[5]。

合併や会社分割によって労働契約が包括承継される場合，包括承継前の使用者の下での有期労働契約関係の展開も含めて従前の使用者の地位が承継されるため，従前の使用者も「同一の使用者」に該当し，従前の有期労働契約期間が通算されることとなる。この点については，ほぼ異論がない。

これに対して，事業譲渡の場合は，譲渡前と譲渡後の使用者は同一ではなく，労働契約の承継も包括承継ではなく，契約によって労働契約関係の承継を決する個別承継と解されているので，当然に従前の雇用を通算することにはならない。もっとも，事業譲渡において，個別承継の考え方を前提としても，労働契約を承継すると合意した以上は，原則として従前展開された有期労働契約の期間も承継する趣旨であったと解すべきであろう。

---

[5] 改正労働者派遣法40条の9（改正法の完全施行〔2015年10月1日〕までは40条の6）。詳細は次の厚生労働省ウェブサイト（http://www.mhlw.go.jp/seisakunitsuite/bunya/koyou_roudou/koyou/haken-shoukai/kaisei/）を参照。

2．2以上の有期労働契約の通算期間が5年を超えること

　無期転換ルールの適用には，2以上の有期労働契約の通算期間が5年を超えていることが必要である。したがって，1つの有期労働契約が5年の期間を超えていても（労基法14条1項により，一定の事業の完了に必要な期間を定めるものとして，5年を超える有期労働契約はあり得る），無期転換申込権は発生しない。

　産前産後休業，育児休業，休職などで勤務をしなかった期間も，労働契約が続いていれば通算契約期間にカウントされる。

　通算契約期間の算定にあたっては，暦に従い，契約期間の初日から起算し，翌月の応当日の前日をもって1か月とする。1か月に満たない端数がある場合には，端数どうしを合算して，30日をもって1か月とカウントする。例えば，次の①②の有期労働契約の通算が問題となる場合，①2013年4月5日～同年7月15日の有期労働契約は3か月＋11日と算定され，②2013年8月3日～同年10月1日の有期労働契約は，1か月＋29日と算定される。そして①と②を合算すると（3か月＋11日）＋（1か月＋29日）＝4か月＋40日＝5か月＋10日となる[6]。

3．5年無期転換ルールの特例

　本条の5年無期転換ルールについては，業種による例外等は設けられていなかったところ，競争的資金に基づくプロジェクト研究や大学の非常勤教員等について，本条の無期転換ルールが若手研究者の雇用機会・キャリア形成に悪影響を与えるとの懸念が示され，本条の例外を認めるべきとの議論が盛んとなった。そして，2013年国会（臨時会）で，「研究開発システムの改革の推進等による研究開発能力の強化及び研究開発等の効率的推進等に関する法律」（研究開発力強化法）および「大学の教員等の任期に関する法律」（任期法）の改正が議員立法により行われ，科学技術（人文科学を含む）研究者・（研究補助者を含む）技術者

---

6) 厚生労働省パンフレット「労働契約法改正のあらまし」7頁（http://www.mhlw.go.jp/seisakunitsuite/bunya/koyou_roudou/roudoukijun/keiyaku/kaisei/dl/pamphlet.pdf）。

や大学教員について無期転換のための通算契約期間を10年超とする特例（10年無期転換ルール）が設けられ，2014年4月1日から施行された（研究開発力強化法15条の2第1項，任期法7条1項）。

また，2014年3月現在，事業主の申請と厚生労働大臣によるその認定を前提に，①一定の期間内に完了する業務に従事する高収入かつ高度な専門的知識，技術または経験を有する有期契約労働者（高度専門労働者）については，プロジェクト完了までの期間について，5年無期転換ルールにおける5年をプロジェクト完了までの期間（最長10年）とする特例を，②定年に達した後に同一事業主または高年法9条2項にいう特殊関係事業主に引き続いて雇用される高齢者については，当該事業主に定年後継続雇用されている期間は，労契法18条1項の通算契約期間に算入しないとする特例を，それぞれ認める改正法案（専門的知識等を有する有期雇用労働者等に関する特別措置法案）が国会に提出された。

4．クーリング期間

ある有期労働契約と次の有期労働契約の間に無契約期間（空白期間）が存在する場合，どの程度の空白期間があれば，相互の有期労働契約は連続しないものとして通算しないことが認められるのかが問題となる。

従前の契約期間を通算しない（いわばリセットする）ことが許される空白期間のことを「クーリング期間」という。クーリング期間を認めなかったり，それがあまりに長期であれば，同一企業での再雇用を希望する労働者の職業選択の自由・雇用創出を阻害することになる。しかしまた，クーリング期間があまりに短期であれば無期転換ルールは容易に潜脱可能となる。そこで2012年改正ではクーリング期間は原則6か月とされた[7]。

空白期間が6か月以上である場合は，それ以前の有期労働契約はリセットされ，その後の通算契約期間に算入されない（後掲の**図1**）。これに対して，空白期間が存在しても6か月未満である場合には，クーリングの効果は生じず，空

---

7) 以上につき荒木・労働法463頁以下。

白期間前後の有期労働契約の期間が通算される（**図2**）。

空白期間前の契約期間（複数の有期労働契約がある場合，そのすべての契約期間を通算する[8]）が1年未満の場合については，その2分の1の期間を基準に，1か月に満たない端数を生じたときは1か月として計算することが省令により定められている（労契18条2項，有期通算基準省令2条）。その結果，クーリング期間は**表**のようになる。

なお，この空白期間（有期通算基準省令の契約期間が連続するか否かの基準においては「無契約期間」と称されている）は，当該使用者との関係で問題となるものであり，空白期間中に，無業であったか，他企業で雇用されていたか等は関係ない。したがって，A企業との有期労働契約終了後，B企業で有期労働契約を締結し，6か月以上経って，A企業に再度有期契約で雇用された場合，A企業との関係では6か月以上のクーリング期間が存在しているので，A企業での従前の有期労働契約はリセットされてカウントされないことになる。

Ⅲ．無期転換申込権の行使

1．無期転換申込権の行使可能期間

無期転換申込権は，当該契約期間中に通算契約期間が5年超となる有期労働契約の初日から終了日までの間に行使することができる。したがって，期間3年の有期労働契約を更新した場合，更新の時点で，通算契約期間は5年超（6年）となっているので，2回目の契約締結の直後から転換申込権の行使は可能である。通算契約期間が5年経過するまで行使し得ないわけではない。ただし，

---

[8] 例えば，2か月契約が4回更新された場合は，10か月として計算する。また，複数の有期労働契約ブロック間，例えば［2か月＋2か月＋2か月］（第1ブロック）と［2か月＋2か月］（第2ブロック）の2ブロック間に2か月の空白期間がある場合，第1ブロック6か月に必要なクーリング期間は3か月であり，2か月の空白期間ではクーリングされないため，第1ブロックと第2ブロックは通算して10か月となる。したがって，その後の空白期間が5か月以上の場合にクーリングが認められることとなる。より詳細な判断方法については，巻末資料2末尾の**表3**を参照。

図1／空白期間が6か月以上の場合

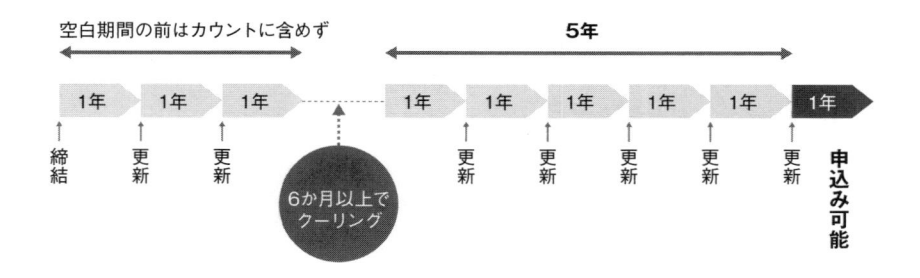

空白期間の前はカウントに含めず

5年

1年（締結）→ 1年（更新）→ 1年（更新）→ 〔6か月以上でクーリング〕→ 1年（更新）→ 1年（更新）→ 1年（更新）→ 1年（更新）→ 1年（更新）→ 1年（申込み可能）

図2／空白期間が6か月未満の場合

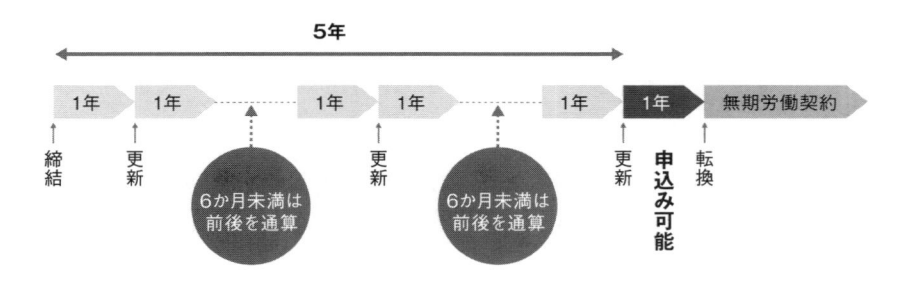

5年

1年（締結）→ 1年（更新）→〔6か月未満は前後を通算〕→ 1年（更新）→ 1年（更新）→〔6か月未満は前後を通算〕→ 1年（更新）→ 1年（申込み可能）→ 転換 → 無期労働契約

表／カウント対象となる契約期間が1年未満の場合のクーリング期間

カウントの対象となる有期労働契約の契約期間	契約がない期間
2か月以下	1か月以上
2か月超～4か月以下	2か月以上
4か月超～6か月以下	3か月以上
6か月超～8か月以下	4か月以上
8か月超～10か月以下	5か月以上
10か月超～	6か月以上

出所／すべて厚生労働省パンフレット「労働契約法改正のあらまし」6頁

この場合，実際に無期労働契約が動き出すのは，通算6年を経た翌日からである。

なお，通算契約期間が5年超となる有期労働契約の期間内に無期転換申込権を行使しなかった場合，その転換申込権は消滅する。しかし，さらに有期労働契約が更新された場合，新たに無期転換申込権が発生し，当該契約期間中，行使可能となる[9]。

2．無期転換申込権の放棄

無期転換申込権も権利である以上，その権利が発生した後に，自由意思によって放棄すること（事後の放棄）は可能である。しかし，その放棄の意思表示の認定は慎重になされる必要があり，客観的に合理的理由が存在する状況下でなされたことなどが必要であろう。

これに対して，権利が発生する前にあらかじめ放棄すること（事前の放棄）が可能かについては議論がある。施行通達は，事前の放棄は本条の趣旨を没却するものであり，公序良俗に反し無効としている[10]。更新後に転換申込権が生じる場合に，申込権の不行使（つまり放棄）を更新条件とするような事例を考えれば，基本的には妥当な解釈といえる。もっとも，公序良俗違反の判断にあたっては，いかなる場合にも放棄を認めないという解釈ではなく，18条の規制の趣旨が当該事案において損なわれていないかどうかを具体的に吟味した結果として，公序良俗違反ではないと解する余地も認められてよいであろう。例えば，高度の技能を持った労働者（弁護士や医師等）が，有期雇用ゆえに高額の報酬が約定されている場合（いわゆる有期プレミアム）に，高額の報酬を維持するために有期雇用関係を保持すべく，無期転換の権利を放棄するといった事案等が，こうした例として挙げられよう。

---

9) 施行通達第5の4(2)エ，菅野・労働法224頁，荒木・労働法462頁。
10) 施行通達第5の4(2)オ。

3．無期転換申込権行使の効果

　無期転換申込権が行使されると，使用者はこれを承諾したものとみなされる。その結果，両当事者間では期間の定めのない労働契約が締結されることとなる。ただし，無期転換申込権は，有期労働契約通算期間が5年超となる有期労働契約の「満了する日の翌日から労務が提供される」無期労働契約の締結申込みである（労契18条1項）。したがって，無期転換申込権を行使した時から直ちに有期労働契約が無期労働契約に転換するのではなく，当該有期労働契約の期間満了まではその有期労働契約が存続するが，無期転換申込権行使（とその承諾みなし）の時点で，期間満了の翌日から労務が提供される（つまり，就労の始期は期間満了の翌日である）無期労働契約が併存的に成立しているという状態にあると解される[11]。

Ⅳ．無期転換と労働条件

1．無期転換ルールと労働条件

　本条による無期転換ルールは，有期労働契約の利用自体を禁止・制限するもの（いわゆる入口規制）ではなく，有期労働契約の反復更新が5年超にわたる場合には，有期労働契約の濫用的利用と評価して，これを安定雇用である無期労働契約に移行させようとするもの（出口規制）である。しかし，こうした無期転換ルールには，その規制を回避しようとする使用者による雇止めを誘発する危険が伴う。立法過程においてもこの点は十分に考慮され，一方では，無期転換による過大な負担を使用者に負わせることを避けつつ無期転換を誘導することが，他方では，安易な雇止めにより無期転換を回避する行動に対する抑止措置をとることが検討された。無期転換ルールにおける労働条件設定については，前者の点が考慮されている。

---

11) 施行通達第5の4(2)キ。

前述のように，本条による無期転換ルールは，転換後の労働条件をいわゆる正社員と同一とすることを要求するものではない。もちろん，契約によって有期労働契約当時の労働条件を変更することは可能であるが，そうした別段の定めのない限り，転換後の労働条件は，期間の定めを除き，「有期労働契約の内容である労働条件……と同一の労働条件……とする」ものとされている（本条1項）。したがって，有期労働契約当時の労働条件のまま，無期労働契約で雇用される労働者が登場することとなる。

　いわゆる正社員と非正社員[12]を無期・フルタイムか有期・パートタイムかで区別していた場合[13]は，転換によって，無期・パートタイムという，正社員と非正社員のいわば中間の層が生じることになる。従来一般的であった正社員と非正社員とは異なるタイプの労働者層が本条によって新たに生み出されるかのようにもみえる。しかし，正社員による育児のためのパートタイム就労や勤務地限定社員や職種限定社員といった正社員の雇用管理の多様化（いわゆる多様な正社員）は，人事実務においてもすでに生じていた事象である。そして，正社員と非正社員に二分した雇用管理の壁を取り払った多様な雇用管理によって，雇用実態に即した労働条件を提供することも求められてきたところである[14]。無期転換労働者の労働条件，キャリア・トラック等については，雇止めリスクを除去した無期労働契約の下で，正規・非正規の二分法にとらわれることなく，労使が協議して労働実態に照らして納得できる内容を確立していくことが重要な課題となる。

---

12)「正社員」には厳密な法律上の定義があるわけではないが，無期・フルタイム・直接雇用が共通項であると思われる。厚生労働省「望ましい働き方ビジョン」（2012年，座長：樋口美雄慶應義塾大学教授）参照。

13) 就業規則のサンプル調査では，このような区別が多く見られる。大内伸哉ほか『望ましい就業規則——実務と理論をふまえたモデル規定〔改訂版〕』（社会経済生産性本部生産性労働情報センター，2009年）317頁以下〔原昌登〕を参照。

14) 労働市場改革専門調査会「第4次報告骨子——正規・非正規の『壁』の克服について」（2008年9月17日，会長：八代尚宏国際基督教大学教授）。

2.労働条件の変更:「別段の定め」

(1) 総説

本条による無期転換後の労働条件は「別段の定め」(本条1項) があれば有期労働契約当時のものから変更できる。ここでいう「別段の定め」にあたるものとしては,労働協約,就業規則,個別労働契約(個別合意)がある。

労働条件を変更する場合,労働条件の引上げ(有利変更),引下げ(不利益変更),そして両者の組み合わされた変更がある。労働条件が引き上げられる場合はあまり問題がないようにみえるが,有利変更と不利益変更が組み合わさっている場合には,より複雑な問題となる。そもそも,無期転換に際して不利益変更が可能かも問題となるが,有期雇用が不安定雇用であることを考慮し,あるいは適任者を期間を定めて雇用せざるを得ないことから,賃金をより高めに設定しているような場合も想定され,無期転換により雇用が安定する代わりに労働条件を引き下げることも一概に不合理とはいえない。そこで,施行通達も,業務が同じであるのに転換後に労働条件を低下させることは望ましくないとするにとどまり(第5の4(2)カ),不利益変更が許されないとはしていない[15]。労働条件変更にあたって,実務的に最も多く用いられるであろう就業規則については(2)で検討し,以下では,労働協約と個別合意について簡単に触れるにとどめる。

まず,個別合意による労働条件変更については,合意が成立する限り,変更された労働条件が労働契約の内容となる。ただし,労働条件が不利益に変更される場合,真に合意が成立したという認定は慎重に行われる必要がある。なお,労働者との個別合意が転換後に適用を受ける就業規則の規定(労働条件)を下回ることになる場合には,その合意の効力は認められず,より有利な就業規則の規定が適用されること(労契12条)に注意が必要である。

---

[15] なお,労契法20条は有期労働契約であることによる不合理な労働条件を禁止するものであり,転換により無期労働契約になった労働者の労働条件と,いわゆる正社員の労働条件との格差については適用されない。

次に，労働協約による労働条件変更は，そもそも労働協約が当該無期転換労働者に適用されるのかが問題となる。この点については，有期労働契約当時に企業別組合に加入していなかった労働者が無期転換後に当該組合に加入した場合，その組合が締結している労働協約が当該労働者にも適用されることになる。この場合，現在の通説的理解によると，労働協約は，原則として，当該労働者（組合員）の労働契約の定める労働条件よりも有利であっても不利であっても，労働協約の定める労働条件が当該労働契約を規律することになる（協約の定める労働条件が労働契約より不利な場合は労働条件も引き下げられることになる）と解されている（労働協約の規範的効力）[16] [17]。

（2）就業規則

　就業規則による労働条件変更については，当該就業規則の定める労働条件に労働者が合意していれば，個別同意による労働条件変更の問題となる。もっとも，就業規則による労働条件の不利益変更に対する労働者の合意は厳格に認定すべきであり，単に，反対していないということから黙示的に合意したと解すべきではないとされている[18]。したがって，労働者が就業規則による労働条件変更に特に明確な合意をしたと認められない場合，労働者が合意していない就業規則に拘束されるかという問題として検討すべきことになる。

　また，当該企業に正社員用と非正社員用の2種類の就業規則しかない場合について，有期契約労働者が無期転換した場合に，いずれかの就業規則が適用されるのか，それとも適用される就業規則が存しない状態になるのかという問題があ

---

[16] 例外として労働協約の規範的効力が及ばないのは，労働協約がより有利な個別契約の効力を認める趣旨（有利原則を認める趣旨）で締結された場合や，労働協約による不利益変更が当該労働者を「殊更に不利益に取り扱うことを目的として締結された場合」（朝日火災海上保険〔石堂〕事件・最一小判平成9・3・27労判713号27頁参照）等に限られると解されている（菅野・労働法678頁以下，荒木・労働法578頁以下，水町・労働法385頁以下等参照）。

[17] 菅野・労働法679頁，荒木・労働法577頁，水町・労働法384頁等。

[18] 荒木＝菅野＝山川・詳説労契法117頁，菅野・労働法141頁，荒木・労働法340頁，355頁等。

る。個々の就業規則規定の解釈によって処理されるべき問題であるが，一般的にいえば，無期転換がいわゆる正社員扱いを当然に要請するものではなく，有期契約当時と同一の労働条件が維持されることを原則としていることを考慮すると，いわゆる正社員のみを対象とすることが明らかな条項は，無期転換労働者に当然には適用されないと解するのが自然であろう。他方，適用される就業規則が存在しないという，使用者の就業規則作成義務違反という状態は望ましくないことを考慮すると，正社員用の就業規則の規定であっても，いわゆる正社員の地位に着目したというより，無期労働契約であることに着目した労働条件と解し得る条項であれば，適用されると解してよいであろう。いずれにしても，無期転換労働者が生ずることを前提に，就業規則において無期転換労働者に対する適切な労働条件規定を設けておくことが，紛争防止という観点からも肝要である。

次に，無期転換労働者が，就業規則の定める，有期労働契約当時の労働条件より有利な労働条件に合意したと認められる場合には，個別合意による変更として，就業規則の基準が労働契約内容に取り込まれることとなる。しかし，労働者が就業規則の適用に合意していない場合であっても，就業規則が労働契約より有利な条件を設定している以上，労契法12条による就業規則の最低基準効により，労働者に有利な就業規則が労働契約の内容を規律することとなる。

これに対して，就業規則が有期労働契約における労働条件よりも労働者に不利な労働条件を設定している場合，無期転換によって，その就業規則が新たに適用されることになるのかをめぐっては，以下のような点が問題となる。

まず，無期転換すれば不利益な就業規則が適用されることを認識しつつ，無期転換を申し出ているので，不利益変更に合意しているとの解釈は可能であろうか。前述のように，労働条件を不利益に変更する就業規則に対する合意については慎重な認定が必要であると解されていること，労契法18条が原則として有期労働契約当時と同一労働条件を維持することを基本としていることを考えると，その例外となる「別段の定め」の認定は，特に不利益変更の場合には，より慎重になされるべきと思われる。とすれば，一般的に無期転換を申し出た以上は不利益変更に合意しているとする解釈を採用することは困難であろう。

このように考えた場合，次に，労働者が具体的に合意していない就業規則の労働契約に対する拘束力が問題となる。理論的には，労働契約の締結に際しての就業規則の拘束力について定めた労契法7条によって処理するアプローチと，就業規則変更による労働条件の不利益変更に関する同法10条（ないしその類推）によって処理するアプローチがあり得る。

　形式面を重視し，転換後の無期労働契約は，有期労働契約終了後に申込みと承諾みなしによって成立する新規の労働契約であると考えれば，無期労働契約締結に際しての就業規則の拘束力の問題として，労契法7条によって処理することになりそうである。この場合，純然たる新規契約の締結と同視して，それまでの（有期労働契約当時の）労働条件から低下しているかどうかは問題とならないとする考え方もあり得る。この立場に立つと，その労働条件自体があまりにひどいものであればともかく，そうでなければ労契法7条の合理性は基本的に肯定され，周知の要件も満たせば，当該就業規則によって労働条件が決定されることになる。もっとも，7条によっても，従前の労働条件との比較を含めて，当該条項の合理性を審査するという立場もあり得よう。しかしその場合には，以下に述べる同法10条による処理と限りなく近接してくることとなる。

　労契法10条によって処理しようとする立場は，無期転換の前後を通じて労働契約当事者に変更はないにもかかわらず，無期転換によって適用されることとなった就業規則により，有期労働契約当時の労働条件が不利益に変更されたに等しいという実質面を重視し，これを就業規則変更による労働条件の不利益変更と同種の問題と捉え，労契法10条の直接適用あるいは類推適用によって判断するというものである。労契法10条によると，就業規則変更の合理性（および周知）が認められれば変更に拘束されることになる。就業規則が実際に変更される場合もあるが，これまで当該労働者には適用されてこなかった就業規則の条項が無期転換によって適用されることとなる場合もある。後者の場合は，労契法10条の類推適用によって処理することとなろう。合理性の判断においては，有期労働契約から無期労働契約に変わることで，それまでの労働条件の維持が困難であるといった事情が変更の（高度の）必要性として認められるか，実際の不利益

（引下げ）の内容がどの程度かといったことがポイントになろう。

　7条と10条の判断枠組みのいずれによるべきかについては，①無期転換は，同一当事者間の契約関係を不安定な有期労働契約から安定した無期労働契約に転換しようとする制度であり，純然たる新規採用の問題ではないこと，②18条は労働条件が同一のまま維持されることを原則としており，その例外として許容される「別段の定め」としての就業規則の拘束力が問題となっていること，③就業規則の拘束力は合理性によって判断されるところ，その合理性審査は，有期労働契約当時の労働条件との比較において，不利益変更の必要性や不利益の程度，雇用安定というメリット等を総合的に判断できる枠組みによることが望ましいことを考慮すると，10条ないしその類推適用によって処理するのが適切であろう[19]。無期転換においては，具体的な労働条件が不利益に変更される問題のほかに，無期契約労働者として，いわゆる正社員と同様の配転義務や残業義務を負うに至る場合等，契約上の義務内容の変化も，労働条件の不利益変更として問題となり得る。こうした問題も，7条よりも10条（類推）適用の枠組みによる方がより適切に判断できるであろう。

V．無期転換後の雇用保障

　無期労働契約に転換した後の解雇は，解雇権濫用法理（労契16条）の規制を受けることになる。まず，転換申込権が行使された後，使用者が現に締結されている有期労働契約の期間満了時に契約関係を終了させることは，単なる雇止めではなく解雇の問題として扱う，というのが施行通達の立場[20]である。転換権行使時点で，労務提供の始期は期間満了の翌日であるが，いわば採用内定と同様に，無期労働契約自体はすでに成立しており，その解約は解雇にあたることか

---

19) 同旨，荒木・労働法344頁。
20) 施行通達第5の4(2)キ。

ら，妥当な解釈である。

　次に，具体的な規制（雇用保護）の度合いについて，施行通達[21]は，事案ごとの判断としつつ，正社員と異なる場合があること，すなわち正社員よりも解雇が認められやすくなる可能性を認めている。整理解雇においては解雇回避義務を尽くすことが解雇権濫用判断における重要な要素とされているところ，勤務地や職務が限定されていた有期契約労働者が無期転換しても，原則として，そうした限定はついたままであるので，そのような限定のないいわゆる正社員とは，解雇回避義務ひいては雇用保障の程度に差が生ずることはあり得るところである。しかし，無期転換にあたって，当該労働者の労働契約内容をどのように設定するかは，上述した就業規則等による「別段の定め」にも依存する。したがって，無期転換労働者の勤務地や職務内容の限定については，就業規則等において，労働者自身もよく了解できるかたちで明らかにしておくことが，紛争防止の観点からも重要である。

---

21) 施行通達第5の4(2)ク。

労働契約法

19条

有期労働契約の更新等

（有期労働契約の更新等）

第19条　有期労働契約であって次の各号のいずれかに該当するものの契約期間が満了する日までの間に労働者が当該有期労働契約の更新の申込みをした場合又は当該契約期間の満了後遅滞なく有期労働契約の締結の申込みをした場合であって，使用者が当該申込みを拒絶することが，客観的に合理的な理由を欠き，社会通念上相当であると認められないときは，使用者は，従前の有期労働契約の内容である労働条件と同一の労働条件で当該申込みを承諾したものとみなす。

一　当該有期労働契約が過去に反復して更新されたことがあるものであって，その契約期間の満了時に当該有期労働契約を更新しないことにより当該有期労働契約を終了させることが，期間の定めのない労働契約を締結している労働者に解雇の意思表示をすることにより当該期間の定めのない労働契約を終了させることと社会通念上同視できると認められること。

二　当該労働者において当該有期労働契約の契約期間の満了時に当該有期労働契約が更新されるものと期待することについて合理的な理由があるものであると認められること。

Ⅰ．判例法理の成文化

1．概要

　労働契約法 19 条は，平成 24 年の労働契約法改正（平成 24 年法律第 56 号）によって新設された規定である。本条は，期間の定めのある労働「契約が反復更新された後に雇止めされることによる紛争がみられるところであり，有期労働契約の更新等に関するルールをあらかじめ明らかにすることにより，雇止めに際して発生する紛争を防止し，その解決を図る必要がある」ことから，「最高裁判所判決で確立している雇止めに関する判例法理（いわゆる雇止め法理）を規定し」たものと説明されている[1]。そこで，本条を解釈するにあたっては，従前の判例法理を確認する必要がある。

2．判例法理の形成

　期間の定めのある労働契約は，「契約期間の満了によって終了するものである」[2]。そして，例外的に，契約期間が満了したにもかかわらず労働者が引き続き就労し，使用者がこれを知りつつ異議を述べない場合に限って，「従前の雇用と同一の条件で更に雇用をしたものと推定」されるにすぎない（民 629 条 1 項）。ところが，判例を通じて，一定の場合に，期間満了による有期労働契約終了の効果を認めない「雇止め法理」が確立されるに至った。

　まず，① 契約期間 2 か月の記載のある労働契約書を取り交わして就労を開始した臨時工であるものの，② 従事する労働内容が本工と遜色なく，③ 会社側にも長期の雇用継続を期待させるような言動があり，必ずしも厳密な更新処理がなされない状況下で 5 回ないし 23 回にわたって契約が更新され，④ これまで期間満了で雇止めされた事例もないという東芝柳町工場事件[3]において，最高裁は雇

---

1) 施行通達第 5 の 5(1)。
2) 施行通達第 5 の 5(1)。
3) 最一小判昭和 49・7・22 民集 28 巻 5 号 927 頁。

止めを許されないものとした原審の判断を支持し，雇止め法理を確立した。すなわち，最高裁は，期間の定めのある労働契約が反復更新されて期間の定めのない契約と実質的に異ならない状態となっている場合，雇止めがその実質において無期労働契約にかかる解雇に当たるとして，無期労働契約にかかる解雇に関する法理を類推すべきとした原審を支持しつつ，就業規則上の解雇事由として期間満了が挙げられている場合も，「やむをえないと認められる特段の事情の存しないかぎり」労働者を雇止めすることは，「信義則上からも」許されないと判示している。このように，本判決では，反復更新された有期労働契約が無期労働契約へと法的性質を変容するとは判示されず，ただ無期労働契約と実質的に異ならない状態に至っている場合に，当該有期労働契約にかかる雇止めに対して（無期労働契約にかかる）解雇に関する法理が類推されるにとどまるものとされた。もっとも，本判決では，解雇に関する法理が「類推」されるにとどまる趣旨が必ずしも明らかでなかったといえる。

　続けて，①簡易な方法で有期労働契約を締結して雇用された臨時員について，②労働内容も簡易なものにとどまり，③期間満了の都度，新たな契約を締結する形で契約が5回にわたって更新され，④従前から雇止めされた事例も存するという日立メディコ事件[4]において，最高裁は，東芝柳町工場事件のような期間の定めのない労働契約と実質的に異ならない状態には至っていないと判示しつつ，雇用継続の期待が生じていることを理由に，解雇権濫用法理の類推適用を認めた原審の判断を支持している。そして，同判決は，雇止め法理によって解雇に関する法理が類推され，雇止めが許されないという場合には，従前の労働契約が更新されたのと同様の法律関係になるものとし，また，解雇に関する法理を類推適用する場合にも，期間の定めのない労働契約にかかる解雇の場合とはおのずから合理的な差異があるべきとして，期間の定めのない労働契約よりも保護の程度において劣ることを認めた原審の判断を支持する形で，類推適用の効果を明示するとともに，その限界を明らかにして精緻化を図った判断となっている。

---

4) 最一小判昭和61・12・4労判486号6頁。

このように，雇用の継続に対する期待を理由に，有期労働契約の雇止めに関して解雇権濫用法理が類推適用されるものと認められたことを受け，下級審裁判例では，日立メディコ事件のような契約の反復更新が一度もなされていない有期労働契約であっても，特約や雇用慣行などを通して雇用継続に対する期待が合理的に生じていれば，解雇権濫用法理を類推適用することが認められている[5]。

　そして，以上2件の最高裁判決を通して形成された判例法理は，学説および下級審裁判例において実質無期契約タイプと期待保護タイプの2類型に分けられる「雇止め法理」として整理されていたところ，最高裁も，パナソニックプラズマディスプレイ（パスコ）事件[6]において同分類を採用し，「期間の定めのある雇用契約があたかも期間の定めのない契約と実質的に異ならない状態で存在している場合，又は，労働者においてその期間満了後も雇用関係が継続されるものと期待することに合理性が認められる場合には，当該雇用契約の雇止めは，客観的に合理的な理由を欠き社会通念上相当であると認められないときには許されない」と判示するに至った。

　そこで，パナソニックプラズマディスプレイ（パスコ）事件判決の類型化に倣いつつ[7]，雇止め法理の成文化を図ったのが本条である。この成文化によって，雇止め法理の存在が広く周知されるとともに，雇止め法理の理論的な根拠をめぐる議論が立法的に解決されるものと説明されている[8]。

---

[5] 福岡大和倉庫事件・福岡地判平成2・12・12労判578号59頁，龍神タクシー事件・大阪高判平成3・1・16労判581号36頁，大京ライフ事件・横浜地決平成11・5・31労判769号44頁。
[6] 最二小判平成21・12・18民集63巻10号2754頁。
[7] 本条制定の過程で出された，労働政策審議会建議「有期労働契約の在り方について」（平成23・12・26労審発641号）も同判決の文言を引用している。
[8] 荒木・労働法469頁。

Ⅱ．労働契約法19条の要件

本条の要件は，大きく，(1)「雇止め法理の適用審査」(「雇止め法理適用適状」の審査)と，(2)「雇止めの効力審査」(「雇止めの合理的理由・社会的相当性」の審査)に分かれる[9]。このうち，本条において，(1)雇止め法理の適用審査は，①1号または2号該当性，②労働者からの雇用継続の申込み，③使用者による申込みの拒絶が要件として挙げられる。そして，これらの要件が満たされた場合，(2)雇止めの効力審査に進み，④当該雇止めが客観的に合理的な理由を欠き，社会通念上相当であると認められない場合には，⑤「使用者は，従前の有期労働契約の内容である労働条件と同一の労働条件で当該申込みを承諾したものとみなす」効果が導かれる。そこで，以下，順に検討する。

1．1号または2号該当性

(1) 1号該当性＝実質無期契約タイプ

本要件は，実質無期契約タイプとして分類されてきた東芝柳町工場事件の最高裁判決（Ⅰ2）が示した要件を定式化したものとして理解されている[10]。

ア．契約の反復更新

(ア) 契約の反復更新は独立の要件か

本要件に関しては，「有期労働契約が過去に反復して更新されたことがある」という規定の文言をめぐって，総合考慮の一要素にすぎないと捉えるか，独立の要件としてみるかという見解の対立が存在する。この点，行政解釈は「更新の回数」を含む諸要素「を総合考慮して，個々の事案ごとに判断されるもの」という見解を示している[11]。そして，行政解釈を支持する見解では，反復更新を独立

---

9) 荒木・労働法469頁〜470頁参照。
10) 施行通達第5の5(2)イ。
11) 施行通達第5の5(2)ウ。

の一要件と捉えると「更新回数のみで条文への該当性が判断されることとなり，結論の妥当性を欠くおそれがある」ことが理由に挙げられている[12]。

　しかし，本条1号の元になった東芝柳町工場事件の判示に鑑みると，契約の反復更新は「期間の定めのない契約と実質的に異ならない状態」にあることを認めるための前提となる最低限の必要条件である。そして，本条が契約の反復更新を1号のみで明示的に要求しているのは，反復更新が生じていない場合には1号ではなく2号によって処理するという立法上の整理の現れであるように思われる。実際，契約が反復更新されていないにもかかわらず，有期労働契約が「期間の定めのない労働契約と実質的に異ならない状態」に至る場合があるとも解されない。したがって，契約の反復更新は1号該当性を認めるために欠かすことができない以上，その意味で単なる総合考慮の一要素にとどまらない独立の要件ということになる。

（イ）反復更新とは

　そこで，必要条件となる契約の反復更新とは何かを検討すると，本条では「有期労働契約が」「反復して」「更新された」ことを要求しているため，論理的にいえば2回以上の更新が必要ということになり，当該雇止め以前に合計して3個以上の有期労働契約が存在していたことが反復更新の要件として必要になると解される。そのうえで，契約期間も含めて同一内容の契約が同一当事者間で継続的に反復更新されていれば，契約の反復更新の要件を満たすことは明らかである。しかし，①契約期間や労働条件など，内容の異なる契約が継続されてきた場合と，②無契約期間が介在する場合に，契約の反復更新として取り扱ってよいかは明らかでない。

　この点，①に関していえば，一般にわが国において，契約の反復更新は専ら同一当事者間で契約が継続されることを意味し，契約期間や労働条件など，継続している契約の内容が異なることによって直ちに反復更新の有無が左右されること

---

12) 第一東京弁護士会労働法制委員会編『改正労働契約法の詳解　Q&Aでみる労働契約の実務』（労働調査会，2013年）118頁。

はない[13]。したがって，本要件に関しても，契約が同一当事者間で継続している限りは基本的に契約の反復更新として認められ，労働条件など契約内容が中途で変更されているか否かは問われないものと解される。

また，②に関していえば，条文上は契約が反復更新されていればよいものとされ，契約が連続していることは要求されていないため，一定の無契約期間があっても反復更新の要件は満たされ得るように思われる[14]。その意味で，無契約期間の存在は，反復更新要件への該当性判断に影響を及ぼすものではない。

しかし，本条1号は，期間の定めのない労働契約と実質的に同視できる場合を類型化したものであり，後述する通り（Ⅱ1（1）イ），契約の反復更新もその一要件にすぎない。そこで，無契約期間が長期にわたる場合には，反復更新に該当すること自体は否定されないとしても，「〔期間の定めのない労働契約にかかる解雇と〕社会通念上同視でき」ないために，結果として1号該当性は満たされない可能性が高い。ここでは，労働契約法18条に基づく有期労働契約の継続性を判断する際の空白期間にかかる基準を一つの参考にすることも考えられるが，本条においては，無契約期間もあくまで「〔期間の定めのない労働契約にかかる解雇〕と社会通念上同視でき」るという判断にかかる一事情となるため，一概に判断基準を提示することは困難である。もっとも，無期労働契約にかかる解雇と同視するという観点からは，無契約期間の存在も短期にとどまることが想定されるといえる。

イ．雇止めが無期労働契約にかかる解雇と社会通念上同視できること

このような契約の反復更新に加え，本条1号該当性が認められるためには，「期間の定めのない労働契約を締結している労働者に解雇の意思表示をすることにより当該期間の定めのない労働契約を終了させることと社会通念上同視でき

---

13) 荒木尚志「有期労働契約法理における基本概念考——更新・雇止め・雇用継続の合理的期待」西谷敏先生古稀記念『労働法と現代法の理論（上）』（日本評論社，2013年）396頁。
14) 荒木・前掲注13) 398頁。

と認められること」が必要となる。そして，期間満了による終了という有期労働契約の当然の効果を認めない帰結をもたらす以上，契約の反復更新に加えて要求される「〔期間の定めのない労働契約にかかる解雇と〕社会通念上同視できる」ことは慎重に判断すべきものと解される。その際の考慮要素としては，東芝柳町工場事件の事案に従い，①従事する労働内容や，②長期の雇用継続を期待させるような言動の有無，③更新処理の状況，④これまで期間満了で雇止めされた事例の有無などが考慮されるものと解される。

ところで，本条1号に該当する場面では，本条2号における合理的期待の発生も認められるため，その意味で本条1号は本条2号に包摂される関係にあると解されている[15]。しかし，後述する通り（Ⅱ4（1）イ），本条1号に該当する場合には，本条2号に該当する場合と比べて本条適用に伴う効果が異なると解されるため，両者を区別して要件を検討することにはなお意義が認められる[16]。

ウ．1号該当性の判断基準時と本条2号との関係

後述するように（Ⅱ1（2）イ），「契約期間の満了時」に期待が生じているか否か判断するよう明示されている本条2号とは異なり，本条1号に関して「〔期間の定めのない労働契約にかかる解雇と〕社会通念上同視できる」か否かをどの時点をもって判断するかという基準時は，明らかでない体裁となっている。この点，本条1号においても「契約期間の満了時に」という文言が用いられていることから，本条2号と同様に契約期間の満了時点が判断基準時になるかのようにもみえるが，本条1号の「契約期間の満了時に」との文言は「契約期間の満了時に当該有期労働契約を更新しないことにより当該有期労働契約を終了させること」が無期労働契約にかかる解雇と社会通念上同視できるという要件設定にかかるものであり，単に雇止めの定義を定めているにすぎない。したがって，本条

---

[15] 龔敏「法定化された雇止め法理（法19条）の解釈論上の課題」ジュリ1448号（2012年）47頁，荒木・前掲注13）394頁。
[16] このように解さなければ，本条1号と2号を峻別する意味がないと指摘する見解として，第一東京弁護士会労働法制委員会編・前掲注12）117頁がある。

1号において,「〔期間の定めのない労働契約にかかる解雇と〕社会通念上同視できる」か否かの判断基準時は,やはり条文上明らかでないといえる。

　そして,本条1号が本条2号に包摂される関係にあることを指摘する見解の中には,包摂関係に立つ両者を本条2号の「合理的期待の有無」に収斂させて考え,1号該当性と2号該当性を連続的に理解できると主張するかのような見解も存在する[17]。この理解を採る場合,より広い概念である本条2号に該当する有期労働契約のうち,合理的期待の程度が強度なものが本条1号に該当することとなるため,本条1号該当性も,本条2号に倣って「契約期間の満了時」における状態のみが判断され,その過程では後述する,不更新特約（Ⅱ1（2）イ（イ））などの存在も考慮されることになると解される。これは,本条1号と本条2号とを,いわば合理的期待の「量」的な相違に着目して区別された規定と捉える見解である。

　しかし,本条1号の要件である「〔期間の定めのない労働契約にかかる解雇と〕社会通念上同視できる」かどうかは,社会通念に照らして客観的に判断される要件となるため,本条2号における合理的期待の有無のように,当事者の主観によって左右され得るものではない。すなわち,本条1号は,事実として契約の反復更新がある中で,もはや無期労働契約を締結した労働者と異ならないような基幹的業務に従事していて,契約の更新処理もきわめてずさんで,あたかも無期労働契約を締結したかのように当たり前に日々就労を続けているなどの事情から,雇止めが無期労働契約を締結した労働者の解雇に等しいかどうかの客観的状況が判断されるものである。これに対し,本条2号において,雇用の継続に向けた合理的期待が生じることは,あくまで契約当事者間の問題として当該雇用の枠内で判断される要件であり,本条1号のような無期労働契約を締結した労働者の解雇における客観的状況との対比から判断されるものではないと解される。そうすると,本条1号と本条2号は,本条1号に該当する場合に,当事者の主観をも考慮すれば雇用継続への合理的期待が生じていないことは一般にあり

17）龔敏・前掲注15）47頁〜48頁。

得ないため，本条2号にも当然に該当するという意味で一種の包摂関係にあるものの，本来は「質」的に全く別個の類型であり，単純に本条2号の合理的期待が高まることによって本条1号に該当するに至るものではないように思われる。

このように，本条1号該当性が当事者の主観によって左右し得るものではないと解する場合には，いったん「社会通念上同視できる」状態に至った契約について，後述する不更新特約（Ⅱ1(2)イ(イ)）などを事後的に付加したとしても，本条との関係で当然に1号該当性を覆し得るものではないことになる[18]。その意味で，本条1号において，本条2号のような判断基準時の明示がないのは，その設定自体が不要であるとの理解に基づくものと解される。

もっとも，このような理解は，本条1号に該当する状態が生じた場合に，事後的な雇用管理の厳格化が全く無意味であることを意味するものではない。すなわち，合意を通じて無期労働契約を有期労働契約に転換できる場合があるように，いかに本条1号に該当する状態がいったん生じたとしても，不更新特約の挿入をはじめとする事後的な雇用管理の厳格化によって，無期労働契約と異ならない状態に至った契約が（黙示の）合意を通じて終了し，新たな有期労働契約が締結されたものと評価できる場合もあると解される。そして，この場合には，新たに成立したと評価できる有期労働契約の雇止めについて，あらためて本条1号ないし2号該当性が判断されることになるといえる。

（2）2号該当性＝合理的期待タイプ

本要件は，期待保護タイプとして分類されてきた日立メディコ事件の最高裁判決（Ⅰ2）が示した要件を定式化したものとして理解されている[19]。

---

[18] このような理解を採って，実質無期タイプにおける不更新特約を退職の合意と評価し，その成立を認めなかった裁判例として，ダイフク事件・名古屋地判平成7・3・24労判678号47頁がある。
[19] 施行通達第5の5(2)イ。

ア．合理的期待の判断要素

　まず，雇用継続への合理的期待の有無は，「これまでの裁判例と同様，当該雇用の臨時性・常用性，更新の回数，雇用の通算期間，契約期間管理の状況，雇用継続の期待をもたせる使用者の言動の有無などを総合考慮して，個々の事案ごとに判断されるもの」とされている[20]。そのため，期待保護タイプに該当するか否かは，従前の雇止め法理でも予見可能性に乏しいことが問題視されてきたところであるが，本条の下でも，予見可能性に乏しい状況に変化はない[21]。

　このように，本条においても，契約の更新回数は合理的期待の発生を基礎づける一事情にとどまる。そこで，従前の雇止め法理の場合と同様，契約の更新が一度もなされていない有期労働契約であっても，一種の再雇用特約が黙示的に存在すると認められる場合など，他の事情を考慮することで合理的期待はなお発生し得ることになる。また，本条1号の反復更新要件を判断するにあたって，契約更新時の労働条件変更が直ちに影響を及ぼさないのと同様，本条2号の合理的期待を判断するに際しても，契約の更新時に契約期間や担当職務など労働条件の変動が生じていることは，あくまで期間満了時の合理的期待の有無を判断するに際しての一事情にとどまり，直ちに何らかの影響を及ぼすものではない[22]。さらに，本条1号の場合と同様，無契約期間が介在している場合も，直ちに本条2号における合理的期待の発生が否定されるものではなく，期間満了時の合理的期待の有無を判断するに際しての一事情となるにとどまる。

　もっとも，高年齢者等の雇用の安定等に関する法律9条によって希望者に対する雇用確保措置が義務づけられている範囲において，有期労働契約によって雇用確保措置を充足するという場合の契約の更新にあたっては，特段の事情のない限り雇用継続への合理的期待が認められるものと解されている[23]。これは，総

---

20) 施行通達第5の5(2)ウ。
21) 荒木・労働法472頁。
22) 特に，篠原信貴「雇止めと労働条件の変更」同志社法学59巻1号（2007年）349頁は，著しい業務内容の変更がある場合に限って，更新前に生じていた合理的期待が消滅することもあり得ると限定的に理解している。

合考慮とされている本条の下において，いわば例外的に雇用継続への合理的期待が推定されているものとして評価できると解される。

イ．合理的期待の発生と判断基準時

　本要件において，雇用継続への合理的期待の判断基準時は，期間の定めのある労働契約の期間満了時に存在することが必要と明記されている。しかし，期間満了時における期待発生の有無は，従前の判例法理に従って，あくまで雇用の全期間における事情が総合的に考慮されて決せられるものと説明されている[24]。このように，雇用の全期間における事情が考慮されて期間満了時における合理的期待の有無が決せられる場合，合理的期待の発生を予防し，あるいは既に発生してしまった合理的期待を放棄あるいは消滅させることができるかが問題になる。

（ア）合理的期待の発生の予防

　まず，期間の定めのある労働契約の初回の締結に際して，そもそも合理的期待の発生を予防することができるかを検討する。これは，①一度限りの有期労働契約とする場合には不更新特約の設定，②複数回の有期労働契約を予定する場合には更新回数あるいは通算契約期間にかかる上限の設定によることになる。

　そして，このような約定がなされた場合には，当該特約や更新上限の約定通りに運用されている限りにおいて，雇用継続への合理的期待を生じさせない効果が認められている[25]。しかし，本条において，合理的期待の有無はあくまで有期労働契約の期間満了時において判断され，かつ，当該時点での期待発生の有無は雇用の全期間における事情を総合的に勘案するものとされているため，初回の労働契約締結時に不更新特約や更新上限を設定したとしても，雇用の継続中に生じ

---

[23] エフプロダクト事件・京都地判平成 22・11・26 労判 1022 号 35 頁，バキュームモールド工業事件・東京地判平成 23・9・16 労経速 2127 号 21 頁。
[24] 施行通達第 5 の 5(2)ウ．
[25] 北陽電機事件・大阪地決昭和 62・9・11 労判 504 号 25 頁，近畿建設協会（雇止め）事件・京都地判平成 18・4・13 労判 917 号 59 頁，東京地下鉄事件・東京地判平成 22・3・26 労経速 2079 号 10 頁，ダイキン工業事件・大阪地判平成 24・11・1 労判 1070 号 142 頁。

た他の事情によっては合理的期待の発生が認められる可能性もある[26]。したがって、初回の有期労働契約締結に際して設定される不更新特約や更新上限は、期間満了時の合理的期待の有無を判断するための（重要な）一要素にとどまるといえる[27]。

（イ）合理的期待の放棄・消滅
（ⅰ）労働者の意思表示の必要性

次に、雇用の全期間を通じていったん発生した雇用継続への合理的期待を、事後的に労働者に放棄させ、あるいは使用者と労働者との合意を通じて消滅させることができるかが問題となる。この点、前述した通り（Ⅱ1（2）イ）、本条2号における合理的期待発生の有無は、あくまで雇用の全期間における事情が総合的に考慮されて決せられるものと説明されているところ、「いったん、労働者が雇用継続への合理的な期待を抱いていたにもかかわらず、当該有期労働契約の契約期間の満了前に使用者が更新年数や更新回数の上限などを一方的に宣言したとしても、そのことのみをもって直ちに同号の該当性が否定されることにはならないと解される」とされ[28]、使用者による一方的な不更新の宣言も合理的期待の発生を判断する際の一事情にすぎないと解されている。

したがって、いったん発生した雇用継続への合理的期待の放棄・消滅は、可能であるとしても、あくまで労働者の意思表示を通じてなされる必要があるといえる。実際、これまでの裁判例においても、合理的期待の放棄・消滅が認められるには、使用者からの一方的な宣言があるだけでは足りないものとされ[29]、あくまで不更新とする合意が成立したと評価できる場合に限られている[30]。

---

[26] カンタス航空事件・東京高判平成13・6・27労判810号21頁、京都新聞COM事件・京都地判平成22・5・18労判1004号160頁。
[27] 西谷敏ほか編『新基本法コンメンタール労働基準法・労働契約法』（日本評論社、2012年）428頁［山川隆一］、水町勇一郎「労働契約法改正（有期労働契約法制）の施行と検討課題」中央労働時報1173号（2014年）13頁。
[28] 施行通達第5の5（2）ウ。
[29] 報徳学園事件・神戸地尼崎支判平成20・10・14労判974号25頁、学校法人立教女学院事件・東京地判平成20・12・25労判981号63頁。

(ⅱ) 放棄・消滅の方法

　そして，雇用継続への合理的期待を労働者に放棄させ，あるいは合意を通じて消滅させる手法としては，①有期労働契約の期間途中での合理的期待の放棄・消滅，②有期労働契約の更新時における合理的期待の放棄・消滅の2通りがあり得る。このうち，①は，後述する期間満了時点における合意解約の約定（Ⅱ1（3））に該当しない限り，期間満了時を基準時として合理的期待の有無を判断する本条において，合理的期待の有無を判断する際の（重要な）一要素としてしか機能し得ないといえる。

　そこで，期間満了時に合理的期待の有無を判断する本条の下では，いったん発生した雇用継続への合理的期待の放棄・消滅として法的に問題となり得るのは，②の契約更新時に不更新特約を付加することによって，今回の更新時には合理的期待が生じている契約について，次の契約期間満了時点における合理的期待を放棄ないし消滅させるというものである。もっとも，有期労働契約の更新時に付加される不更新特約の法的評価は多様であり，合理的期待の減殺・消滅にかかる約定としてではなく，次の期間満了時点における合意解約の約定として評価する裁判例[31)]もみられるように[32)]，一概に性質決定できるものではない。

　この点，学説においては，労働者が契約の更新時に，契約不更新という不利益と，合理的期待の放棄という不利益を選択させられるという意味で，契約不更新での雇止めか不更新特約付きでの契約更新という不利益しかない二者択一を迫ら

---

30) 雪印ビジネスサービス事件・浦和地川越支決平成12・9・27労判802号63頁，近畿コカ・コーラボトリング事件・大阪地判平成17・1・13労判893号150頁，JALメンテナンスサービス事件・東京高判平成23・2・15時報2119号135頁，本田技研工業事件（第1審）・東京地判平成24・2・17労経速2140号3頁，本田技研工業事件（控訴審）・東京高判平成24・9・20労経速2162号3頁（最三小決平成25・4・9労経速2182号34頁にて上告棄却・不受理）など。

31) 前掲注30）近畿コカ・コーラボトリング事件・大阪地判平成17・1・13，渡辺工業（住友重機横須賀工場）事件・東京地判平成19・12・20労判966号21頁，日立製作所（帰化嘱託従業員・雇止め）事件・東京地判平成20・6・17労判969号46頁。

32) なお，大内伸哉「有期労働契約の不更新条項と雇止め制限法理——東芝ライテック事件を素材に」季労244号（2014年）120頁は，不更新特約を合意解約の約定として評価する見解を「契約解釈として無理がある」とする。

れるところが問題視されている[33]。そこで，（イ）の状況においては，いったん確定的に合理的期待が発生している点を重視し，合理的期待を消滅させる不更新特約は，公序良俗に反して無効であると主張する見解も主張されている[34]。

たしかに，本条は当事者の合意によって適用を排除し得ない強行法規であると解されるところ，雇用継続への合理的期待が生じた後に設定される不更新特約は，強行法規の適用状態を排除するための特約といえるため，公序良俗（民90条）に反して無効であるとも考えられる。特に，継続している一連の有期労働契約を一体としてみると，継続している労働契約の更新時にいったんでも生じていた合理的期待（強行法規の適用状態）は不可逆的で，もはや当事者の合意によって取り消すことはできないという理解もあり得ないものではない。

しかし，不更新特約を公序良俗違反で一律に無効と解し，いったん発生した合理的期待は取り消せないと理解すると，当該有期労働契約は，なお期間設定が存在するにもかかわらず，労働者が自ら退職するか，「客観的合理的理由があり，社会通念上相当」と認められない限り契約の終了を一切主張し得ない契約に変容してしまう。これは，本条制定前の判例法理（Ⅰ2）で否定されていた無期労働契約への転化を認めるに等しいうえに，実質無期契約タイプである本条1号との区別も曖昧になると言わざるを得ない。そして，本条2号は，期間満了時点での合理的期待の有無を問題としているところ，たとえ合理的期待があっても期間設定のある有期労働契約としての性質自体は変容しない以上，有期労働契約が連続している過程で，ある契約の期間満了時点では雇用継続への合理的期待があるとしても，次の有期労働契約の期間満了時点では期待が生じないということも

---

[33] 和田肇「反復更新された有期労働契約の更新拒否――三共（寡婦嘱託雇止め）事件」ジュリ1322号（2006年）176頁，西谷敏『人権としてのディーセント・ワーク』（旬報社，2011年）108頁，西谷・労働法447頁，同「労働契約法改正後の有期雇用――法政策と労働組合の課題」労旬1783＝1784号（2013年）15頁。
[34] 川田知子「有期契約の更新拒否――日立メディコ事件」村中孝史＝荒木尚志編『労働判例百選〔第8版〕』（有斐閣，2009年）163頁，同「有期労働契約の雇止め」土田道夫＝山川隆一編『労働法の争点』（有斐閣，2014年）155頁，西谷・労働法440頁。

十分にあり得る。したがって、本条2号の判断において、継続している有期労働契約は、それぞれを1個の契約とみて、期間満了の都度、雇用継続への合理的期待の有無が判断されると解する方が自然なように思われる。

このように考えると、少なくとも、②有期労働契約の更新時に挿入された不更新特約は、(ア)と同じ新規の有期労働契約締結時に付加された不更新特約のように、次の期間満了時点における雇用継続への合理的期待を発生させないために付加されたものと評価できる。そうすると、不更新特約が一律に公序良俗に反すると解するのは、やはり難しいように思われる[35]。もちろん、学説の懸念する労働者の窮迫した利益状況に照らせば、労働者の雇用継続への合理的期待を保護しつつ契約の更新機会を確保するための適切な解決法理が認められることが望ましいものの、そのような法理のない現状においては、雇用継続への合理的期待の放棄・消滅にかかる労働者の意思表示の有効性を慎重に判断することによって労働者の利益状況に配慮すべきものと解される[36]。

もっとも、このように(ア)の状況に近づけて理解する場合、契約更新時に設定される不更新特約は、同時に、必ずしも雇用継続への合理的期待を確定的かつ終局的に消滅させるものではないということになる。すなわち、更新時に不更新特約が挿入されたことは、次の期間満了時点における雇用継続への合理的期待を減殺させる方向で作用し得るものの、雇用継続への合理的期待の有無は、あくまで最終的な契約の期間満了時に雇用の全期間における事情を総合的に勘案して判断される以上、当該不更新特約が付加される以前の状況や不更新特約が挿入された際の経緯、さらには不更新特約の挿入後に生じた事情によって、次の期間満了時

---

[35] 中町誠「有期労働契約の不更新条項の効力——明石書店（製作部契約社員・仮処分）事件」ジュリ1446号（2012年）117頁、荒木・前掲注13）413頁。
[36] その手法は諸説あるが、合意にかかる意思表示の瑕疵などを通して労働者の事情を考慮すべきとする見解（小西康之「不更新条項に基づく雇止めと解雇法理の類推適用の可否——近畿コカ・コーラボトリング事件」ジュリ1324号〔2006年〕131頁）、労働者の合意が自由意思に基づくか否かを検討すべきとする見解（土田・労契法677頁）、明確な合意の存否を慎重に判断すべきとする見解（奥田香子「不更新の合意により雇止めを有効とした例」民商133巻4＝5号〔2006年〕873頁）などが存在する。

点においてもなお雇用継続への合理的期待の発生が認められ得ることになる[37]。その意味で，有期労働契約の更新時に付加されたものであるとしても，不更新特約の存在は，あくまで次の期間満了時点における雇用継続への合理的期待の有無を判断するための（重要な）一要素にとどまることになる[38]。

(ⅲ) 不更新特約の位置づけ

これに対し，下級審裁判例や一部の学説は，不更新特約が雇用継続への合理的期待を確定的に消滅させるものではないという以上の理解を前提にしつつ，雇止め法理の適用の有無と不更新特約の存在は連関するものではないとして，不更新特約の存在を雇止め法理の適用過程における一事情として考慮するにとどめるという解釈を採っている[39]。

しかし，雇用継続への合理的期待の有無は，雇止め法理の適用の有無を判断（「雇止め法理の適用審査」）するためのいわば入口要件の問題である。したがって，契約更新時に付加される不更新特約を次の期間満了時点における雇用継続への合理的期待の発生・消滅にかかる約定と理解する限り，不更新特約の存在は，雇止め法理の適用審査において問題とされざるを得ない。それにもかかわらず，雇止め法理を適用したうえで，雇止めの効力を判断（「雇止めの効力審査」）するための一要素として不更新特約の存在を考慮するのは，雇止め法理の適用審査と雇止めの効力審査を混同した問題のある判断手法であり[40]，少なくとも本条2

---

37) 例えば，「今回をもって最終契約とする」旨の文言が挿入された契約の期間満了時に，合理的期待の減殺を認めつつ，なお合理的期待の発生を認めた裁判例として，東芝ライテック事件・横浜地判平成 25・4・25 労判 1075 号 14 頁がある。
38) 篠原信貴「不更新条項とその解釈」季労 242 号（2013 年）43 頁，荒木・前掲注 13）413 頁，水町・前掲注 27）13 頁。このような状況につき，予測可能性が欠如することを理由に「疑問が残る」とする見解として大内・前掲注 32）129 頁がある。
39) 明石書店（製作部契約社員・仮処分）事件・東京地決平成 22・7・30 労判 1014 号 83 頁，根本到「有期労働契約の不更新条項を理由とする雇止めの正当性 明石書店（製作部契約社員・仮処分）事件」法セ 676 号（2011 年）153 頁，龔敏・前掲注 15）50 頁，毛塚勝利「改正労働契約法・有期労働契約規制をめぐる解釈論的課題」労旬 1783＝1784 号（2013 年）25 頁，唐津博「改正労働契約法第 19 条の意義と解釈──判例法理（雇止め法理）との異同を踏まえて」季労 241 号（2013 年）11 頁。

号の成文化後には利用し得ない手法と解される。

　もっとも、不更新特約は、雇用継続への合理的期待の有無・程度にかかる約定であると同時に、合理的期待が認められる場合には、当該雇止めが「客観的に合理的な理由を欠き、社会通念上相当で」あるか否かの考慮要素としても同時に機能し得る。そうすると、本条 2 号の下で、不更新特約の存在を専ら雇止めの効力審査の一事情として考慮するという見解は採り得ないものの、雇用継続への合理的期待の有無を判断する際に斟酌したうえで、雇止めの効力審査においても併せて不更新特約の存在を考慮することは、当然に認められるものと解される[41]。

（3）期間満了時点における合意解約の約定との関係

　ところで、期間満了を待たずに有期労働契約を合意解約することは、「やむを得ない事由」（労契 17 条 1 項、民 628 条）がなくても有期労働契約を終了できるという意味で実質的な意義が認められるうえに、そもそも本条の適用がある場面に関わる合意ではないため、本条の制定後も当然に許容される。これに対し、期間満了をもって終了するという有期労働契約の法的性質に鑑みると、期間満了時点において有期労働契約を合意解約する約定は、いわば終了する契約を重ねて終了させる約定となり、そもそも効力を有するのか、疑問が生じ得る。また、仮に効力を有するとしても、期間満了によって有期労働契約が終了した場合に本条の適用があり得ることを重視すると、強行法規である本条の適用を合意によって回避する約定として許されないようにも思われる。このように、期間満了時点において有期労働契約を合意解約するという約定は、その有効性が第一次的に問題となる。

　一方で、本条が明文で合意解約による契約終了の可能性を否定するものではなく、特別退職金の給付などの合意内容によっては労働者の利益になることを重視

40）西谷・労働法 448 頁注 49 は、「合理的期待の成立いかんの問題を、雇止めの客観的合理性・社会的相当性の判断に組み入れることには賛成できない」とし、荒木・前掲注 13）413 頁は、「理論的には不可解な処理」とする。
41）篠原・前掲注 38）43 頁。

すると，期間満了時点における合意解約の約定それ自体が，本条によって当然に禁止されているものではないとも解され得る。そこで，期間満了時点における合意解約の約定を設けることができると解する場合には，いずれも期間満了時点での契約の終了効を導く期間満了と合意解約の約定がいかなる関係に立つかを整理する必要が生じる。これは，期間満了によって契約が終了した場合にのみ，特別の法的効果が生じる余地を認めている雇止め法理に特有の問題といえる。

ここで，期間満了時点における合意解約が約定されることで期間満了による契約の終了効が排除されると解する場合には，当該有期労働契約の終了について本条が適用される余地はないことになる[42]。この場合，いずれにせよ契約が終了する以上，契約更新の条件として不更新特約が挿入される場合のような労働者の窮迫した利益状況は認められないものの，本条の適用可能性を確定的に消滅させる重要な効果をもたらすことに鑑みると，合意の成立はなお慎重に判断すべきものと解される。

（4）組織再編があった場合

また，組織再編に伴って契約当事者の地位に変動があった場合，1号該当性および2号該当性が承継されるかが問題となる。もっとも，本条2号においては，合理的期待の有無をあくまで雇止めとなった期間満了時に判断するものと規定されているため，法的にいえば2号該当性の承継という問題設定は成り立たず，ただ新使用者の下で合理的期待の有無を判断するに際して，旧使用者の下で生じた事情をも雇用の全期間において生じた事情として考慮することが許されるかが問題となる（いわば，「2号該当性判断の考慮要素の承継」問題）。

この点，合併や会社分割など包括承継の組織再編が行われた場合には，契約上の当事者たる地位も同時に承継するため，契約も同一性を保持して継続している

---

[42] 本条制定前，有期労働契約の更新時に付加された不更新特約に基づいて，次期の期間満了時における合意解約の成立を認めた裁判例として，前掲注31)に挙げた近畿コカ・コーラボトリング事件・大阪地判平成17・1・13，渡辺工業（住友重機横須賀工場）事件・東京地判平成19・12・20，日立製作所（帰化嘱託従業員・雇止め）事件・東京地判平成20・6・17がある。

ものとして扱われることで，1号該当性も2号該当性判断の考慮要素も引き継がれるものと解される。また，合併や会社分割時において，次に検討する事業譲渡の場合のような旧労働契約の解消（解雇や合意解約，期間満了，当事者の消滅など）と新労働契約の締結を組み合わせた労働者の承継手法を採ることも，労働者の同意がある限りにおいて否定されているものではない。しかし，たとえこのような手法を採っても，雇止め法理の適用対象である使用者としての地位自体は，包括承継の効果として旧使用者から新使用者に承継されるものと解されるため，同一使用者の下で契約が更新された場合と同様に処理されることになる。

　他方，事業譲渡によって組織再編が行われる場合には，労働契約が個別承継される以上，有期労働契約も当然に事業譲渡先に移転するものではない。仮に，事業譲渡先に労働契約が移転する場合には，① 民法625条に基づく労働契約上の地位の移転という法形式を採る場合と，② 旧労働契約の解消（解雇や合意解約，期間満了，当事者の消滅など）と新労働契約の締結を組み合わせる法形式を採る場合が考えられる。そして，① 法形式として労働契約上の地位の移転が採られた場合には，民法625条に基づいて労働者の同意を要するものの，労働者が同意する限りにおいて労働契約は同一性を維持したまま事業譲渡先に承継されるものと解され，本条1号該当性ないし2号該当性判断の考慮要素も事業譲渡先に承継されるものと解される。これに対し，② 事業譲渡先と新労働契約を締結した場合には，契約としての同一性を保持する余地がない以上，法人格が否認されるなど実質的に契約主体が同一と認められる事情があるような場合でない限り，従来の契約において生じていた1号該当性という法的状態は終了し，2号該当性を判断するに際しての考慮要素も切断されるように思われる。もっとも，このような場合であっても，事業譲渡先で新たに生じた事情により，あらためて1号該当性または2号該当性が満たされる余地が否定されるものではない。

2. 労働者からの雇用継続の申込み

(1) 判例法理との異同

　次に，労働契約法19条が適用されるための第2要件として，「契約期間が満了する日までの間に労働者が当該有期労働契約の更新の申込みをした場合又は当該契約期間の満了後遅滞なく有期労働契約の締結の申込みをした場合」であることが必要とされている。すなわち，雇用継続中には「更新の申込み」，期間満了後は「遅滞なく有期労働契約の締結の申込み」をすることが必要とされているのである。これは，労働契約法19条が判例法理の成文化として説明されているにもかかわらず，これまでの判例法理において，少なくとも明確には要求されてこなかった要件と理解されている[43]。

　もっとも，行政解釈では，本条の立案過程における国会での論議を受け，本要件で要求される「『更新の申込み』及び『締結の申込み』は，要式行為ではなく，使用者による雇止めの意思表示に対して，労働者による何らかの反対の意思表示が使用者に伝わるものでもよいこと」とされている[44]。すなわち，「申込み」という用語が使用されているものの，本条における「更新の申込み」および「締結の申込み」は，契約成立に向けられた意思表示としての「申込み」（民521条以下参照）に限られないとされているのである。また，「『更新の申込み』又は『締結の申込み』をしたことの主張・立証については，労働者が雇止めに異議があることが，例えば，訴訟の提起，紛争調整機関への申立て，団体交渉等によって使用者に直接又は間接に伝えられたことを概括的に主張立証すればよいと解される」とされている[45]。このように，本要件はこれまでの判例法理で明示的に要求されていた要件ではないようにも見えるものの，本要件の存在によって，労働者において雇止めの効果を争うために何らかの負担が追加的に生じるものではな

---

43) 菅野・労働法230頁～231頁，岩出誠『平成24年改正労働法の企業対応』（中央経済社，2013年）246頁，第一東京弁護士会労働法制委員会編・前掲注12）107頁。
44) 施行通達第5の5(2)エ。
45) 施行通達第5の5(2)エ。

く，従前の裁判例における適用状況を直ちに変更するものではないといえる。

(2)「申込み」要件の解釈

そこで，本要件に該当する「申込み」とは何かを検討するに，後述する通り（Ⅱ5），本条によって雇止めが許されないことで生じる効果は，使用者が「従前の有期労働契約の内容である労働条件と同一の労働条件で当該申込みを承諾したものとみなす」ことである。したがって，本条において，使用者の承諾に対応する労働者の「更新の申込み」または「締結の申込み」は，「従前の有期労働契約の内容である労働条件と同一の条件」でなされることが想定されているようにも思われる。しかし，前述した通り（Ⅱ2(1)），本条にいう「申込み」は，「使用者による雇止めの意思表示に対して，労働者による何らかの反対の意思表示が使用者に伝わるものでもよい」とされているため，労働者からなされる何らかの雇用継続意思の表明をもって，本条の「申込み」要件は満たされることになる。したがって，労働者が労働条件変更したうえで労働契約の更新・締結を申し込んだ場合にも，労働条件を変更されない限り期間満了で退職するという意思を労働者が明確に有していない限り，当該申込みには労働条件変更を伴わない労働契約更新・締結の申込意思も包含されているものとして，本条にいう「申込み」要件が満たされるものと解される[46]。

次に，学説では，本要件の適用をめぐって，就業規則等において申込みの様式（書面によること等）を契約上定めることは差し支えないとの見解がみられる[47]。たしかに，申込みがあったか否かの紛争を回避するためには，使用者において申込みの様式を定めておくことが有用といえ，本条において禁止されているところでもない。しかし，前述した通り（Ⅱ2(1)），本要件は労働者に対して従前の判例法理以上に何らかの付加的な要件を課したものとは解されないとこ

---

[46] 第一東京弁護士会労働法制委員会編・前掲注12) 111頁。
[47] 岩出・前掲注43) 247頁，髙谷知佐子ほか『労契法・派遣法・高年法平成24年改正Q&A』（商事法務，2013年）74頁。

ろ，契約上の合意として労働者の申込みに様式を求めると，文字通り判例法理以上の要件を労働者に課することになる。そして，労働契約法19条は強行法規であり，19条所定の要件を満たす限りにおいて当然に適用され，当事者の合意によっても排除し得るものではないことに鑑みると，仮に就業規則等において本要件にかかる申込みの様式を定めたとしても，本要件の申込みに該当するか否かは実質的に判断され，使用者の設定した様式に従った申込みに当然に限定されるものではないと解される[48]。

ところで，学説には，労働者において雇用継続を申し込む権利を事前に放棄する（させる）ことも，真意性を担保し得る限りにおいて許容されるという見解がある[49]。仮にこのように理解すると，労働者において雇用継続を申し込む権利を事前に放棄した場合，労働者からの「申込み」という本要件が満たされ得ないため，本条は適用されないことになる。もっとも，このような取扱いは，強行法規である本条の適用を回避する取扱いといえるため，前述した合意解約の約定（Ⅱ1（3））と同様，放棄の可否が第一次的に問題になると解される。また，判例法理の成文化という本条の趣旨に照らすと，本要件に関して，労働者が雇用継続の申込みをする「権利」なるものを独立に観念し，雇止めが問題となる以前に労働者において当該権利を予め放棄するということ自体が可能なのか否かも問題となり得るように思われる[50]。

---

[48] この点，本要件の申込みにかかる様式の設定を可能と解する学説は，年休の時季指定にかかる様式の設定が可能とされていることのアナロジーを根拠として挙げているが（岩出・前掲注43）247頁），年休の時季指定にかかる様式の設定も，当該様式に従っていない時季指定を直ちに無効とする趣旨ではないと解されている（荒木・労働法190頁）。
[49] 大内伸哉編『有期労働契約の法理と政策』（弘文堂，2014年）62頁［篠原信貴］。なお，同見解においては，労働者が雇用継続を申し込む「権利」を，使用者との合意を通じて放棄する場合が専ら想定されているようにみえるが，「権利」の放棄であれば，労働者において一方的に放棄する場合もあり得るように思われる。
[50] 毛塚・前掲注39）23頁参照。

（3）「遅滞なく」の意義

　最後に，本要件にかかる申込みは労働契約の期間満了後においても可能とされているところ，期間満了後の申込みは「遅滞なく」なされることが必要とされている。そして，法令用語として，「この『遅滞なく』は，『直ちに』や『速やかに』と比べると，時間的即時性の度合いが弱いものとされており，時間的即時性は求められるものの，正当な，あるいは合理的な理由に基づく遅れは許されるもの」とされている[51]。これを受けて，本条の行政解釈でも，「『遅滞なく』は，有期労働契約の契約期間の満了後であっても，正当な又は合理的な理由による申込みの遅滞は許容される意味である」とされている[52]。もっとも，具体的にどの程度の遅延であれば許容されるのかは個別の事案によるが[53]，「ことさらに異議表明の期間を制限するように解されるべきでは」なく，「その期間は，『遅滞なく』という語感よりも，長い期間の経過を許容するもの」と解されている[54]。

　また，本条は強行法規であり，本条所定の要件を満たす限りにおいて当然に適用され，当事者の合意によっても排除し得るものではないため，就業規則等を通じて契約更新の申込みの時期を限定する定めを置いたとしても，客観的に「遅滞なく」労働者から申込みがなされたと評価される場合には，本要件は有効に満たされるものと解される。この点，就業規則等ではなく個別の合意があれば，時期的限定をかけることも可能であるかのような見解も示されているが[55]，本条が強行法規である以上は，個別合意であっても申込みの時期的な制限を設定することは許されないと思われる。もっとも，就業規則等で申込みの時期が明示されていることは，「遅滞なく」の評価にあたって，労働者の申込みが合理的期間内であるか否かの考慮要素になるものと解される[56]。

---

51) 法令執務用語研究会『条文の読み方』（有斐閣，2012年）62頁。
52) 施行通達第5の5(2)オ。
53) 髙谷ほか・前掲注47) 74頁。
54) 荒木尚志「有期労働契約規制の立法政策」菅野和夫先生古稀記念『労働法学の展望』（有斐閣，2013年）183頁。
55) 髙谷ほか・前掲注47) 74頁。
56) 第一東京弁護士会労働法制委員会編・前掲注12) 115頁。

3．使用者の拒絶

（1）要件該当性

　続いて，労働契約法19条の第3要件として，労働者からの雇用継続の申込みを前提に「使用者が当該申込みを拒絶すること」が必要とされている。これも，労働者の「申込み」要件と同様，これまでの判例法理としては明確に要求されていなかった要件である。そして，使用者の拒絶に関しては，労働者の「申込み」要件とは異なり，いかなるもので足りるか行政解釈が存在しないため，民法上の申込みに対する応答としてなされる拒絶（民528条参照）と同一のものとして捉える余地もある。

　しかし，労働者の申込みについては，雇止めにかかる「何らかの反対の意思表示が使用者に伝わるものでもよい」とされている関係上，使用者の拒絶も，拒絶の対象となる労働者の申込みがおよそ契約成立に向けられた明確な意思表示といえないものである可能性を踏まえ，労働者の申込みに対して合理的な期間内に返答しないなど，雇用継続を拒絶する意思が何らかの形で労働者に伝わることで足りるものと解される。このように，本条において，使用者の拒絶という要件は，独立の要件といっても，労働者の申込みを認定し得る限り，結果的に労働契約が更新されていないという状況をもって満たされる要件となる。

（2）変更解約告知に類する状況の処理

　もっとも，いわゆる変更解約告知（労働条件変更を目的にした労働契約の解約）に類する状況として，使用者から労働条件を変更したうえでの労働契約の更新が打診されていた場合に，結果的に更新後の労働条件について合意が成立せず，労働契約が更新されていないという状況をもって，なお使用者の拒絶と評価できるかは問題となり得る。実際，本条制定前には，使用者から労働条件変更をしたうえであっても契約の更新が可能であることを打診されていながら，当該申出を労働者自身が拒絶したという場合には，労働者の意思で契約を終結させたようにみえ，雇止め法理を適用し得るのかが問題となっていた。そのため，労働者

が使用者の契約更新の提案に応じなかった場合，労働者自ら契約関係を終結させたものとして，もはや更新への合理的期待は生じないと解する下級審裁判例[57]と，なお更新への合理的期待が生じること自体は認めつつ，使用者の労働条件変更提案の合理性という観点から雇止めの適否を審査する下級審裁判例[58]が対立していた。このような問題は，賃金や担当職務などの典型的な労働条件の変更が提案された場合はもちろん，前述した不更新特約の挿入が契約更新の条件として提示された場合にも生じ得る[59]。

　この点，本条は，使用者から労働条件を変更したうえでの契約更新の申入れがあったか否かにかかわらず，労働者からの申込みに対して使用者が拒絶することを「雇止め法理の適用審査」における要件としている。したがって，本条において，変更解約告知に類する状況で契約更新に至らなかった場合には，従前の労働条件における契約の更新を求める労働者の申込みを使用者が拒絶したものとして法的には整理されることになり，1号ないし2号該当性の要件を満たす限りにおいて[60]，本条に基づく雇止め法理の適用自体は否定されないものと解される。

　ここで，使用者の拒絶を認定するにあたっては，民法528条に倣い，使用者が行った労働条件を変更したうえでの契約更新の申込みをもって，労働者が行った従前の労働条件における契約更新の申込みに対する拒絶に当たると構成できることが指摘されている[61]。また，前述した通り（Ⅱ3(1)），本条における使用者の拒絶は，契約成立に向けられた明確な意思表示に対する応答としてなされる場合に限られない以上，労働者が従前の労働条件での契約更新を何らかの形で申し込んだのに対し，使用者が応じないことを端的に捉えても，拒絶の要件は十分に認定し得ると解される。

---

57) 河合塾（非常勤講師・出講契約）事件・福岡高判平成 21・5・19 労判 989 号 39 頁。
58) 日本ヒルトンホテル（本訴）事件・東京高判平成 14・11・26 労判 843 号 20 頁，ドコモ・サービス（雇止め）事件・東京地判平成 22・3・30 労判 1010 号 51 頁。
59) 荒木・前掲注 13) 410 頁。
60) この点の重要性を指摘する見解として，荒木・前掲注 13) 404 頁～406 頁。
61) 荒木・前掲注 13) 405 頁～406 頁。

したがって，本条の下で，使用者が労働条件を変更したうえでの契約更新を打診していたという事実は，雇止め法理の適用の有無を決する事情ではなく，雇止めの適否を審査する過程において斟酌される一事情となる[62]。そして，本条制定前の裁判例の処理に従えば，使用者の提案した労働条件変更の合理性という観点から，雇止めの適否が審査されることになると解される。

4．雇止めが客観的に合理的な理由を欠き，社会通念上相当であると認められないこと

（1）保護の程度
ア．日立メディコ事件判決との関係

以上の通り，「雇止め法理の適用審査」を通じて雇止め法理の適用が認められる場合，当該雇止めは，単なる有期労働契約の期間満了として処理できず，「客観的に合理的な理由を欠き，社会通念上相当で」なければ許されない（「雇止めの効力審査」）。このように，本条制定後は，解雇権濫用法理の類推適用としてではなく，本条の適用として雇止めの適否が判断されることになるものの[63]，本条が従前の雇止め法理を成文化したものと位置づけられる以上，具体的な判断は本条制定前と異ならない。

ところで，前述した日立メディコ事件（Ⅰ2）において，解雇に関する法理が類推適用される場合であっても，保護の程度は無期労働契約を締結している労働者に比べて劣ることを認めた判旨部分は，本条において成文化されていない。そこで，日立メディコ事件の判旨が前提にしていた法状況も変化したことを根拠に挙げて，保護の程度が劣るという判旨が本条の下では妥当しないとする見解もある[64]。しかし，本条2号は，日立メディコ事件を類型化したとされている以上，本条2号に該当する場合においても，日立メディコ事件判決の趣旨がなお妥当

62）髙谷ほか・前掲注47）75頁。
63）荒木・労働法474頁。
64）唐津・前掲注39）13頁。

し得るものと解される[65]。

　もっとも、日立メディコ事件は、使用者の経済的な理由に基づく雇止めが問題となった事案であり、最高裁判決も、当該事案の下で、解雇に関する法理が類推される場合に保護の程度が劣ると認めたものである。したがって、このような日立メディコ事件最高裁判決の趣旨が本条制定後に引き続き妥当するとしても、経済的な理由に基づく雇止め以外に、能力不足などその他の解雇類型に相当する雇止めに対しても同様に及ぶかは、いまだ明らかでないものと解される[66]。

イ．実質無期契約タイプの場合

　これに対し、前述した実質無期契約タイプにかかる東芝柳町工場事件（Ｉ２）の判例法理としては、解雇に関する法理が類推適用される場合の基準が、その後に出された期待保護タイプにかかる日立メディコ事件の場合と比べて厳格なものとなるのか、必ずしも明らかにされていなかったといえる。そして、実質無期契約タイプを類型化した本条1号と、期待保護タイプを類型化した本条2号に共通に適用される本条柱書においても保護の程度は明示されていない。したがって、本条1号に該当する実質無期契約タイプと本条2号に該当する期待保護タイプで、「客観的に合理的な理由を欠き、社会通念上相当で」あるか否かの判断基準に相違が生じるかは、本条制定後もいまだ明らかでないことになる。

　この点、日立メディコ事件最高裁判決の判旨は、本来期間満了で当然に終了すべき有期労働契約であることに加えて、簡易な手続で採用された場合には一般的に雇用の継続に対する期待が低いことを理由に、雇用保障の期待の程度に見合った保護を享受させようとする趣旨でなされたものと解される。そうすると、日立メディコ事件最高裁判決の判旨に従えば、保護の程度が劣るか否かは、有期労働契約であることに加えて、雇用の継続に対する期待の程度にかかっているといえ

---

65) 盛誠吾「有期労働契約の更新拒絶と解雇権濫用法理——判例法理の意義と改正労働契約法の問題点」労旬1785号（2013年）37頁、荒木・労働法474頁。
66) 盛・前掲注65) 35頁、大内編・前掲注49) 35頁～36頁［篠原］参照。

るため，雇用の継続に対する期待の有無にかかわらず雇止め法理が適用される本条1号の実質無期契約タイプに対して，保護の程度に関する日立メディコ事件最高裁判決の趣旨は直ちに及ばないように思われる。

このように，雇止め法理において，実質的に無期労働契約と異ならない状態に至っているということは，無期労働契約に転化することとは異なるものの，前述した通り（Ⅱ1（1）ウ），雇用継続に対する合理的な期待があるにすぎない状態とは「質」的な相違があるものと解すべきであり，一括して成文化されたことを理由に両者の質的な相違を無視すべきではないように思われる。実際，最高裁で期待保護タイプにかかる日立メディコ事件の判決が出された後も，圧倒的少数ながら，なお実質的に無期労働契約と異ならない状態に至っていると判示して雇止め法理を適用する裁判例[67]があるのは，両者の質的な相違に着目したものと解される。そして，学説でも，本条制定前の裁判例においては，東芝柳町工場事件のように，正規従業員に比べ遜色のない業務に従事し，基幹労働力化している有期契約労働者の雇止めについて，「客観的に合理的な理由を欠き，社会通念上相当で」あることが慎重に判断されているものと指摘されている[68]。したがって，本条1号の実質無期契約タイプに関しては，なお無期労働契約とは異なるという意味において保護の程度が劣ると解される余地もあるものの，その保護の程度は，少なくとも本条2号の期待保護タイプよりも厳格なものになると解される[69]。こうして，本条1号と本条2号を別個の類型として峻別する意義は，雇止め法理の効果の問題としてなお認められるものと思われる。

---

67) 前掲注18) ダイフク事件・名古屋地判平成7・3・24，本田金属技術事件・福島地会津若松支決平成10・7・2労判748号110頁，ヘルスケアセンター事件・横浜地判平成11・9・30労判779号61頁など。
68) 菅野・労働法233頁。
69) 西谷ほか編・前掲注27) 427頁［山川隆一］，川田・前掲注34) 争点155頁。これに対し，大内編・前掲注49) 40頁［篠原］は，本条1号類型にあたる実質無期契約タイプと本条2号類型にあたる期待保護タイプの正当化根拠が異なるとしつつ，「両タイプにより第二段階〔雇止めの効力審査〕の審査基準を異にする論拠は見出しがたい」とする。

(2) 整理解雇法理の適用

また、経済的理由に基づく雇止めの場合に、解雇権濫用法理の一類型とされる整理解雇法理に倣って雇止めの効果が判断されるかは、整理解雇法理自体が判例法理にとどまることもあって、本条でも明らかとされていない。この点、近年の裁判例は、経済的理由に基づく雇止めの場合にも、整理解雇法理の適用を認める傾向にある[70]。もっとも、整理解雇法理の具体的な適用においては、職種や勤務地が限定されていることの多い有期労働契約の特質に照らした解雇回避努力等の判断がなされていると指摘されている[71]。

5．効果

以上の要件がいずれも満たされた場合には、本条の効果として、「使用者は、従前の有期労働契約の内容である労働条件と同一の労働条件で当該申込みを承諾したものとみな」される。従前の雇止め法理の効果は一種の法定更新として説明されてきたのに対し[72]、本条は、文字通りの法定更新ではなく、意思の合致という体裁を採って、使用者の承諾を擬制することにしたものである[73]。これは、民法629条1項の適用場面のように労働者の就労継続意思が明確な場合とは異なり、雇止めの場面においては労働者の就労継続意思が明確ではないため、労働

---

[70] 三洋電機事件・大阪地判平成3・10・22労判595号9頁、日本電子事件・東京地八王子支決平成5・10・25労判640号55頁、芙蓉ビジネスサービス事件・長野地松本支決平成8・3・29労判719号77頁、前掲注67）本田金属技術事件・福島地会津若松支決平成10・7・2、丸子警報器事件・東京高判平成11・3・31労判758号7頁、前掲注67）ヘルスケアセンター事件・横浜地判平成11・9・30、安川電機八幡工場（パート解雇・本訴）事件・福岡地小倉支判平成16・5・11労判879号71頁、江崎グリコ（雇止め・仮処分）事件・秋田地決平成21・7・16労判988号20頁、前掲注23）エフプロダクト事件・京都地判平成22・11・26、学校法人加茂暁星学園事件・新潟地判平成22・12・22労判1020号14頁、フジタ事件・大阪地判平成23・8・12労経速2121号3頁、日本郵便（苫小牧支店・時給制契約社員A雇止め）事件・札幌地判平成25・3・28労判1082号66頁、日本郵便（苫小牧支店・時給制契約社員B雇止め）事件・札幌地判平成25・7・30労判1082号24頁。
[71] 荒木・労働法474頁。
[72] 菅野・労働法230頁。
[73] もっとも、菅野・労働法230頁では、本条の効果も法定更新として説明されている。

者の就労継続意思を申込みという形で表明させたうえで，使用者の承諾のみ擬制するという体裁を採用したものと解される。

　そして，使用者の承諾が擬制されて労働契約が更新・締結されたことになる場合，従来の一般的な解釈に従えば，使用者に労働契約の更新・締結を拒絶されたことで就労できなかった労働者は，民法536条2項によって賃金請求権を失わないと解される。しかし，本条において，期間満了後に労働者から有期労働契約締結の申込みがあった場合には，労働者の申込みに対する使用者の承諾のみが擬制され，契約の成立時期が特段定められていない本条の構成上，労働契約の成立時期はあくまで労働者が申込みをした時点とならざるを得ず，一定の無契約期間が必然的に生じるように思われる。そして，労働者の申込以前に無契約期間が生じると理解する場合，当該無契約期間については，賃金請求権が生じないものと解される[74]。その意味では，本条の帰結が従前の雇止め法理の場合と異なることになるが，未払賃金の発生はあくまで民法536条2項から導出される効果にすぎないため，判例法理の成文化という本条の趣旨を逸脱するものとは解されない。

※ 本稿は，日本学術振興会科学研究費補助金・基盤研究（B）「非正規雇用問題の総合立法政策の研究」（課題番号 23330018）による成果の一部である。

---

74) 第一東京弁護士会労働法制委員会編・前掲注12) 113頁。

NUMBER 5

労働契約法 **20**条

期間の定めがあることによる不合理な労働条件の禁止

（期間の定めがあることによる不合理な労働条件の禁止）
第20条　有期労働契約を締結している労働者の労働契約の内容である労働条件が，期間の定めがあることにより同一の使用者と期間の定めのない労働契約を締結している労働者の労働契約の内容である労働条件と相違する場合においては，当該労働条件の相違は，労働者の業務の内容及び当該業務に伴う責任の程度（以下この条において「職務の内容」という。），当該職務の内容及び配置の変更の範囲その他の事情を考慮して，不合理と認められるものであってはならない。

Ⅰ．はじめに

1．経緯

　非正規労働者と正規労働者との労働条件格差は，かつては臨時工について，1980年代以降はパートタイム労働者について，その規制の是非が争われてきた[1]。規制肯定側の根拠は平等法理に求められた[2]。パートタイム労働者から使

---

1) 濱口桂一郎「雇用形態による均等処遇」季労237号（2012年）37頁～39頁。

用者に対する不法行為に基づく損害賠償請求につき，勤務年数が同じ正社員の8割に満たない部分の賃金格差に関する請求を認容した丸子警報器事件判決は，「均等待遇の理念」を論拠とした[3]。欧州諸国では，パートタイム労働による不利益取扱いが禁止されていたので，その欧州の状況も有力な論拠とされた[4]。他方で，規制否定側は，このような待遇格差は日本の雇用慣行を背景に生じており，法が介入することは適当でないと主張した。非正社員の労働条件は地域の労働市場における需給関係によって決定される一方で，同一企業での長期雇用を予定する正社員の労働条件は年功的要素等により決定されているのであって，規制を行う社会的基盤に欠けるとしたのである[5]。有期雇用労働者と無期雇用労働者との待遇格差をめぐる議論は，こうしたパートタイム労働に関する議論に包摂されていた[6]。

しかしその後，非正規労働者層の量的拡大・質的変化の中で，その待遇の低さが社会問題として認識されるようになり，非正規労働者の労働条件規制が導入・強化されることとなった。2007年に制定された労働契約法では，労働契約の締結・変更に際して，就業の実態に応じ，均衡を考慮すべきものと定められた（3条2項）。短時間労働者の雇用管理の改善等に関する法律（パートタイム労働法）も同年に改正され，パートタイム労働者が職務内容・配置範囲において正社員と同一であり，（実質）無期で雇われている場合には，差別的取扱いはしてはならない旨規定された（現行パートタイム労働法8条）。

正規・非正規間の格差の是正という方向性は，リーマン・ショック後の経済不

---

2) 学説については大木正俊「非典型労働者の均等待遇をめぐる法理論」季労234号（2011年）223頁以下。
3) 丸子警報器事件・長野地上田支判平成8・3・15労判690号32頁。
4) 水町勇一郎『パートタイム労働の法律政策』（有斐閣，1997年）215頁等。
5) 菅野和夫＝諏訪康雄「パートタイム労働と均等待遇原則」山口俊夫先生古稀記念『現代ヨーロッパ法の展望』（東京大学出版会，1998年）129頁以下等。
6) 日本郵便逓送（臨時社員・損害賠償）事件・大阪地判平成14・5・22労判830号22頁は，有期・無期間の賃金格差の事案であるが，パートタイム労働に関する規制否定側の論拠により原告の請求を棄却した。

表／労契法20条の特質

	禁止事由	規制対象事項	比較対象者	
労契法20条	期間の定めがあることにより	労働契約の内容である労働条件	期間の定めのない労働者	
パートタイム労働法9条	短時間労働者であることを理由として	待遇（賃金の決定，教育訓練の実施，福利厚生施設の利用その他）	同一事業所のフルタイム労働者であり，①業務の内容・責任の程度，②変更の範囲（業務の内容・責任の程度および配置）が同一の者	
パートタイム労働法10条	要件とされていない	賃金		
パートタイム労働法3条	要件とされていない	労働条件，教育訓練，福利厚生		
労働者派遣法30条の2 (1項および2項)	要件とされていない	賃金，教育訓練，福利厚生の実施		

況の中で維持され，2012年には2つの法改正が行われた。労働者派遣事業の適正な運営の確保及び派遣労働者の保護等に関する法律（労働者派遣法）改正により，派遣元事業主は，派遣先労働者の賃金水準との均衡を考慮して派遣労働者の賃金を決定するよう配慮しなければならないとされ（30条の2），労契法改正によって本条が創設された（20条）。

　もっとも，同一の方向性をめざすこれらの規制の中でも，その中身をみると，差別禁止（パートタイム労働）や配慮義務（派遣労働）等，その内容・手法において重要な違いがみられた。本条は，2012年労契法改正までに存した他のいずれの規制とも異なる，不合理な労働条件の相違の禁止というアプローチを採用した（**表**参照）。なお，パートタイム労働法においても，2014年に法改正が行われ[7]，本条に倣った規定が設けられた。2014年改正パートタイム労働法8条は，

---

7) 平成26年法律第27号。この法律は，公布の日（2014年4月23日）から起算して1年を超えない範囲内において政令で定める日から施行する。

規制内容	規制手法	履行確保
不合理な相違の禁止──①業務の内容・責任の程度，②変更の範囲（業務の内容・責任の程度および配置）③その他の事情を考慮	禁止	民事的効力
差別的取扱いの禁止	禁止	行政（＋民事的効力）
フルタイム労働者との均衡を考慮（当該労働者の職務の内容，職務の成果，意欲，能力，経験等も勘案）	努力義務	行政（＋民事的効力？）
フルタイム労働者との均衡のとれた待遇の確保（パートタイム労働者の就業の実態を考慮）	努力義務	行政（＋民事的効力？）
派遣先労働者との均衡を考慮（賃金については，一般の労働者の賃金水準と，当該労働者の職務の内容，職務の成果，意欲，能力，経験等も勘案）	配慮義務	行政（＋民事的効力？）

同一事業所に雇用されるパートタイム労働者とフルタイム労働者との間の待遇の相違は，両者の業務の内容・業務に伴う責任の程度（職務の内容），当該職務の内容および配置の変更の範囲その他の事情を考慮して，不合理と認められるものであってはならない，と規定している。

2．特質

本条は，2014年改正前の現行パートタイム労働法と比較すると，以下の特質があると整理できるものであった。すなわち，第1に，パートタイム労働法が，行政による助言・指導・勧告，調停による解決を規定するのに対し，本条は，行政による履行確保は規定しておらず，民事上の効力を予定する（Ⅲ1参照）。

そしてより重要な違いとして，第2に，現行パートタイム労働法8条（差別的取扱いの禁止）違反を主張するためには，パートタイム労働者が，①業務内容・責任の程度（職務の内容），②職務の内容・配置の変更の範囲においてフルタイム労働者と同一であり，③（実質）無期契約を締結しているといえなくては

ならない（2014年改正パートタイム労働法9条において，③の要件は削除）。この3要件を明確に規定する枠組みについては，企業の規制回避行動を促しかねないという懸念が示されていた。現行パートタイム労働法3条と9条1項（2014年改正パートタイム労働法10条）は，職務・キャリアの両面で厳密に同一の比較対象者の存在を要求することなく，フルタイム労働者とパートタイム労働者との均衡処遇を求めるが，努力義務にすぎないものであった。これに対して，本条では，このような職務・キャリアの両面において厳密に同一の状況にある比較対象者の存在は要件とされず，これらは労働条件の相違の不合理性を判断するにあたっての考慮要素として位置づけられることになった[8]。本条には民事的効力が認められると解されているから，職務やキャリアが同一でない有期・無期間の労働条件の相違についても，不合理と認められれば司法上の救済が与えられ得る[9]。

　この手法の採用は，現行パートタイム労働法8条への反省のほか，欧州諸国のような柔軟な法制を採ることが適当であるという考えによるものと解される。学説によると，ドイツ・フランスにおいては，客観的な理由のない不利益取扱いの禁止という一般的な法原則が採られており，その具体的な運用をみても，職務内容にかかわらず支給される性格の給付などについては，その給付を受け取っている同一職務の正規労働者の存在は必ずしも要件とされず，柔軟な対処が可能になっているとされていたのである[10]。

---

[8] この枠組みに肯定的な学説として，川田知子「有期労働契約法制の新動向」季労237号（2012年）12頁，毛塚勝利「改正労働契約法・有期労働契約規制をめぐる解釈論的課題」労旬1783＝1784号（2013年）26頁，緒方桂子「改正労働契約法20条の意義と解釈上の課題」季労241号（2013年）21頁。
[9] もっとも，パートタイム労働者について均衡処遇が図られていない場合についても，不法行為が成立し得るとする説も唱えられている（土田・労契法685頁以下）。
[10] 橋本陽子「パートタイム労働者とフルタイム労働者の賃金格差の是正──同一（価値）労働同一賃金原則の再検討」日本労働法学会誌110号（2007年）149頁，水町勇一郎「『格差』と『合理性』──非正規労働者の不利益取扱いを正当化する『合理的理由』に関する研究」社会科学研究62巻3＝4号（2011年）125頁等。I3で紹介する独立行政法人労働政策研究・研修機構「雇用形態による均等処遇についての研究会報告書」も同旨（V頁）。

他方で，第3に，現行パートタイム労働法8条は，「差別的取扱い」を禁ずるものであり，上記3要件を満たす場合のパート・フルタイム間の取扱いの差異について，時間比例によるものを除き，正当化の余地を狭い範囲でしか認めていないと解される規定振りであったのに対し，本条においては，無期・有期間の労働条件の相違は，たとえ両者の職務の内容や配置の変更の範囲が同一だとしても，不合理と認められない範囲では許され得るとの解釈を導きやすい文言が用いられている（Ⅱ4（2）参照）。

　このように，本条は，2014年改正前の現行パートタイム労働法のように職務内容と配置可能性において同一の者については均等待遇を（現行パートタイム労働法8条），そうでない者には均衡を（同9条1項）求めるというものとは異なる枠組みを採ったものである。その意味で，「これまでの均等取扱いおよび均衡処遇と異なる『不合理な労働条件の禁止』という新たな不利益取扱い規制のタイプ」であり[11]，既存の法制の中で位置づけるとすれば，労契法3条2項の均衡考慮の原則が現れたものだった，ということになろう[12]。

3．目的

　本条の目的は，立法資料[13]によれば，以下のように解される。

　独立行政法人労働政策研究・研修機構「雇用形態による均等処遇についての研究会報告書」（座長・荒木尚志東京大学教授，2011年7月）（巻末資料4）は，非正規労働者の待遇格差規制につき包括的な検討を行い，本条の礎となる研究成

---

11) 西谷＝野田＝和田・新コンメン430頁［野田］。
12) 富永晃一「労働契約法の改正」法教387号（2012年）58頁は「一種の均衡待遇原則」とする。土田・労契法685頁は，労契法改正前から，均衡の理念は，期間雇用労働者を含めた非正社員全体をカバーするとしていた。
13) 立法資料として，①国会の本会議・厚生労働委員会の議事録，②労働政策審議会による建議，労働政策審議会労働条件分科会の審議，③②の審議の方向性を示した「新成長戦略（平成22年6月18日閣議決定）」，さらに，それらに先立ち開催された④有期労働契約研究会や⑤雇用形態による均等処遇についての研究会の報告書があるが（第1章Ⅱ4（1）（2）参照），本条の目的については，③と④⑤が参考になるので，本稿ではこれらをもとに議論している。①や②では，本条の目的に関する議論がほとんどみられないからである。

果を著したものである。それによれば，第1に，「非正規労働者の基幹化・常用雇用化により，正規労働者と非正規労働者の職務内容や働き方が近づく中，正規・非正規労働者間の処遇の差が合理的な理由によるものか否か」，第2に，「合理的な理由があるとしても処遇の差が大き」いのではないか，という2つのことが問われていた[14]。これらが問題として把握されたのは，非正規労働者の「十分な納得が得られていないのではないか」と考えられたからである[15]。

　つまり，本条が設けられたのは，有期・無期労働者間の処遇の差につき，合理的理由の有無や処遇の差の程度に関して有期労働者に不満が生じており，この不満を解消すべきとの判断に至ったからである。そう判断した理由は，2011年6月の新成長戦略を参照すれば，労働条件格差規制によって雇用の質を向上させ，それが「企業の競争力強化・成長へとつながり，その果実の適正な分配が国内消費の拡大，次の経済成長へとつながる」ことが期待されたからだといえよう。

　この点に関連して，本条の趣旨に関し，同一労働に従事する者に対しては同一の待遇を行うべきだという絶対的・普遍的な原則があり，その原則が，期間の定めを理由とする待遇の差異について適用されることが明らかにされたと理解すべきかどうか，問題になり得る。これは，立法資料を重視すれば否定的に解されよう。前記「雇用形態による均等処遇についての研究会報告書」によると，同一(価値)労働同一賃金原則は，性別など個人の意思や努力によって変えることのできない属性等を理由とする，人権保障にかかる差別的取扱い禁止原則の賃金に関する一原則として位置づけられるものであり，雇用形態の違いを理由とする賃金格差として争われる場合には，何らかの立法がない限り，直接的に適用可能な法原則とは解されていないとされている。

---

[14] 同報告書17頁。
[15] 厚生労働省「有期労働契約研究会報告書」(座長・鎌田耕一東洋大学教授，2010年9月10日) 22頁(巻末資料3)においても，有期契約労働者の中で，正社員と同様の職務に従事している者が正社員に比較して労働条件が低位に置かれていることにつき不満をもっており，さらに，軽易な職務についている者であっても労働条件の水準が低いことについて不満が生じているとして，納得性のある公正な待遇を実現することが望まれるとしていた。

行政解釈も，本条の趣旨につき，同一労働同一賃金原則には言及していない。有期契約労働者においては，無期契約労働者と比較して，「雇止めの不安があることによって合理的な労働条件の決定が行われにくいことや，処遇に対する不満が多く指摘されていることを踏まえ，有期労働契約の労働条件を設定する際のルールを法律上明確化する必要がある」としている（施行通達第5の6(1)）。

　本条の解釈は，有期雇用ないし有期雇用規制に期待される任務・機能によっても左右され得るが，この点については，有期雇用は，無業・失業者を雇用に結びつけ，技能習得・職業能力発展の機会を与え，ひいては安定雇用への移行を促すという重要な任務を担っていることを考慮すべしとする学説がある[16]。

II．要件

　本条が禁止するのは，①「有期労働契約を締結している労働者の労働契約の内容である労働条件が」，②「期間の定めがあることにより」，③「同一の使用者と期間の定めのない労働契約を締結している労働者の労働契約の内容である労働条件と相違する」場合において，④労働条件の相違が「不合理と認められる」ものであること，である。

1．要件①「有期労働契約を締結している労働者の労働契約の内容である労働条件が」

（1）労働者が有期労働契約を締結していること

　期間の定めがある労働契約は，その理由や性格のいかんを問わず，「有期労働契約」に含まれる。定年退職後の継続雇用措置の対象者として有期労働契約の下で就労している労働者や，派遣労働者として派遣元との間で有期労働契約を締結し，派遣先における一定期間のプロジェクトのために雇用されている労働者な

---

16) 荒木・労働法478頁。

ど，有期雇用には様々なタイプがみられるが，このような多様性は，他の要件を充足するかどうかの解釈において（「期間の定めがあることによ」る労働条件の相違にあたるか，あたるとしてその相違は「不合理」なものか），考慮される。

特定の任務の完了により終了するという労働契約は，不確定ではあるが期間の定めがあるものといえる。ある暦日の到来により終了するという労働契約も，当該期限までの期間を定めた労働契約として，本条にいう「有期労働契約」に該当する。

他方で，有期労働契約から無期労働契約に転換した労働者[17]は，有期労働契約を「締結している」労働者には該当しないものと解される。このような労働者の転換後の労働条件が，有期労働契約を締結していたときの労働条件と同一の内容であり，いわゆる正社員の労働条件と相違するとしても，本条の適用対象外と言わざるを得ない[18]。また，このような場面での本条の類推適用は，本条が有期契約労働者の納得性の向上を目的とするものであること，本法18条に基づく無期転換に関して，別段の定めがある場合を除き従前の有期労働契約と同一の労働条件が維持されると定められていることからすると，きわめて困難であろう。

（2）労働契約の内容である労働条件についての相違であること

本条の対象となる「労働契約の内容である労働条件」は包括的なものと解される[19]。行政解釈も，「賃金や労働時間等の狭義の労働条件のみならず，労働契約の内容となっている災害補償，服務規律，教育訓練，付随義務，福利厚生等労働

---

17) 法律に基づく場合として，転換申込権を行使した場合（労契18条），雇用期間満了後に引き続き労働に従事したために転換した場合（民629条），法律の上限を超えた期間の定めのある有期契約を締結している場合（労基14条）がある。

18) 阿部未央「不合理な労働条件の禁止——正規・不正規労働者間の待遇格差」ジュリ1448号（2012年）63頁，毛塚・前掲注8）29頁。

19) 同じ文言を用いる労契法7条では，「労働条件」の概念は広く解されている（荒木＝菅野＝山川・詳説労契法98頁〜99頁）。また，「労働契約の内容である」労働条件という文言を用いる同法8条では，就業規則によって規律される内容もこれに含まれると解されている（施行通達第3の3(2)ウ）。

者に対する一切の待遇を包含するもの」としている（施行通達第5の6(2)イ）。「労働条件」に該当しない例として，労使協議の手続等が考えられる[20]。

問題は，労働契約の内容である労働条件に，事実上の運用も含まれるかどうかである。これは，文言通りに考えれば，法的拘束力のある労使慣行が成立していない限り否定されよう[21]。使用者が有期契約労働者のみ選定して退職勧奨を実施したという事案や，昇進に関し労働契約上定めがあるわけではないものの，事実上，無期契約労働者のみ昇進させ有期契約労働者は昇進の対象にしない場合は，本条の適用から除外され得ることになる[22]。

2．要件②「期間の定めがあることにより」

有期・無期の労働者の労働条件に相違があるとしても，本条に反するというためには，その相違は「期間の定めがあることによ」るものでなくてはならない。

この点が肯定される典型例として，正社員用の就業規則と非正社員用の就業規則が区別して設けられ，それらの就業規則の定める労働条件が内容において異なっており，正社員はすべて無期契約で，非正社員はみな有期契約で雇われている事案が考えられる。異なる賃金表や教育訓練の利用規程を適用しているような場合である。逆に否定される事案として，たとえば，ある派遣元事業主に雇用されている派遣労働者の中に有期契約の者と無期契約の者がおり，労働条件が有期契約者と無期契約者で異なるようにみえるが，当該派遣元事業主は，労働者派遣契約に定める派遣の対価に応じて派遣労働者の賃金を支払っており，派遣先の相

---

[20] 労契法7条に関する解釈を参照（荒木＝菅野＝山川・詳説労契法97頁）。
[21] 緒方・前掲注8）22頁～23頁は肯定。
[22] 職務の内容や勤務地は，「労働契約の内容である労働条件」に含まれ得る。労契法8条に関しては，これらを特定する合意は「労働契約の内容である労働条件」に含まれるとされる（西谷＝野田＝和田・新コンメン355頁［野田］）。したがって，有期契約労働者についてこれらを特定している使用者が，無期契約労働者について特定していない事案では，本条違反の可能性がないわけではない。そうすると，職務・勤務地の範囲の異同を不合理性の考慮要素としてよいのか，という疑問が生じるが，こうした事案における勤務地や職務内容に関する相違もまた不合理でない限り本条に反しないと解される。

違によって賃金額が相違しているにすぎない場合が考えられよう。

　では，いわゆる正社員Aと非正社員との間に労働条件の相違があるが，非正社員の中に無期契約と有期契約の労働者が混在しており，非正社員・無期契約労働者Bの労働条件が非正社員・有期契約労働者Cの労働条件と同様であるとすると，AC間の労働条件の相違は「期間の定めがあることによ」るといえなくなるのか。有期契約から無期契約に転換した労働者につき，有期契約時と同一の労働条件が維持される事案では，こうした状況が生じ得る。あるいは有期契約労働者の中に，無期契約と同様の労働条件に服する者がいる場合も，因果関係の有無が問題となり得よう。正社員・無期契約労働者Dの労働条件は，非正社員・有期契約労働者Fよりも有利であるが，有期契約労働者Eとは同様である場合，DF間の労働条件の相違は期間の定めがあることによるといえるか[23]。たとえば，定年退職後の継続雇用措置として有期契約で雇用されている高齢労働者が，非正規の有期契約労働者よりも有利な労働条件を享受することは，現実に起こり得る。

　こうした事案では，基本的には，「期間の定めがあることによ」ることを肯定した上で，その相違の不合理性を検討することになると解される。労働者Cは，労働者Aと比較すれば，また労働者Fは，労働者Dと比較すれば，その期間の定めにより不利益な取扱いを受けているといえる。しかも，前記のような事案では，無期転換や，定年後の継続雇用措置は，労働契約法や高年法（高年齢者等の雇用の安定等に関する法律）が促進するものであり，法による後押しの結果生じた労働者の存在によって，労働条件の水準が最も低い非正規労働者が本条の適用範囲から外れることになるのは，実質的にも妥当ではないからである。

　このほかにも，無期・有期間で労働条件の相違があるが，職務の内容や勤務地，資格条件（大卒・高卒等），採用試験の内容等においても明確な相違があり，それに応じた雇用区分が設けられていて，期間の定めの有無がこの雇用区分に対応している事案においても，期間の定めによる相違なのかどうかが問題になり得る。本条の枠組みが，パートタイム労働法旧8条の硬直性に対する反省に立っ

---

[23] 緒方・前掲注8) 23頁は否定。

て設けられたものであることを踏まえると，こうした事情は労働条件の相違の不合理性を検討する中で考慮するのが適切であるといえよう。

3．要件③「同一の使用者と期間の定めのない労働契約を締結している労働者の労働契約の内容である労働条件と相違する」

（1）「同一の使用者と」

本条違反を主張する労働者は，比較対象となる，「同一の使用者」に雇用される無期契約労働者の存在を示すことを要すると解される。「使用者」とは，労働契約を締結する主体である使用者を指す。法人であれば法人単位，個人事業主であれば当該事業主単位で，その「同一の使用者」に雇用される無期契約労働者との相違を示すことになる（施行通達第5の6(2)ウ）。現行パートタイム労働法8条のように職務内容が同一である労働者の存在を事業所単位で立証することは求められていない。

（2）「期間の定めのない労働契約を締結している労働者の」

期間の定めのない労働契約とは，有期労働契約（Ⅱ1(1)）でない労働契約を指す。問題になり得るのは，比較対象としての無期契約労働者はその時点で使用者に雇用されていなくてはならないのか，それとも過去に雇用されていた無期契約労働者と比較して相違を示すこともできるのかという点である。これは，無期契約労働者が従事していた仕事に有期契約労働者を雇い入れ配置したような事案において，とりわけ問題になるが，「期間の定めのない労働契約を締結している」という文言からは，現在の労働者との比較が予定されているように思われる。

（3）「相違する」

労働条件格差にかかる規定には，これまで，「不利益な取扱い」を禁止するもの（労組7条1号）と，「差別的取扱(い)」を対象とするもの（労基3条・4条，現行パートタイム労働法8条〔2014年改正パートタイム労働法9条〕）とがあ

り，後者の文言には不利な取扱いも有利な取扱いも含まれると解される傾向にあった[24]。本条の「相違」という要件も，労働条件が異なる場合には不利であっても有利であってもこれに含まれるとの解釈を導きやすい。また，一般に，労働条件のうち何が有利で何が不利かということは，常に明瞭であるとは限らず，この点の立証を求めることは，場合によっては有期の労働者に負担を強いることになり得る。したがって，外形的にみて労働条件が期間の定めにより異なる場合には相違要件を満たすと考えてよいと解される。有期労働契約者の労働条件に有利なものと不利なものの両方があり，それらが相互に関連している場合も，「相違」があることは肯定しつつ，労働条件の相違の不合理性を検討する際に有利な労働条件もあることを考慮すればよい。

　もっとも，無期契約の労働者は，本条の保護の対象ではないと解される。本条は，「有期労働契約を締結している労働者の……労働条件が……相違する場合」の規制だからである。たとえば，無期契約労働者については遠隔地への転勤命令権が使用者に留保されており，有期契約労働者については勤務地が限定されている事案を考えてみると，本条は，無期契約労働者が，勤務地の特定に関する労働条件の相違は不合理であり，使用者の配転命令は根拠を欠くものだとしてそれを無効だと主張する法的根拠にはならないと思われる。本条の目的が，有期契約労働者の納得性の向上にあるとすれば（Ⅰ2参照），このように解しても，本条の目的を損なうとはいえない[25]。

---

24) 労基法3条・4条に関しては，東京大学労働法研究会編『注釈労働基準法上巻』（有斐閣，2003年）97頁，103頁〔両角道代〕，厚生労働省労働基準局編『平成22年度労働基準法（上）』（労務行政，2011年）77頁，84頁を参照。これに対し現行パートタイム労働法8条1項は，パートタイム労働者の待遇が通常の労働者よりも低くなっている場合に限って適用されるとの見解も主張されていた（高崎真一『コンメンタール パートタイム労働法』〔労働調査会，2008年〕229頁）。

25) 前掲注10) 報告書Ⅲ頁，菅野・労働法235頁，岩村正彦「有期労働契約と不合理労働条件の禁止」土田道夫＝山川隆一編『労働法の争点』（有斐閣，2014年）156頁も参照。

4．要件④「不合理と認められるものであってはならない」

（1）考慮要素

労働条件の相違の不合理性について，条文上は，その考慮要素として，①「労働者の業務の内容及び当該業務に伴う責任の程度」（職務の内容），②「当該職務の内容及び配置の変更の範囲」，③「その他の事情」が挙げられている。

①②の文言は，現行パートタイム労働法8条の要件として定められているものと同一であるから，その文言の意義自体は，同条に関する解釈を参考にすることができよう[26]。「当該業務に伴う責任の程度」の異同については，権限の範囲，業務の成果について求められる役割，トラブル発生時等に求められる対応の程度，ノルマ等の成果への期待の程度等を考慮して，検討することができる。②の「当該職務の内容及び配置の変更の範囲」については，転勤や昇進といった人事異動や本人の役割の変化等（配置の変更を伴わない職務の内容の変更を含む）の有無や範囲の違いが，見込み（将来にわたる可能性）も含め，判断されることになる（施行通達第5の6(2)エ）。

③「その他の事情」としては，「合理的な労使の慣行」（同前）のほか，当該労働条件の設定手続に関し，労働組合や従業員集団との労使交渉を経たかどうかということも考慮されると解されている[27]。この考慮に際しては，交渉の状況（合意の有無・内容）のほか，有期契約労働者の利害を反映したプロセスであったかどうかも併せて考慮されることになろう[28]。

当該労働条件の低さの程度が考慮されるべきかどうかも問題になるが，これは次に述べる。

---

[26] 菅野・労働法237頁。2007年改正パートタイム労働法施行通達（平成19年10月1日雇児発1001002号）第1の4(2)ロ参照。

[27] 菅野・労働法237頁，荒木・労働法478頁，緒方・前掲注8) 25頁。

（2）判断枠組み

本条は，現行パートタイム労働法8条（2014年改正パートタイム労働法9条）と同様の枠組みを敢えてとらなかったものであり，上記①②の要素において同一であれば均等待遇を確保すべしというような，①や②を基本に据えた同条と同じ枠組みによることは要請されていない[29]。

本条が，学説および前記の「雇用形態による均等処遇についての研究会報告書」による研究成果を踏まえたものであることからすると，それらが，EU諸国では，雇用形態間の格差の合理的理由の有無はその労働条件の性質・目的に応じて検討されていると分析していたことが，本条の判断枠組みの理解にあたり重要であろう[30]。不合理性の検討の出発点は，問題となっている労働条件がどのようなものであり，その労働条件がどういう目的で設定されているのか，ということになるものと思われる。その上で，適切な場合には，前記①②の事情や③の「その他の事情」が考慮され，不合理性が検討されることになる。行政解釈でも，不合理性は「個々の労働条件ごとに」判断すべきものとされている（通達第5の6(2)オ）。

この判断に関しては，有期契約労働者の労働条件の低さの程度を考慮すべきであり，「不合理と認められる」場合とは，それが法的に否認すべき，不公正といえる程度の低さである場合を指すという見解が有力である。「不合理と認められるものであってはならない」という本条の規定振りが重視されているのであ

---

28) 労働者代表組織が非正規労働者を含む多様な労働者によって構成されている必要があると説く学説として，水町勇一郎「『同一労働同一賃金』は幻想か——正規・非正規労働者間の格差是正のための法原則のあり方」鶴光太郎＝樋口美雄＝水町編『非正規雇用改革』（日本評論社，2011年）292頁。外国法における雇用形態による格差規制ないし同一労働同一賃金原則と労使自治との関係については，本庄淳志「労働市場における労働者派遣法の現代的役割——雇用保障と均等待遇をめぐるオランダ法，ドイツ法からの示唆」日本労働研究雑誌595号（2010年）126頁，奥田香子「フランスにおける『同一労働同一賃金原則』の展開——法原則と労使自治の関係」近畿大学法科大学院論集7号（2011年）31頁以下。
29) 荒木・労働法478頁。
30) 前掲注10)の橋本論文，水町論文と報告書V頁。

る[31]。低さの程度を考慮するといっても，2つの局面は区別される。すなわち，(ⅰ)有期・無期間で職務や配置等の変更の範囲に差異がなくても，許容される格差の幅を認めるべきと考えるのか[32]，(ⅱ)逆に，職務や配置等の変更の範囲に差異がある場合でも，労働条件の低さの程度が著しいときは不合理だとする可能性があるのかどうかということであるが，(ⅱ)の点は肯定されるものと解される[33]。

さらに，労使交渉の状況を重要視するかどうかも不合理性解釈のポイントの一つになろう。これを肯定する立場においては，本条は，多様な雇用形態にわたる処遇体系の再設計を要請する法的介入となり得るものであるから，その再設計のあり方は，当該企業の労働者全体を網羅した交渉・協議による利益調整の仕組みに委ねられるのが，それが比較的公正に運用される限り，望ましいとされている[34]。

（3）具体例

具体的な事案における不合理性の判断のあり方の解明は，今後の判例および学説の蓄積を待つほかない。ここでは，国会における審議[35]および行政解釈を参考にしつつ，本条の適用対象たる「労働条件」のうち，いくつかの例をとりあげておく。

行政解釈は，「通勤手当，食堂の利用，安全管理などについて労働条件を相違させることは，職務の内容，当該職務の内容および配置の変更の範囲その他の事情を考慮して特段の理由がない限り合理的とは認められないと解される」としている（施行通達第5の6(2)オ）。たとえば労働者の安全を確保するために無期契

---

31) 菅野・労働法235頁～236頁。
32) 同様な正社員の賃金の8割を下回る部分についてのみ違法になるとした前掲注3) 丸子警報器事件判決を参照。
33) 緒方・前掲注8) 24頁～25頁，土田道夫『労働法概説〔第3版〕』（弘文堂，2014年）313頁～315頁，水町・労働法339頁等。
34) 菅野・労働法237頁。
35) 2012年6月19日第180回国会参議院厚生労働委員会［金子順一政府参考人答弁］。

約労働者に対し健康診断を実施するものとしている場合において，有期契約労働者に対しこれを実施しないものとすることは，この健康診断の実施が，労働者の安全の確保を目的とする以上，当該有期契約労働者が従事する業務については当該健康診断を要しないといった特段の事情がない限り，本条に違反するということであろう。

　食堂を利用させることは，労働者の健康の保持や業務の円滑な遂行に資するものといえる。この目的は期間の定めの有無にかかわらず妥当するので，特段の事情がない限り，無期契約労働者に食堂利用の機会を与える一方で，これを有期契約労働者に与えないことは，特段の理由がない限り，本条に反すると解される[36]。

　通勤手当についても，上記の安全管理や食堂の利用における相違と同様の解釈が示されている。通勤にかかる費用を労働者に代わって使用者が負担し，労働者の業務の遂行を円滑にするために支給されているものと考えることになろう。

III．効果

1．民事的効力

（1）効力の有無・内容

　本条の「不合理と認められるものであってはならない」という規定振りは，曖昧でないこともない。しかし，本条が民事的効力をもつことは，そのタイトルを「不合理な労働条件の禁止」と明記することで明らかにされ[37]，国会審議でも確

---

[36] パートタイム労働法においても，フルタイム労働者に利用の機会を与えている一定の福利厚生施設については，パートタイム労働者に対しても利用の機会を与えるよう配慮しなければならない，と規定されており（2014年改正法12条），これは，フルタイム・パートタイム間の職務の内容や配置の範囲の異同にかかわらない。給食施設は，この福利厚生施設に含まれる（同法施行規則5条）。

[37] 荒木・労働法478頁。労働政策審議会労働条件分科会における建議（「有期労働契約の在り方について」〔平成23年12月26日労審発第641号〕）段階では，「不合理な処遇の解消」とされていた。

認された[38]。本条によって不合理とされた労働条件の定めは無効となり，また，故意・過失による権利侵害，すなわち不法行為として損害賠償が認められ得る（施行通達第5の6(2)カ）。無効になった後の有期契約労働者の労働契約の内容は合理的補充解釈によって定まることになろう[39]。無期契約労働者の当該労働条件内容によって有期契約労働者の労働契約を補充して解釈することができる場合もある（こうした補充解釈が難しい事案においても，不法行為に基づく損害賠償による処理は可能である[40]）。

（2）立証責任

本条に基づき民事訴訟が提起された場合，以上で述べた要件事実の主張立証責任は，訴訟法の原則により，原告である労働者側が負うことになる。労働条件の相違の不合理性については，規範的な評価を含む要件（規範的要件または評価的要件）[41]であり，不合理性を基礎づける事実については労働者側が，合理的なものであることを基礎づける事実（不合理性の評価の成立を妨げる事実）については使用者側が主張立証責任を負う（施行通達第5の6(2)キ）[42]。労働条件の相違が不合理でないことの立証責任は使用者が負うべきとする見解[43]もあるが，いずれにせよ，どのような事実をどちら側が主張立証すべきかについては，その事実に係る資料を保持する側はいずれの側なのかということも考慮して判断されるものと考えられる。立証の負担が有期契約労働者側に一方的に負わされることにはならない（施行通達第5の6(2)キ）。

---

38) 2012年7月25日第180回国会衆議院厚生労働委員会［金子順一政府参考人答弁］。
39) 荒木・労働法479頁。
40) 本書第3章165頁［岩村発言］。
41) 規範的要件については山川隆一『労働紛争処理法』（弘文堂，2012年）195頁以下。
42) 前掲注38）と同日の金子政府参考人答弁，西谷＝野田＝和田・新コンメン431頁［野田］等。
43) 毛塚・前掲注8）28頁等。

2. その他

本条は，個別労働解決紛争解決促進法に基づく助言・指導・あっせん，各労働委員会における個別労働紛争に関する相談・あっせんにおいて参照され得る。なお，本条は 2013 年 4 月 1 日から施行されたものであるので，これ以前の労働条件の相違について争うときには，その直接の根拠とはならない。

IV. 今後の課題

本条は，不合理な労働条件の相違の禁止という新しいタイプの規制を採用した。2007 年パートタイム労働法改正への反省に立ち，多様な処遇実態に対応できる柔軟な枠組みを志向したのであるが，その一方で，明確な判断基準は設定困難であり効率性や実効性等において問題を残すという見解[44]や，予測可能性の低さを指摘する見解[45]もみられる。保護の要請と明確性の要請にいかに対処し，それらの調和をいかに図るかということは，今後，パートタイム労働者や派遣労働者も含め雇用形態による格差是正規制の展開を考える上で一つのポイントになろう。立法政策上の課題である。

　裁判規範としては明確性に欠けるとしても，本条は，行動規範としての機能を果たし得る[46]。企業実務において，有期契約労働者と無期契約労働者との労働条件の相違が不合理なものでないようにするため，労働協約・就業規則等の変更により，正社員も含めて労働者の処遇体系全般を変更することが想定されるので

---

[44] 富永・前掲注 12) 58 頁。
[45] 本書第 3 章 159 頁［島田発言］。
[46] 労契法 3 条 2 項の交渉促進機能について，石田信平「労働契約法の『合意原則』と合意制限規定との衝突関係――労働契約法は契約当事者の利益調整だけを目的としているのか」日本労働法学会誌 115 号（2010 年）53 頁〜54 頁。

ある。労働者間の相違が完全になくなることはまずあり得ないから，どのような事由（職種，能力，学歴等）によってどの程度，どのようなプロセスを経て相違を決めるべきなのかということが基本的な検討課題になると思われる。法的にはこうした変更の効力が問題になるが，法改正を契機としての変更であることは，変更の必要性（労契10条）や協約締結の経緯[47]の中で考慮される[48]。

　労働条件変更の効力の判断においては，労使交渉・協議を重視するのかどうかということも重要になる。本条における不合理性の判断においても同様である。労使間の交渉・協議の考慮は，予測可能性の欠如という第1の課題を克服するための解決策として示唆されてきたところでもある[49]。非正規労働者の利害を反映した労使交渉・協議の枠組みの設定という課題も含め，今後の展開が注目される[50]。

---

[47] 協約の規範的効力に関する朝日火災海上保険（石堂）事件・最一小判平成9・3・27労判713号27頁，一般的拘束力に関する朝日火災海上保険（高田）事件・最三小判平成8・3・26民集50巻4号1008頁。

[48] 第四銀行事件・最二小判平成9・2・28民集51巻2号705頁は，賃金に関する就業規則の不利益変更の効力につき，国の定年延長政策に応じたものであることを考慮している。もっとも，有期契約労働者に無期契約労働者と同額の通勤手当を支払うこととする一方で，その同一額を有期契約労働者の基本給から減額するというような変更については，その効力は，労働契約法の趣旨に反するものとして否定されると解される。

[49] 水町・前掲注28）291頁〜292頁。

[50] 菅野・労働法239頁は，有期契約労働者と無期契約労働者を包含する労使協議の仕組みの構築を提唱している。労働政策研究・研修機構「様々な雇用形態にある者を含む労働者全体の意見集約のための集団的労使関係法制に関する研究会報告書」（2013年7月）も参照。

有期雇用法制ベーシックス

BASICS OF FIXED-TERM EMPLOYMENT LAW

第3章

鼎談

2012年 労働契約法改正
有期労働規制をめぐって

東京大学教授（司会）
岩村正彦
東京大学教授
荒木尚志
早稲田大学教授
島田陽一

本章に収められた鼎談は 2012 年 10 月 8 日に収録され，月刊ジュリスト 1448 号に掲載されたものである。再録にあたり，用字用語の統一等，必要最小限の補正を行った。

目次	Ⅰ．はじめに
	Ⅱ．2012年労働契約法改正までの経緯
	Ⅲ．無期労働契約への転換
	1．概観
	2．要件
	▶業務処理請負と「同一の使用者」／会社合併・会社分割・事業譲渡等と「同一の使用者」／労働者派遣と「同一の使用者」／無期転換申込権／無期転換申込権の代償付き放棄／解雇等の金銭解決との関係
	3．効果
	▶概要／「別段の定め」について／無期転換申込権導入の意義
	4．クーリング期間について
	Ⅳ．雇止め法理の立法化
	1．概要
	2．判例法理との関係
	▶判例法理の立法化といえるか／1号と2号との書き分け／労働者からの申込みについて
	3．更新の合理的な期待について
	4．無期転換申込権との関係
	▶無期転換申込権の施行時期と更新の合理的期待／無期転換申込権と雇止め法理
	Ⅴ．不合理な労働条件の禁止
	1．概要
	2．要件
	▶不合理性の判断基準／不合理性が問題となり得る事例
	3．効果
	▶無効とされた労働条件の補充
	Ⅵ．おわりに

Ⅰ．はじめに

岩村　2012年8月10日に「労働契約法の一部を改正する法律」（平成24年法律第56号）の一部，すなわち，雇止め法理の法定化の部分が施行され，さらに2013年4月1日から残る部分，つまり期間の定めのある労働契約（以下では「有期労働契約」といいます）の期間の定めのない労働契約（以下では「無期労働契約」といいます）への転換，期間の定めがあることによる不合理な労働条件

の禁止の部分が施行されることになりました。この「労働契約法の一部改正する法律」は，これまで有期労働契約について，労働契約法（以下では「労契法」といいます）と労働基準法（以下では「労基法」といいます）とによる部分的な規制があるのにとどまっていたところ，雇止め法理の法定化，無期労働契約への転換，不合理な労働条件の禁止という新しい規制を加えるものとして注目されます。

　今日は，この「労働契約法の一部を改正する法律」，具体的には有期労働契約に関する新しい規制を設けたこの法律をめぐる様々な問題について，労働法学界を代表する島田さん，荒木さんからお話を伺おうと思います。

II．2012年労働契約法改正までの経緯

岩村　今回の労契法改正に至るまでの流れを簡単に振り返ってみますと，2003年に労基法が改正されましたが，その改正法附則3条で，施行状況を勘案しつつ，必要な措置を講じるということが定められていました。しかし，施行後3年を経たところでの検討は行われないままになっていました。

　また，労働政策審議会労働条件分科会の2006年12月27日の報告書では，労働者代表委員の意見として，いわゆる入口規制，すなわち有期労働契約を利用できる理由の制限，いわゆる出口規制，更新回数や期間の制限，そして均等待遇といった問題を含めて，引き続き検討すべきであるという意見が付いていました。

　その後，ご承知のように，社会経済の状況の変化に伴って，有期労働契約で働く労働者の数が増加してきましたし，さらに，2008年9月のリーマンショックの影響で，有期労働契約あるいは派遣労働で働く労働者の雇止めの問題が大きくクローズアップされました。

　2009年9月に民主党政権が発足しましたが，このときの総選挙の民主党の政策提言（「民主党政策INDEX2009」）では，有期労働契約の締結事由や雇止めの制限を定めるとか，非正規労働者に対する待遇の差別的取扱いの禁止といったこ

とが掲げられておりました。そして，民主党政権発足後の2010年6月18日の閣議決定で定められた「新成長戦略」実行計画（工程表）でも，2010年度に実施すべき措置として有期労働契約に係る労働政策審議会での検討を始めること，2011年度までにこれについての結論と所要の見直し措置を講じるといったことが明記されました。

　もっとも，それまでの間に厚生労働省が何もしていなかったというわけではなくて，自公政権下の2009年2月から労働基準局長による参集という形で「有期労働契約研究会」が始まり，2010年9月に報告書を出しています。また厚生労働省の外郭機関である日本労働政策研究・研修機構（JILPT）でも有期労働契約に関する研究等を行っています（「ドイツ，フランスの有期労働契約法制調査研究報告」（労働政策研究報告書 No. L-1，2004年3月），JILPT労働政策フォーラム「国際比較：有期労働契約の法制度──欧州諸国の最近の動向」〔2010年3月〕等）。

　こうした経緯を経て，2010年10月に労働政策審議会労働条件分科会で有期労働契約に関する議論を始めることになります。同分科会は翌2011年12月に「有期労働契約の在り方について」をとりまとめ，その内容で厚生労働大臣への建議を行っています。翌2012年2月には同分科会への労契法の一部を改正する法律案の要綱の諮問があり，翌3月に同分科会は「おおむね妥当」という答申をしました。

　法律案そのものは2012年3月23日に国会に提出されました。ところが，与野党の対立によって国会運営が停滞したために，その成立も一時かなり危ぶまれたのですが，国会終盤のぎりぎりである7月26日に衆議院を通過，8月3日に参議院を通過して成立となりました。

　こうした経過を経て成立した「労働契約法の一部を改正する法律」は，大きくいうと，3つの内容を含んでいます。そこで，以下ではこの3つの内容について，島田さん，荒木さんから順次お話を伺うという形で進めていきたいと思います。

Ⅲ．無期労働契約への転換

1．概観
岩村 まず最初は「無期労働契約への転換」です。この部分は 2013 年 4 月施行です。そのときには労契法 18 条となります。この無期労働契約への転換は，どういう内容を持っているかというと，一定の要件を満たす有期労働契約の労働者が申込みをすると，使用者はその申込みを承諾したものとみなすということです（以下では「無期転換ルール」といいます）。そういう意味では，18 条の条文は，無期労働契約の成立について，労働者側からの申込みと使用者の承諾という 2 つの要素が揃うことについての強いこだわりを示しているともいえるかと思います。ただ，この 18 条の条文では，労働者が無期労働契約締結の申込みをすると，使用者の特段の意思表示は必要なく，当然に無期労働契約が成立しますので，承諾のみなしという構成を本当にとる必要があったのかなという気はします。

　無期労働契約の締結の申込みができるのは，その有期労働契約の通算契約期間が 5 年を超えていて，少なくとも契約が 1 回更新された労働者です（「労働契約法の施行について」2012 年 8 月 10 日基発 0810 第 2 号〔以下では「施行通達」といいます〕第 5 の 4 (2) ウ）。そのため，例えば事業の完了に必要な期間を契約期間とする有期労働契約であってその事業の完了に必要な期間が 5 年を超えるとき，例としては事業の完了に 6 年が必要であるという場合で，6 年を契約期間とする有期労働契約しているときには，1 度も更新がされないまま，通算の労働契約の期間は 5 年を超えることになりますが，その場合には無期労働契約への転換（以下では「無期転換」といいます）の申込権（以下では「無期転換申込権」といいます）は発生しないことになります。

　発生した無期転換申込権の行使についても期限があります。通算の契約期間が 5 年を超えることになった有期労働契約の終了日までにこの申込権を行使しなければなりません。その日を経過すると発生した申込権は消滅します。ただ，新たに無期転換申込権発生の要件を満たす形で有期労働契約が更新されたときは，改

めて無期転換申込権が発生します（施行通達第5の4(2)エ)。

　そして，18条は，無期転換申込権が発生する労働契約を特に限定していません。したがって，労働者派遣の場合に派遣元企業が有期労働契約を派遣労働者と締結する場合や，定年後の再雇用ということで，高齢者を有期労働契約で雇用する場合にも，無期転換申込権の規定は適用されます。以上が18条の概要ですが，いくつか検討を要する点があるように思います。

2．要件

岩村　新18条では，要件として「同一の使用者」を掲げています。施行通達によると，この使用者というのは事業場単位で捉えるのではなく，当該の有期労働契約の当事者たる使用者，法人企業であれば法人，個人企業であればその個人ということになりますが，それを指すとされています（施行通達第5の4(2)イ)。また労働者派遣の場合には，使用者は，派遣元企業であるという解釈が示されています（施行通達第5の4(2)イ)。

▶ 業務処理請負と「同一の使用者」

岩村　この解釈の下で，どういう問題が生じ得るかといいますと，次のような例が考えられます。X社が労働者を有期労働契約で雇用していたところ，その有期労働契約の期間満了時に，就労の場所も仕事の内容も同じだけれども，今度は業務処理請負をしているA社がその労働者を有期労働契約で雇用し，つぎの期間満了時には今度はB社がその労働者を有期労働契約で雇用する。しかし，全体を通して，実際に働くのは注文主であるX社においてあって，仕事の場所は変わらず，仕事内容も同じであるということが考えられなくもありません。その場合，有期労働契約の通算は，どのようになるのかという問題があります。この点はいかがでしょうか。

島田　施行通達では，「免れる意図」によってとしていますので，脱法の意図が問題になると思います（施行通達第5の4(2)イ)。ある業者の下で働いていた労働者が，別の業者に移り，同じ仕事を同じ場所で続けることは，実態としては

いろいろな場合があるでしょう。例えば，勤めていた会社が入札で不落となり，従事していた仕事がなくなったので，落札した会社に移る場合が考えられます。したがって，個々の場合に，脱法的な意図があったのかによって，「同一の使用者」であるか否かが判断されていくと思います。ですから，先ほど岩村さんのいわれた例は，そのことによほどの合理性がないと脱法的な意図があったと見られる可能性が高いのではないでしょうか。

荒木 通達が典型的に想定しているのは，有期労働契約で直接雇用していたところ，5年を過ぎそうになって無期化が生じるので，5年を終わったところで無期転換申込権を回避するために，6年目は別の業者，例えばグループ企業内の派遣会社等に籍は移して，派遣会社から派遣された形をとって，元の職場で同じような仕事を続ける。あるいは，通算契約期間の途中に，こうした派遣・請負形態を挿入することで，その期間が，その前後にある有期労働契約の契約期間の通算が行われなくなる期間（以下では「クーリング期間」といいます）に該当するとして，それ以前の契約期間との通算を切断し，5年の通算期間に達しないようにするといった状況ではないかと思います。

こうした取扱いが，無期転換申込権の発生を免れる意図をもって，派遣や請負を偽装するといったものである場合には，使用者が違うので契約期間は通算されないという主張は，法を潜脱するものとして許さない，ということではないでしょうか。

実はドイツでは似たような事態が1996年法の下で生じていました。当時，ドイツでは，客観的な理由なく2年間は有期労働契約を利用可能でしたが，2年を超えると無期契約に転換されました。しかし，客観的理由なき有期労働契約の間に，派遣業者に雇わせて派遣として同じ仕事を続ける，さらには，客観的理由のない有期労働契約と客観的理由のある有期労働契約を交互に繰り返すといったことも特段禁止されていないと解されていました。当時，クーリング期間は4か月だったのですが，これは客観的理由のない有期労働契約と次の客観的理由のない有期契約の間が4か月以上あれば通算されないというものでしたので，派遣でも客観的理由のある有期労働契約でも4か月以上の期間が間に挟まっていれ

ばよいとされ，この場合，無期化ルールも適用されないという事態が起こりました。しかしこれはやはり適切ではない，法改正により対処する必要があるというので，2001年の現行パート・有期法では，客観的な理由なく有期労働契約を締結できるのは，新規に雇用する場合に限るという非常に厳しい規制が導入されました。なお，この，過去に1回でも雇用していたら客観的理由なき有期労働契約を利用できないという点については，2011年4月6日の連邦労働裁判所判決が3年以前の雇用は問題としない，つまり新規雇用についてのクーリング期間3年を認めるという創造的な判決を下して変更しています（以上については，仲琦「ドイツにおける客観的事由のない有期契約規制の新展開——2011年4月6日BAG判決を中心に」『雇用モデルの多様化と法解釈・法政策上の課題』166頁以下〔労働問題リサーチセンター，2012年〕参照）。

　今回，日本でも無期転換ルールを強行的に設定した以上は，その趣旨に反するような利用方法については，法の潜脱として許されないという解釈があり得るのではないかと思います。

▶ 会社合併・会社分割・事業譲渡等と「同一の使用者」

岩村　「同一の使用者」をめぐっては，いまのような法の潜脱が問題になる場合にも議論の対象となりますが，そのほかでも有期労働契約の期間の途中で会社の合併があって，合併後会社が包括承継したという場合に，合併前の会社と，合併後の会社が同一の使用者になるのかとか，逆に有期労働契約の契約期間途中に会社分割があって，労働契約承継法によって有期労働契約が分割後会社に承継された場合はどうかといった問題があるかと思います。こうした包括承継の場合は，合併前の会社と合併後の会社，あるいは分割前の会社と分割後の会社は，やはり同一の使用者ということになるのでしょうね。

島田　そうですね。それはたぶんそう考えざるを得ないと思います。

岩村　包括承継ということの効果からしてそういうことになるのでしょうね。他方で，事業譲渡の場合だと，個別承継ということになりますので，有期労働契約の期間途中であってもよいですし，期間満了時でもよいのですが，事業譲渡にあ

たって，無期労働契約で雇用している労働者の労働契約だけを個別承継し，有期労働契約で雇用されている労働者の契約は承継しないということになった場合には，有期労働契約で雇用されていた労働者との関係では，事業譲渡をした会社と譲受会社とは同一の使用者には該当しないのでしょうね。

荒木 そうですね，無期転換ルールとの関係では，有期契約労働者も承継したけれども，従前の契約期間は引き継がないといった特約をそのとおり認めてよいかが問題になると思います。これは個別承継ですので，理論的にいうと，個別に承継条件を決めたらそれでよろしいという解釈もあり得るところです。

しかし，他方で，今回の規制は，過去に有期労働契約でこれだけ働いてきた人が，そういう有期労働契約のまま5年以上その地位に置かれてよいのか。そういう不安定雇用状態から安定雇用につなげようというのが法の趣旨だとしますと，これを重視すれば，承継前の有期労働契約の契約期間を通算しないというのは，法の趣旨から適切でない，承継する以上は承継前の契約期間も通算するという解釈もあり得るのかなという気がしました。

島田 承継しなければそういう問題は起きないという趣旨です。承継した以上は通算するということです。

岩村 承継した以上は通算する。従前の有期労働契約の期間も通算する。しかし，承継しないということになれば，そこで1回切れてしまうということになる。

島田 そうですね。

岩村 そうすると，それは有期労働契約がちょうど満了するときに，いまいったような契約上の使用者の変動が起きるといった場合も同じなのでしょうかね。ここまでは契約期間の中途で使用者が変わる場合を考えていましたが，例えばよくあるように，3月31日で契約が満了する。普通，会社などでは，決算の問題などがあるので，4月1日をもって新会社に移行することが多いと思いますが，ちょうど有期労働契約の期間満了時と合わせて，新契約への移行が行われるときにも，権利義務関係を承継する以上は契約期間は通算されるということになるのでしょうか。

荒木　私はそうかなと思いましたが，どうですかね。

島田　私もそう思います。ただ，いったん譲渡元が労働者を解雇して，譲渡先がそれらの労働者を新たに採用というパターンもありますが，この場合はどう考えるかという問題がありますね。

岩村　有期労働契約の期間途中での使用者の変動の場合だと包括承継または個別承継ということでつながるのですが，まさに有期労働契約の期間満了と新しい有期労働契約の締結というタイミングにちょうど当たる形で契約上の使用者の変動があったときには，包括承継であれば，他の権利義務関係は承継されることになるのですが，有期労働契約の場合は，法形式的には，先ほどの例でいえば，3月31日で契約が切れ，4月1日に新しい契約が成立することになるので，いま島田さんがおっしゃったように，承継後の会社との間での新規の契約の締結と見ることもできます。そうすると，従前の契約期間は通算されないのではないかという疑問もあるように思います。

荒木　そういう解釈も十分あり得ると思います。5年以上の有期労働契約利用について無期転換ルールを作った趣旨を，使用者都合の合併や事業譲渡の際の解釈にどこまで反映させるのか，その考え方によって，変わってくるように思います。

岩村　はっきりしているのは，新しい契約主体への切り替えが，先ほどの業務処理請負などの場合のように，明らかに脱法目的で行われているということであれば，契約期間は通算されるということでしょう。そういった事実の認定ができないときにまで，いまここで問題としているような，ちょうど契約の期間満了と新契約の締結というか，有期労働契約更新のタイミングのところで会社合併，会社分割，事業譲渡が行われたときに契約期間が通算されるかどうかは，18条からは当然には出てこないのかなという気もします。

▶ **労働者派遣と「同一の使用者」**

岩村　もう一つ考えられる問題としては，労働者派遣のケースがあります。先ほど申し上げたように，今回の改正法では，対象となる有期労働契約を限定してい

ませんので，派遣元企業と派遣労働者との間で締結される有期労働契約についても 18 条の適用があります。

　他方で，労働者派遣については，2012 年の「労働者派遣事業の適正な運営の確保及び派遣労働者の就業条件の整備等に関する法律」の改正（これにより，法律の名称は「労働者派遣事業の適正な運営の確保及び派遣労働者の保護等に関する法律」となりました。以下では「派遣法」といいます）によって 40 条の 6 が新設され（同条は 2015 年 10 月 1 日から施行されます），一定の条件の下で，派遣先企業が派遣労働者に対して労働契約締結の申込みをしたものとみなされるという仕組みが定められました。派遣労働者が，このみなし申込みを承諾すると，派遣先企業との間で労働契約が成立することになります。この場合に，一方で，それまでの有期労働契約の当事者であった派遣元企業と，他方で，派遣先企業の労働契約締結申込みのみなしと，それに対する労働者の承諾によって，新たに労働契約関係が成立することになる派遣先企業とは，18 条の適用にあたっては同一の使用者と考えられるのか，という問題もあるように思います。

　例えば，派遣労働者が派遣元企業との間で——これ自体がすでに問題ですが——期間 1 年の有期労働契約を通算 5 年にわたって更新をし，その間同一の派遣先に派遣されていた結果として 40 条の 6 で派遣先企業が労働契約締結の申込みをしたとみなされて，当該派遣労働者が承諾をしたときに，それまでの派遣元企業との間の 5 年分の契約期間が，新たに成立する派遣先企業との間の有期労働契約の期間との間で通算され，したがって，今度はその労働者が派遣先企業に対して無期転換申込権を行使したときに，派遣先企業との間で無期労働契約が成立するのかどうかという問題が発生し得るとは思いますが，そこはいかがでしょうか。

島田　これは派遣先と新しい労働契約を締結するという規定です。現行制度でも派遣先に雇用申込義務があり，それに対して派遣労働者が承諾することにより新しい契約が成立するという構成になっています。したがって，有期労働契約の期間は通算されないと考えています。

荒木　それが一つの考え方ですね。他方で，今回，派遣先企業からの申込みみな

しが適用されるのは，派遣禁止業務への派遣等の軽微でない派遣法違反があった場合で，そうした派遣法違反状態を認識し，あるいは認識していないことに過失のあった派遣先に対して課される責任ということのようです。

そうすると，例えば5年間派遣元で有期契約が続いてきたところ，それが派遣先との間で契約締結に至った結果，5年の有期契約の存続状態がすべて評価の対象とならないという形で，派遣法違反の制裁の効果を考えるのが適当かという見方もあり得るかもしれません。この点を重視すれば，政策的に従来の5年間の有期契約存続状態も承継した上で，派遣先と契約が締結されたという解釈も出てくるかもしれませんが，そこまで申込みみなし規定に読み込めるかどうかですね。

岩村 そこは，今回の改正派遣法による労働者派遣の規制をどれだけ重く見るのかということにかかっていると思います。そういう意味では，一方では，派遣法の規制プラス有期労働契約の無期転換ルールの規制がダブルで派遣先企業にかかると考える，他方では，派遣法は派遣法の世界の話で，有期労働契約のところは有期労働契約の世界の話なので，それぞれ別途に考える，という2つの立場があり得るでしょうね。

島田 派遣法違反の程度にもよるでしょうが，そもそも派遣先に労働契約の締結義務を負わせることは，それ自体相当程度大きなサンクションですので，そこに契約期間の通算が適用されるという解釈は基本的に考えていません。

▶ **無期転換申込権**

岩村 無期転換ルールを定めた18条は，一定の要件が満たされた場合に，労働者に無期転換申込権を付与しています。先ほど申し上げたように，この無期転換申込権は，行使をしないままその有期労働契約の満了日が到来してしまうと，その翌日からは行使できないと解されています（施行通達第5の4（2）エ）。それでも，さらに有期労働契約が更新されると，そのときに新たに無期転換申込権が発生するという構成をとっています（施行通達同所）。

また，更新をすると通算の契約期間が5年を超えることになる有期労働契約

の更新に先立ち，無期転換申込権を放棄するという労働者側の意思表示は，公序に反して無効だと解されています（施行通達第5の4（2）オ）。

▶無期転換申込権の代償付き放棄

岩村 他方で，使用者と有期労働契約を結んでいる労働者との間で，その労働者が無期転換申込権を放棄することの対価として使用者が一定の金銭を支払うという特約，例えば，使用者が，もう1回更新すると無期転換申込権が発生するという更新の前に，その放棄の見返りとして一定の金銭を労働者に支払うという特約を結んだときはどうなるかという問題も考えられるように思います。また，有期労働契約を締結している労働者が無期転換申込権を予め放棄する一方で，使用者が，無期労働契約の労働者よりも有利な労働条件，特により高い賃金をその労働者に支払うと約束した場合にはどうなるか，ということも考えられるように思います。こうした問題についてはどのようにお考えでしょうか。

荒木 まず，後のほうでいわれた，有利な条件提供と引換えに事前に転換申込権を放棄するというのは，強行規定あるいは公序に反して無効になると思われます。特に5年を超える前の段階では，放棄をしないと雇止めされるということを憂える労働者は放棄を強要されかねないということになりますので，通達あるいは国会の審議でも確認されたように，こうした放棄の意思表示は公序に反して無効だということになると思います。

　これに対して前者は，どういう契約だったのかによると思いますが，無期転換申込権発生の前に金銭補償特約を締結し，その後，更新されて無期転換申込権が発生する。その後で労働者が，その権利を放棄する場合には，事前の放棄とは違うということになってくると思います。この場合は，無期転換申込権発生後に労働者が放棄をして金銭特約の補償を得るか，それとも放棄せずに無期転換を行うのかを自由に選択できるという場合であれば，その選択を当然禁止すべきということにはならないように思います。

　あとはその放棄がシンガー・ソーイング・メシーン事件判決（最二小判昭和48・1・19民集27巻1号27頁）で示されているように，放棄の意思表示が自由

な意思に基づくものであると認めるに足りる合理的な理由が客観的に存在するかどうか，という枠組みで判断することになるのではないかと思います。これに対して，その契約が権利発生後に自由に放棄し得ないような合意だったとすれば，その場合は無効となると解すべきではないかと思います。

岩村 いまの荒木さんのお話だと，無期転換申込権発生後に使用者が金銭支払をすることによって放棄をするという特約を結んでも，状況によっては，その特約は無効にならないということだと思いますが，事前にというのはやはり駄目ですか。

荒木 事前に無期転換申込権を放棄させるのは，労働者に権利が発生していないのに放棄させるというわけですから，強行的規制との抵触問題が生じると思います。これに対して，更新後，無期転換申込権が発生したときに，放棄をすればいくら払うということを事前に契約したとしても，権利発生後に自由に選択できるのであれば，私は別に構わないのではないかと思います。

岩村 そうすると，無期転換申込権放棄の特約があっても，その行使は妨げられないという内容の特約だと明示されているか，あるいは少なくともそのように解釈できるということであれば，その特約は無効にはならない，つまり，予め放棄を合意していた場合であっても無効にはならない場合があり得るという解釈ですね。

島田 それは契約締結段階でも同じことなのでしょうね。

荒木 更新時ということですか。

島田 更新ではなくて，有期労働契約締結の最初の時点です。これはなかなか難しい問題ですが，有期労働契約は非常に多様であり，長期の継続を考えないが，労働条件が通常よりも良いタイプもないわけではないでしょう。したがって，有期労働契約の締結時点で無期転換申込権の放棄を合意することも，それ自体は直ちに無効ではなくて，要は無期転換申込権が認められた趣旨を没却しない運用になっていればよいと思います。

岩村 金銭の額というのは関係しませんか。

島田 そこはシンガー・ソーイング・メシーン事件最判のように，労働者の真意

かどうかで判断すると理解しています。

岩村 有期労働契約更新の結果として無期転換申込権が発生した後に，使用者が一定の金銭補償を行うことを条件として，当該労働者が発生した無期転換申込権を放棄する特約はどうでしょうか。

荒木 無期転換申込権をいわばお金で買い取るようなことを認めてよいのかという議論はあり得ると思います。確かに，年休権の買取りは駄目だと解されています。これは，年休の場合はきちんと休みを取らせることに意義があり，それを，金を払って買い取るのは法の趣旨に反するからです。これに対して，無期転換申込権というのは労働者に申込権が発生するだけで，無期転換をするかどうか自体は，労働者の選択に委ねており，労働者が無期転換しないという選択も当然に予定しています。そういう意味では年休の買取りとは議論が随分違うと思います。したがって，労働者が無期転換申込権を放棄してよいと思えば，それを認めることは，無期転換申込権を設定した法の趣旨に反するものではなく，特段問題はないと考えています。

岩村 もう一つの問題は，この特約を結んで金銭を受け取って，結局，申込権を行使しなかった。しかし，使用者のほうがもう１回契約の更新をしたといったときには，新たに無期転換の申込権が発生することになるのかどうかという問題もあるとは思いますが，これはいかがでしょうか。

島田 ５年経って６年目でということですか。

岩村 ６年目のところで１回無期転換申込権が発生するのですが，放棄特約でもってお金をもらって労働者が無期転換申込権を放棄した。使用者が，そこで雇止めをしないで更新してしまったという状況で，もう１回無期転換申込権が発生するかという問題です。

荒木 それは発生すると思います。そうしないと，６年目の放棄は現に無期転換申込権が発生した後なので放棄できるのに対して，７年目以降発生するところまで放棄の効力が及ぶとすれば，これは，事前の放棄に該当してしまいます。これは，国会審議における答弁でも，５年を超えて更新すればその都度，無期転換申込権が発生するという了解で制度が作られているとされていますので，その都度

発生する権利については，労働者はその都度，放棄するかどうかの選択権を持っているということだと思います。

島田 そうですね。

▶ 解雇等の金銭解決との関係

島田 これは無期転換申込権の問題にとどまらず雇用の終了時の金銭解決ルールにもつながる側面もあるかなという気もしています。労働者が金銭補償を得て無期転換申込権を放棄できるという解釈が可能と考えるからです。使用者のイニシアティブではなくて，労働者が自らの雇用の終了について金銭補償を選ぶ権利があるというのは，現状において労使にとって有意義な仕組みになる可能性が高まると思います。ただ，雇用終了の金銭解決という仕組みに批判が強いので，その立場からは，この解釈自体にも反対ということになるような気がします。

荒木 無期転換をしたほうがよいと思えばできるのが前提だとしますと，雇止めになっても，その分，金銭補償を得たほうがよいと労働者が選択をする場合，そういうアレンジや選択は無効だと解釈する必要はないのではないかと思います。

岩村 いま島田さんがおっしゃったように，そこのところは有期労働契約の満了時に一定の手当を支払うということを使用者に義務づけるフランスのような立法との関係を日本でどう考えるかということともつながってき得る問題だとはいえるかと思います。

3．効果

▶ 概要

岩村 そろそろ効果の側面のほうに話を移していきたいと思います。

施行通達が示している解釈ですと，無期転換申込権を労働者が行使しますと，その時点で無期労働契約が成立します（施行通達第5の4（2）キ）。ただし，労務の提供は当該有期労働契約の契約期間満了日の翌日からです。無期労働契約が成立することの意味をどう考えるかはこれから議論されるのでしょうけれども，一つの可能性としては，採用内定の場合のように，就労始期付きの無期労働契約

が成立するといった考え方もできるかもしれません。そうしますと，その有期労働契約の期間満了のときに契約を終了させるためには，厚生労働省が示している解釈ですと，使用者はすでに成立している無期労働契約を解約する，つまり解雇することが必要となって，労契法16条が適用されます（施行通達同所）。また，労働者が無期転換申込権を行使した後に，使用者がその有期労働契約を期間途中で解約する場合には，まず有期労働契約を解約しなければいけないので，労契法17条1項の要件を満たす必要があります（施行通達同所）。併せて，無期転換申込権が行使されてしまっているので，先ほど申し上げたように，無期労働契約も成立していることになるため，厚生労働省の解釈ですと，この無期労働契約の解約，つまり解雇をする必要もあって，したがって，その側面では労契法16条の要件を満たす必要があることになります（施行通達同所）。

　それから，この無期転換申込権を労働者が行使することによって成立する無期労働契約の労働条件ですが，現在締結している有期労働契約のそれと同じとなるということになっています。ただし，18条1項は期間の定めの部分は除くと定めています。18条1項は労働条件について別段の定めをすることは認めていて，個別の労働契約，つまり，無期労働契約への転換にあたってそれまでの有期労働契約の下での労働条件を変更することについての当該労働者と使用者との間での個別の合意や，就業規則または労働協約で別段の定めをするということは可能であるというのが厚生労働省が示している解釈です（施行通達第5の4（2）カ）。しかし，無期転換後の労働条件を有期労働契約の下における労働条件よりも引き下げることについては，無期転換を円滑に進める上から望ましくない，という考え方が厚生労働省の通達で示されています（施行通達同所）。

　一番問題になるのは「別段の定め」だと思います。例えば，無期労働契約を締結している従業員に適用される就業規則が定める労働条件よりも，有期労働契約で雇用されている従業員に適用される労働条件が低い場合，とりわけ個別の合意でそれを定めている場合ですが，そういったときに，無期転換申込権の行使によって有期労働契約が無期労働契約に転換したときに，この2つのそれぞれの労働条件の適用関係はどうなるのか，という問題があります。

また，使用者が有期労働契約から無期労働契約に転換した従業員に適用する就業規則を別途作成して，その中で有期労働契約の下での労働条件よりも低い労働条件を定めているときに，その労働条件が無期に転換した労働契約の内容になるかという法的評価の問題が発生しますが，このときに適用される労契法の条文が7条なのか10条なのかという問題もあります。

　さらに，施行通達は，従来，有期労働契約を更新するときに，所定労働日や始業・終業時刻などの労働条件の定期的変更が行われていた場合に――これはスーパーやファミリーレストランのチェーンなどでよく行われている，例えば毎年4月1日付けで有期労働契約の更新と併せて労働条件を見直して，変更するという慣行を想定しているのですが――，無期労働契約への転換の後もこれまでと同様に定期的に所定労働日や始業・終業時刻などの労働条件の変更を行うことができるという別段の定めをすることは差し支えないと解されるといっています（施行通達第5の4（2）ク）。これが妥当かという問題もあろうかと思います。とりわけ，労契法10条との関係がどうなるのかという問題もあるかと思います。

▶「別段の定め」について

荒木　「別段の定め」との関係で，大きく3点問題提起があったと思います。第1点は，無期化したときに無期労働契約労働者に適用される就業規則が適用される。そのときにそれより低い労働条件を個別に合意していた場合どうなるかは，端的に，就業規則の最低基準効（労契法12条）に違反する合意ということになりますので，そのような合意は無効で，無期労働契約に適用される就業規則の基準が適用されることになると思います。

　2番目は，有期から無期に転換する従業員に対して特別の就業規則を定めて，そこで有期労働契約のときよりも低い労働条件を設定し得るかという問題です。これは，有期労働契約から無期労働契約に切り替えているのだから新規だといえば労契法7条の問題のようにも見えますが，実際上は，従前から雇っている人ということで見れば労契法10条の問題となる。そのどちらで考えるかという問題提起だと思います。私は，これは，雇用関係が継続しているという実態を踏ま

えれば，形式上は新規契約ですが，そうした形式的な処理は妥当ではなくて，やはり労働条件の変更問題と捉えて労契法10条によって処理するのが妥当だと考えています。

　第3点は，「定期的に……労働条件の変更を行うことができる旨の別段の定めをすることは差し支えない」という施行通達（第5の4（2）ク）についてですが，ここでは「変更を行うことができる」と「差し支えない」の意味が問題となると思います。まず，「変更を行うことができる」というのは，これまで例えば1年ごとに労働条件を見直してきたので，そういう再検討の機会を持つということであれば，それは何の問題もない。これでいかがですかと打診し，労働者と協議をするということであれば何の問題もありませんが，そうではなくて，就業規則に定期的に変更を行うことができるとの規定を設け，それが使用者の一方的変更権限を設定するという趣旨だとする場合には，次の2点が問題となると思います。

　第1は，そういう一方的変更権限の設定が合理的なものとして契約内容になったのかどうかという合理性審査が必要と思われます。変更権限が契約上適法に設定されたかどうか，「権限審査」と私は呼んでいますが，そういう権限審査がまず第1に問題になると思います。さらに，権限審査を経てそういう権限が使用者に与えられたとしても，さらに，その変更権の具体的な行使が権利の濫用とならないかどうかという権利濫用審査も必要となってくると思われます。したがって，この「差し支えない」という意味がこのような変更権限設定の権限審査と濫用審査の二重の司法審査を受けはするけれども，そういう規定を就業規則に設けること自体は特段禁止されていないという趣旨であれば，「そのとおり」と言うことはできます。しかし，もう少し丁寧な説明があってもよかったのかなという印象は抱いております。

島田　大変詳しい説明をしていただきましてよくわかったのですが，ただ，もともと無期契約を締結している正社員の就業規則が，そもそもストレートに無期転換した労働者に適用になるのかについては疑問があります。もちろん当該就業規則が契約期間の定めがない労働者全員に適用になるということが明確に示されていれば，労契法12条の適用を受けるということになるのでしょうが，無期転換

ルールの適用によって有期労働契約が無期となった場合には検討すべき問題があると思います。従来はおそらく正社員に適用していた就業規則があって，有期契約労働者については別の就業規則があったか，あるいは個別に労働契約で労働条件を決めていたのだと思いますが，その場合に契約期間だけが無期に転換した労働者に正社員の就業規則を直ちに適用するというのは疑問です。改正法の趣旨は，必ずしも直ちに正社員化というのではなくて，従来の労働条件が基本的に継承されるということですよね。そうすると，まさに当該就業規則の解釈の問題であって，ストレートに労契法12条の適用となるかは，検討の余地があると思います。もちろん，実務的にいえば，労働契約が無期に転換した労働者に適用される就業規則を整備すべきですが，従来の就業規則が無期転換された労働者に対して適用を予定していたのかという点からの意思解釈を踏まえる必要があるように思いました。

2番目の指摘については，私も大体同意見です。これは，契約期間の変更はありますが，新たな労働契約の成立というよりは継続ということですので，やはり労契法10条の適用となるでしょう。ただ，問題は，10条を適用する際の条件です。というのは，始めから正社員である者の労働条件を就業規則によって引き下げたというのとは違う要素があるからです。最終的には総合判断なので処理できると思うのですが，実際にどういう適用になるのかということは，今後，検討していく必要があるのだろうと思っています。

最後の有期労働契約の更新時に所定労働日や就業時刻などの労働条件の変更を行うという点は，使用者が一方的に変更するのではなく，当事者の合意によっているから適法と考えられてきたのだろうと思うのです。ですから，就業規則に定めることによって使用者が全く一方的に決定できるというものではなく，労働条件の不利益変更であり，やはり10条の適用を受けると考えるべきでしょう。

岩村 私は，1番目の問題のところは，島田さんも指摘されたように，かなり微妙なところがいろいろあるだろうと思います。

2番目の問題については，私も10条になるのだろうと思うのですが，10条のストレートな適用ではなくて，類推適用なのかなという気がします。というのは，

10条が想定している就業規則そのものの変更ではないからです。そうだとすると，10条をストレートに適用するというよりは類推適用ということだろうと思います。

　そして3番目の問題に関しては，先ほど荒木さんが非常に緻密な分析をされたのですが，私自身は，労働条件の変更の仕方によって適用のあり方は変わってくるだろうという気がします。ですから就業規則上は，特に有期労働契約で雇用されているパートタイマーの場合はありがちですが，所定労働日や始業・終業時刻については，個別に別途定めるというような規定があると，一定の変更権あるいは当該労働者と管理者との間の協議が就業規則上予定されていて，あとは，実際に変更された後の労働条件が前の労働条件と比べた場合に合理性があるのかということを個別に審査するということになるのかと思いますし，定期的に労働条件の変更をするのを就業規則そのものの変更でやってしまうというのであれば，いかに変更権を就業規則そのものの中で定めていても，結局のところ，労契法10条がそのままストレートに適用されるのかなと思っています。要するに，労働条件の変更は，先ほどいったように，当事者間での協議を前提とするのであればよいのですが，最終的に協議が調わない場合に一方的に使用者が決定権を持っていて，使用者の変更権が何らかの形で予定されているということであれば，その変更権の定め方に応じて，労契法10条によるコントロール，あるいは変更権そのものの濫用コントロールという形での判断ということになるのではないでしょうか。

島田　ところで，1点付け加えますが，2番目の問題は10条の適用，あるいは類推適用ということでしたが，提示された就業規則に対して労働者が合意すればそれでよいという理解でよいのですか。

岩村　明示的に合意をしていると，それでよいということになってしまうのです。

島田　そうですね。

岩村　そうではなくて，一般の就業規則の変更と同じように，別に明示的な労働者の合意を得るというようなことをせずに就業規則を変更してそれを直に適用す

るということであれば，問題としては7条ないし10条の問題ということになるのだと思います。それでよいのですよね。

荒木 はい，そうだと思います。1点目についての島田さんの解釈は非常に実務的に妥当性のある解釈だと思います。先ほどは，無期労働契約を締結している従業員に適用される就業規則があることを前提に発言しましたが，島田さんの解釈は，従来の就業規則は正社員用であり，有期には有期用の別の就業規則があったところ，有期から無期に転換した人については就業規則の欠缺があるので12条の最低基準効の問題とならない。したがって，そういう契約は有効となり得る余地があると。非常に穏当な解釈だと思いますが，無期転換ルールを作ったときの今後の雇用関係のあり方まで考えますと，本来，使用者はすべての労働者に対して就業規則作成義務を負っております。そうすると，就業規則の欠缺があった場合，従来は，欠缺を埋めるために一般の労働者に適用される就業規則が適用されると解し，そのことから生ずるリスクは就業規則作成を怠った使用者のリスクであると考えてきたとしますと，無期転換した労働者についても，本来，使用者はきちんと就業規則作成義務を負っているということを基本として解釈する立場もあり得るのかなという気はいたしました。いずれにしても，その就業規則の適用対象者をどう解するのかという解釈問題が鍵となりますね。

▶ **無期転換申込権導入の意義**

岩村 無期転換ルールに関しては，これを導入した意義をどう考えるかということがあろうかと思います。そこは，お二人のお考えはいかがでしょうか。

島田 私は，もともと無期転換ルールの導入に消極的でした（島田陽一「有期労働契約法制の立法課題」鶴光太郎ほか編『非正規雇用改革』〔日本評論社，2011年〕）。しかし，実際に無期転換ルールが導入された中でどう考えていくかという観点からお話をしたいと思います。無期転換ルールは，おそらく従来の雇用慣行に見直しを迫る意義を持つ可能性があります。

今後の雇用管理ですが，一つは，有期労働契約の利用を5年を上限とするスタイルが普及していくでしょう。しかし，これまで中・長期的に有期労働契約を

利用してきたニーズがなくなるわけではないので，直ちに正社員化ということではなくて，無期転換した労働者に無期契約ではあるけれども従来の正社員とは異なる処遇を受ける労働者が出てくるでしょう。これは，従来いわれている「多様な正社員」の具体化となる可能性を持っていると思います。

無期転換した労働者の正社員化が進むところもあると思いますが，官界の改正を契機とする正社員化は一部にとどまると思います。ただ，今後「多様な正社員」制度が普及することになると，実は，正社員の労働条件を含めて見直していくことが労使に求められていくでしょう。

もう一ついうと，無期転換した労働者に対する労契法16条の適用をめぐる問題です。有期雇用は，もともと解雇規制のあり様と裏腹の関係で利用されてきました。「有期」であるということが，雇用管理上の区別の象徴でもありました。しかし，そこが抜本的に変わるとなると，解雇規制のあり方の見直しも今後考えられていくのではないかと思います。かつて労契法が成立する前にさまざまな解雇規制の見直しルールが提案されていましたが，今後もう一度議論していく必要が出てくるでしょう。

荒木 若干長くなりますが，3点ほど指摘をしたいと思います。まず第1点ですが，今回の無期転換ルールというのは，入口規制による有期労働契約利用を原則禁止するという立場はとらずに，そうではなくて，出口規制として無期転換ルールをとったというのは，有期労働契約の利用は認めるが，その濫用的な利用を規制しようという趣旨だったということ。これがまず第1に押さえておくべき重要な点だと考えています。

では，なぜ濫用規制が必要なのか，その意味を少し説明します。

有期労働契約ですと，更新されるかどうかが労働者はわからない。そういう更新の不安があることによって労働者は法律上当然保障された権利行使すら自ら抑制しがちです。例えば年休を取る権利とか，あるいは労働者としての当然の要求，セクハラをされた場合に苦情を訴えるとか，あるいは労働条件が低すぎるから労働条件を改善してほしいという要求，そうした当然の主張をすると，次は更新されないのではないかという不安を抱えているのがこの有期労働契約というこ

とになります。そうすると，そうした当然の権利主張や要求を労働者自らが控えるという行動をとりがちです。もともと使用者と労働者には交渉力の格差があるといわれますが，その中でも有期労働契約労働者は，とりわけ交渉力において劣位に置かれるというのがこの有期契約労働関係の特質だと考えられます。そこで，そうした交渉力の著しい格差，不当な格差のままに5年以上もそうした契約関係を使用者に利用させるのは，もはや有期労働契約の濫用的利用と評価してよいのではないか，というのが今回の5年ルールの考え方だと思います。

　審議会では，有期労働契約は大多数が雇止めされることなく更新されているから何ら不安定雇用ではない，という経営側からの主張もありました。とにかく雇用が続いていれば安定雇用であるという議論ですが，更新の保障のない不安定な雇用のまま権利行使も抑制された地位に置かれているということに対する視点も必要ではないかと思います。

　実はこのような有期契約の不安定雇用の問題点については，最高裁が労組法の労働者性が争われたINAXメンテナンス事件（最三小判平成23・4・12判時2117号139頁）で次のようなことを言っております。すなわち，業務委託契約が1年契約で，相手方に異議があれば更新されないという場合には，たとえ契約期間中にした業務依頼拒否に対して債務不履行責任を追及されることがなかったとしても，当事者は依頼に応ずべき関係にあったとみるのが相当であるとしています。つまり，契約関係の継続が保障されていない不安定な雇用関係では，更新を望む一方当事者は，他方当事者に対して契約上の義務のないことでも応じざるを得ないような不利な地位に立たされるということを，最高裁が評価したものだと思います。

　施行通達（第5の4（1））が「有期労働契約の濫用的な利用を抑制し労働者の雇用の安定を図る」のが無期転換ルールの趣旨であるとしているのは，今のようなことを考えたものと思われます。これが第1の意義だと思います。

　第2点は無期転換ルール導入の意味と副作用についてです。5年ルールをとりますと，5年の手前での雇止めを誘発するという懸念がいわれております。しかしながら，大手の製造業では現在，3年で無期転換させるといったルールはどこ

にもないにもかかわらず，2年11カ月で一律に雇止めをしているというのが実態です。これは，何らの合理性もなく雇用縮小効果をもたらしている慣行ということになります。したがって製造業については，5年無期転換ルールによって不合理に3年手前で雇止めするという事態はむしろ改善されるのではないかと思います。

　この2年11カ月で雇止めをするという製造業の慣行ですが，これはどうしてそうなったのかを製造業の人事部長さんにお聞きしたところ，そのお答えは，2003年の労基法改正で有期契約の上限を3年にしたから，ということでした。しかし，もちろん2003年改正の3年というのは，1回の有期契約の上限が3年であって，無期転換ルールとか，それ以上有期契約を利用してはいけないという上限の3年では全くありません。その点を誤解したのかとも思われますが，アドバイスをされている経営側の弁護士さんなどに聞いたところ，単なる誤解ではなくて，むしろ雇止め法理の予測可能性のなさに原因があったのかもしれない。現状では，一体どういうときに雇止めが有効か無効か予測がつかない。そうすると，企業から見ると，1回で期間3年の有期契約が適法なのであれば，その間は更新されても合理的な雇用継続期待はそうそう生じないのだろうという，そういう安全値として3年が目安にされた可能性があります。こうしたことも踏まえると，今回，判例法で確立した雇止め法理のみが立法化されるとすると，次のようなことも懸念されます。

　現在のところ，小売業などは，雇止め法理があるということを認識しているのかいないのか，10年とか15年とか，非常に長期に有期契約を利用しているところがあるようです。そういう中で，雇止め法理だけが明文化されると，雇止め法理というものがあって期間満了では自由に雇止めができないらしい，「それは困る」ということで，2003年の製造業と同じように，企業としての安全値のところで無用に雇止めをするというようなことが一般化しかねない，ということも懸念材料としてはあるわけです。したがって，雇止め法理だけを明文化し，無期転換ルールを導入しなかった場合には，安定雇用への道筋がないまま，現在製造業で起こっているような不必要な雇用縮小効果をもたらす雇止めが生じかねないと

いうことも，無期転換ルールの背景事情としては指摘し得るように思います。

　3点目は，5年という無期転換ルールの長さと副作用の問題です。確かに5年の無期転換ルールというのは，諸外国と比較すると長いのは事実です。諸外国，例えばドイツでは2年，オランダでは3年，イギリスでは4年，こういったものに比べると長いのはそのとおりです。しかし，韓国で2007年7月から2年の無期転換ルールを施行したのですが，2009年7月に初めて無期転換ルールが適用された際には，3分の1は無期化した，3分の1は雇止めに遭った，3分の1は，違法ですが，そのまま更新されたという状況でした。2年という比較的短期の無期転換ルールの場合，企業としては，その有期契約労働者を無期契約の社員として受け入れるかどうかについて判断がつきにくい不安があると思います。そうであると，無期転換するよりもやはり雇止めをしておこう，という行動をむしろ誘発する可能性が高い。それに対して，5年という期間，雇止めされずに雇用され続けた実績のある人であれば無期化しても問題ない，という予測は企業としては十分できるのではないか。当初雇い入れた時の有期契約労働者の技能は正社員と比べて低いかもしれませんが，5年の間にきちんと技能を積んでいけば，無期化しても問題のない従業員となっている可能性は高いわけです。そういったことを考えると，5年というのは長いのですが，企業にとって無期化して雇い続けるという判断が十分できる期間という考慮もあったように思います。

　また，雇止め法理によって，5年手前の雇止めが常に可能となるわけではなく，無期転換ルールの副作用にも一定の歯止めがかかることはいうまでもありません。

　有期労働契約の活用自体は認めるという立場に立ち，これらの諸々の事情も併せ考えて公・労・使が議論した結果，この5年という基準が採択されたのだと思います。

　今回は，とにかく有期であっても反復継続していれば問題はないということではなく，有期労働契約で雇われている間の交渉力格差の問題にも着目した点，そして，無業・失業問題に対処すべく有期労働契約の利用自体は認め，労使が技能蓄積・発展の機会として活用することで，不安定雇用から安定雇用に道筋をつけ

るという趣旨からこの無期転換ルールが導入されたことは，新しい政策として注目される点だと思います．

4．クーリング期間について

岩村 18条2項も論点です．この2項は，無期転換申込権行使の要件である通算契約期間の計算の方法を定めたものであり，かつ，有期労働契約が存在しない期間が一定期間続いたときには，その期間の通算の計算がリセットされるという，いわゆるクーリング期間を定めた規定です．つまり，同一の有期労働契約労働者と使用者との間で間隔を置いて有期労働契約が再度締結されるという場合には，その間の長さが，第1は6か月以上であるという場合，第2は，その直前の，つまり，空白して間が空いている期間の直前の有期労働契約の契約期間が1年未満の場合には，基本的には契約期間の半分以上である場合に，契約期間の通算がリセットされます．まず，クーリング期間を設けたのが適切かという論点があろうと思いますが，そこはどのようにお考えでしょうか．

荒木 クーリング期間を設けないとしますと，例えば一度過去にその企業で5年間有期で雇われた方が，再度その企業に雇われようと思ったときに，有期で雇いますと直ちに無期転換申込権を行使されて無期契約になってしまう．つまり，過去に5年有期で雇われた人を雇おうとしたら，実際上無期労働契約でしか雇えない．とすると，有期労働契約なら雇用に結びつくような労働者にとって，かえって雇用機会確保の観点から問題が生ずるということです．

実はドイツでも新規雇用にのみ客観的理由なく有期労働契約を締結できるという規制との関係においてですが，いったんクーリング期間を廃止したものの，2011年4月6日の連邦労働裁判所の判決によって，3年というクーリング期間を許容することになりました．その際にもやはり雇用機会の確保の観点からの議論があったところです．有期労働契約の雇用創出機能を考えるとやはりこうしたルールの必要性は否定できないと思います．

岩村 クーリング期間は，いま申し上げましたように，最長は6か月ですが，他方で，有期労働契約の契約期間が1年に満たない場合については，その半分

以上ということになっています。そして，10月26日に公布された「労働契約法第18条第1項の通算契約期間に関する基準を定める省令」(2013年4月1日から施行されます)によって，その最低単位は1か月となります。つまり，場合によっては1か月というかなり短いクーリング期間も設定されることになります。こうした期間の設定が妥当なのかという論点もあろうかと思います。そのほかにクーリング期間をめぐっては，どのような法的問題が発生し得るとお考えでしょうか。

荒木 先ほど議論した合併や会社分割等において，合併や分割時には有期労働契約の空白期間に当たっていた場合にどうなるかという問題がありそうです。例えば4年間有期契約が継続した後，契約が更新されずにいた間に合併があり，正社員などは承継されたけれど，有期契約者は承継しなかった。そのとき6か月以上空白期間があれば新たに承継先の企業に雇われてもクーリング期間が効いているので問題となりませんが，空白期間が3か月で旧使用者に雇われた有期労働契約労働者が承継先に雇われた場合，18条2項の適用があり，契約期間が通算されることになるのかが問題となります。

仮にこの場合にも18条2項の適用があるとすると，承継先企業としては，有期労働契約で雇用する際にかなり神経を使うことになりそうです。

実はドイツでは，客観的な理由なく，有期労働契約を使えるのは，初めてその人を雇うときだけという規制でしたので，大昔に雇っていたということを知らずに雇ってしまうと，雇った後で「実は私は初回契約ではなかった。したがって，客観的な理由なく有期で雇うのは違法であり，自分の契約は無期労働契約に転換したはずだ」という主張が出てくるのです。こうした問題に対処するためにドイツでは，以前にその会社に雇われたことがあるかどうかを質問する権利が企業に認められており，労働者が正直に申告しなかった場合には無期転換の主張もできません。

契約期間が切れている間の合併等に18条2項の適用があるとすると，これと似たような状況が生ずることになりそうです。ただ，合併等の承継時に有期労働契約が存在していた場合には，包括承継なので，承継先は，過去の有期労働契約

が継続した状態を含めて当該労働者に対する使用者たる地位を承継したと解されるがゆえに，旧使用者との「同一の使用者」性の問題が生じないと解されます。合併等で使用者が変わっても年休の勤続年数が通算されるのと同様です。これに対して，有期労働契約の空白期間中に合併や会社分割がなされた場合には，まさに旧使用者と承継後の使用者とは「同一の使用者」には当たらないことから，もはや18条2項の適用も問題とし得ないとも解されます。私自身は，この問題については，そもそも「同一の使用者」には該当せず，18条2項も問題とならないとして処理してよいのではないかと思います。

島田 クーリング期間は，最低でも1か月必要ということですが，特に派遣などを含めると，一体そのクーリング期間が終わっているのか終わっていないのかなど結構紛争になるケースがあると思います。これについては，クーリング期間を設けたことは当然必要ですが，先ほどドイツは契約締結の際に問うという話がありましたが，労働条件通知書の中で明確にするなどの措置が必要だと思います。

IV. 雇止め法理の立法化

1. 概要

岩村 今回の労契法改正のもう一つの項目は，雇止め法理の立法化です。これはすでに施行されていて，現在は18条ですが，2013年4月1日からは19条になります。この新しい条文は，東芝柳町工場事件（最一小判昭和49・7・22民集28巻5号927頁）と，日立メディコ事件（最一小判昭和61・12・4労判486号6頁）の2つの判決を立法化したものです（施行通達第5の5(2)イ）。19条（現18条）には1号と2号とがありますが，1号が東芝柳町工場事件判決の法理を，2号が日立メディコ事件判決の法理を定めていると理解できます（施行通達同所）。

この条文の効果としては，労働者が有期労働契約の更新または期間満了後に遅

滞なくその締結の申込みをし，使用者がそれを拒絶したときに，使用者の拒絶が客観的に合理性を欠き，社会通念上相当であると認められなければ，これまでの有期労働契約と同一の条件で使用者の承諾があったとみなされるというものです。この場合，使用者の承諾があったとみなされることによって成立する労働契約ですが，これは条文上契約期間を排除していませんので，有期労働契約ということになります（施行通達第5の5（2）ア）。

また，この条文では労契法16条を引用せずに，「客観的に合理的な理由を欠き，社会通念上相当であると認められない」という書下ろしの形になっていますから，合理性・相当性というのは無期労働契約の解雇の場合とは同じではなくて，判例法理がいう解雇権濫用法理の類推を意味すると解されます。

2．判例法理との関係

▶ 判例法理の立法化といえるか

岩村 論点は，主として要件のところだろうと思います。まず，この新しい条文が判例法理をそのまま立法化したといえるのかということがあろうと思います。労契法制定のときには，判例法理には何も加えず何も引かないということが言われましたが，今回の場合，そうなのかということがあります。とりわけ労働者からの更新または締結の申込みが要件となっていますが，そこがどうなのかということが問題となろうかと思います。

荒木 審議会でも，国会審議でも，また今回の通達第5の5（2）イでも，厚労省は判例の内容や適用範囲を変更することなく立法化したとしております。これは，内容や適用範囲については判例法理を忠実に立法化したということだと思います。ただ，判例法理では，雇止めが無効とされた場合にどのような形で契約更新がなされるのか明らかではなく，有力学説は，これを一種の法定更新と解する立場をとっていましたが，理論的には不透明なままでした。それを今回立法するにあたって，端的に法定更新とすることを明文で定めるという方法もあり得たと思いますが，労契法の条文として規定することからでしょうか，契約の申込みと承諾を擬制するというスタイルで整理されてこのような条文になったようです。

そこで，労働者からの更新申込み，あるいは契約締結の申込みという要件が規定され，使用者の承諾みなしが規定されたということになります。これは判例にはありませんが，判例の効果を導くために制定法として申込みと承諾の形で整理し直して規定したということではないかと理解をしています。

▶ 1号と2号との書き分け
岩村 もう1つ，これは今回の法律を作るにあたっての問題でもあるのですが，先ほど申し上げたように，判例法理をそのまま条文化するということで，東芝柳町工場事件判決と日立メディコ事件判決とをそれぞれ1号と2号に書き分けていますが，よく考えてみると，どちらの条文でも出てくる法律効果は同じです。そうだとすると，果たして2つを書き分けて定める必要があったのかということはあろうかと思うのですが，その辺はいかがですか。
島田 判例の当初の意図はわかりませんが，現在の判例の状況をみると，1号は実質的には2号に吸収されていると考えてよいと思います。
岩村 どちらにしても，出てくる効果は同じだと考えられるとすれば，分ける必要はないでしょうね。
島田 裁判官の意識の中で，解雇権濫用法理の類推適用をする際に異なるかもしれませんが，何ともいえないですね。
岩村 そうですね。ただ，現実には東芝柳町工場事件判決の法理が適用された例はかなり少なくて，ほとんど日立メディコ事件判決の法理を適用しているので，判例法理をそのまま条文化するという前提があったからこういう形にはなりましたが，理論的に考えたときにはどうだったのかなという気はします。
荒木 パナソニックプラズマディスプレイ（パスコ）事件判決（最二小判平成21・12・18民集63巻10号2754頁）で，最高裁は雇止め法理を，東芝柳町工場型と日立メディコ型の2類型に整理しています。それ以外の整理があり得なかったかというと，理論的にはあり得たと思います。しかし，最高裁がそういう2つの類型として整理した判例法理の到達点をそのまま法律に規定するというコンセンサスがあったのでこういう形になったということなのでしょうね。

▶ 労働者からの申込みについて

島田 労働者からの申込みについての理解に異論はないのですが，実際には，雇止めの通知が先行して，それに対して労働者が何らかの対応をするというのが流れになるでしょう。そういう場合に何をもって申込みと解釈するのかが，具体的には問題になってくるのかなと思います。

「遅滞なく」という点では，実務的にどのぐらいまでことを意味するかが問題となるでしょう。例えばこれを就業規則等の手続で定めて期間を区切ることができるのでしょうか。

荒木 更新の申込みというのは，従来はあまり意識していなかったことです。そこで，今回，施行通達第5の5(2)エは，「『更新の申込み』及び『締結の申込み』は，要式行為ではなく，使用者による雇止めの意思表示に対して，労働者による何らかの反対の意思表示が使用者に伝わるものでもよい」としており，従来の雇止め法理の内容を変えるものではないということを注意的に書いています。

また，「遅滞なく」というのも，従来あまり議論していなかった表現です。この問題の本質は，解雇訴訟においてもそうなのですが，出訴期間の規定が日本にはないということだと思います。その結果，裁判例上も，解雇から相当の年月を経ても解雇無効訴訟が提起できています。

そのこととの関係で，これまでも雇止めのときに，何年過ぎたらもはや雇止めの主張ができないという一定の客観的な基準はなかったのです。今回は，雇止め法理の発動要件として労働者の申込みに対する使用者の拒絶という構成をとったため，その申込みの期限の問題が浮上しましたが，問題の実質は，使用者による雇止めに対して労働者に異議があることが伝わればよく，その異議をいつまでに伝えるべきかは，いつまで雇止めを争えるのかと実質的には同じことです。したがって，出訴期間の規定がないという現状を踏まえて「遅滞なく」という表現で対応したのではないでしょうか。

岩村 この条文のポイントは，先ほど島田さんもおっしゃいましたが，通常は使用者からの更新拒絶が先行するけれども，その場合でも，労働者のほうが遅滞なく何らかの形で契約更新の申込みなり締結の申込みをすればよいという構造に

なっているところだと思います。かつ，いま荒木さんも言及されたように，労働者からする更新の申込みや締結の申込みは要式行為ではないので，これは通達もいっているところですが（施行通達第5の5（2）エ），例えば単に使用者に対して，いや，それは困るという意思の通知であってもかまわないでしょうし，さらには紛争解決機関——労働局の紛争処理や労働審判でもよいのですが——への紛争解決の申立てでもよいでしょうし，さらに，かけこみ訴えでもよいですが，組合に加入して団体交渉の申入れをするといった形であってもよいので（施行通達第5の5（2）エ），そういう意味では，ここはかなり柔軟に解釈すべきものだと考えています。

　問題は，先ほど島田さんがおっしゃった，就業規則などで申込みについてのルールを定めたときにどうかです。例えば，更新の申込みや締結の申込みは，必ず何か一定の様式の書面で行わなければいけないというようなことを就業規則で定めるとどうなのか，あるいは少なくとも契約期間満了後10日以内に申込みをしなければいけないというような規定を就業規則で置いたらどうなのか。もっとも，そういうことをやると使用者自ら自分の首を絞めるので，やるかどうかがまた別の問題なのですが，そういう就業規則の定めがあったときに，これが19条と抵触しないのかという問題はあるように思います。

荒木　たぶん駄目ですよね。

岩村　たぶん駄目だと思います。出訴期間に対する制限ということになるので，たぶん駄目だということになるでしょう。要式行為とかそんなものを定めると，更新や締結の申込みができますよということを使用者自らが労働者に教えるようなものなので，先ほどいいましたように，使用者は自分で自分の首を絞めることになります。

3．更新の合理的な期待について

岩村　もう一つ重要な論点としては，特にこの条文の2号が有期労働契約の期間満了時に更新についての期待が合理的と認められることを要件としていることに関わります。「当該有期労働契約の契約期間の満了時に」と書いているために，

このことが，その契約の満了時までに使用者が労働者が持っている更新の期待を失わせればこの2号は適用されないということを意味するのか，という問題を提起しているようにも思います。この点については，どのように考えたらよいのでしょうか。

荒木 これは，施行通達第5の5（2）ウで「『満了時』における合理的期待の有無は，最初の有期労働契約の締結時から雇止めされた有期労働契約の満了時までの間におけるあらゆる事情が総合的に勘案されることを明らかにするために規定したもの」と書いているとおり，満了時点においてそれまでの契約関係の全体を見て総合判断するという趣旨です。すなわち，一方ですべての事情を総合考慮しますので，満了前に雇用継続期待が生じていれば，その期待が当然考慮されます。

他方で，かつてはあった期待が，満了時までにその程度が減少することもまた同様にあり得ることです。ただ，しばしば議論されましたが，使用者は，例えば更新回数は3回を上限とするとか，更新期間は上限を3年とするなどと一方的に宣言することによって，労働者にいったん生じていた雇用継続の合理的期待を当然に失わせたり，期待の程度を当然に減少させ得るわけではないということも，その通りだと考えます。この点は審議会でも議論されましたし，従来の裁判例を分析しても，裁判所はそのような立場をとっていると考えてよいと思います。

島田 私も，合理的期待がそもそも生じない場合と，いったん生じた期待を消滅させるという場合は，分けて考える必要があると思っています。更新に期待が生じた場合について，その消滅は，相当慎重に判断されるべきだろうという意見に賛成です。紛争防止のためには，有期労働契約締結の際に更新の有無や更新の上限を明確にして，これが明確でない場合は使用者にリスクを負わせてよいと思います。いずれにしても有期労働契約の締結時にこれらのことを明示することが一番重要なのではないかと思います。では，更新時に合理的期待を消滅させることが絶対不可能なのかは，結局当事者の意思解釈を踏まえて総合的に判断することになるでしょう。

岩村 いまおっしゃった更新の有無ということに関しては，従来は，労基法の14条2項で告示で基準を定めることになっていますが，今般，この労契法の改正に合わせて，告示事項であったものを労基法施行規則に移すことになりました。

島田 それは非常に重要なことだと思います。

岩村 そういう意味で，従来の告示から施行規則に格上げになることによって，労働者の側の予測可能性を高めるという措置も併せて講じられているということを付け加えておきたいと思います。

4．無期転換申込権との関係

▶ 無期転換申込権の施行時期と更新の合理的期待

島田 無期転換申込権に関連して，無期転換ルールの施行時期における問題で気になることがあります。有期労働契約期間の通算については，その計算のスタートが施行日となっていますね。しかし，それまでに合理的期待が生じている有期労働契約は，その前段階で更新を拒否することは困難です。そうすると，従来の有期労働契約が更新されて，そのまま継続するという問題点があります。というのは，おそらく4月1日の施行の時に，いきなり無期転換ルールを適用するのではなく，そこからスタートして5年後に適用されるということは，それまでにある程度企業側に対して，雇用管理の制度整備を含めた猶予を与えたものでしょうが，本条の施行時期に有期労働契約の終期を定めることができないと，この猶予期間の意義が失われるのではないでしょうか。

荒木 例えば来年（2013年）の3月31日の段階では雇止め法理によって雇用終了できない人について，今後5年，このままいくと無期化してしまうから，来年の4月1日からこの契約は5年を超えては更新しませんと約束して雇用継続した場合に，来年の3月31日時点では雇用継続への合理的期待がないとはいえないけれど，今後，5年を超えないという約束で来年4月1日から4回更新したあとの5年目の満了時に，それ以上の更新はないということで合理的な期待がなくなっていることはあり得るかということですね。

島田 そうです。

荒木 それは，絶対あり得ないということはないと思います。お互いの関係でもうこれ以上の更新はないと双方が思えば，そういう期待なのです。これまで問題となったのは，1年半とか2年半雇った段階で，突然有期労働契約は3年以上更新しないということを使用者が一方的に宣告した例でした。学校法人立教女学院事件（東京地判平成20・12・25労判981号63頁）などはそうですね。

島田 それはもう問題にならないですよね。

荒木 それによって合理的期待が失われるかというと，そうではない。しかし，長期的な関係ですから，今後はこのように有期労働契約を運用すると使用者が新たな方針を打ち立て，その下で有期労働契約が運用されていったという場合，そのことも含めた合理的な期待の評価はあり得ると思います。

岩村 それはそうですが，ただ，そのときに合理的な期待が本当に4年限りなのかどうかは，単に労働者が黙って働いていたというだけでは不十分で，労働条件の問題とか，そういったものも全部含めて考えないと駄目だということにはなると思います。

▶ **無期転換申込権と雇止め法理**

荒木 そうですね。ところで，無期転換ルールと雇止め法理の関係なのですが，諸外国では無期転換ルールには，有期労働契約を何年以上利用した場合には無期にするという利用可能期間の上限規制と，何回以上更新したら無期にするという更新回数の上限規制の2通りがあるのですが，韓国は利用可能期間の上限規制だけを入れたのです。その結果，例えば2年の間で1か月契約を23回更新してもよいのかとか，そんな議論が出てきているという状況もわかりました。今回，日本は，更新回数規制はしなかったのですが，雇止め法理を立法化することによって，5年の無期転換ルールの手前で何度も反復更新して有期労働契約を細切れで使うことになれば，19条の雇止め法理によって更新拒絶の効力が認められない可能性が非常に高くなるという効果もあります。したがって，無期転換ルールと雇止め法理は相互に補い合って機能するとともに，更新回数について立法化

しなくても，雇止め法理によって似たような効果をもたらすこともできるといった関係にあるのではないかと考えています。

V．不合理な労働条件の禁止

1．概要

岩村 改正法の3番目の内容は不合理な労働条件の禁止で，2013年4月1日から施行されます。条文としては20条です。20条は不合理と認められる労働条件を禁止していますが，この「労働条件」には，賃金や労働時間などの狭義の労働条件だけではなく，労働契約の内容となっているのであれば，災害補償・服務規律，教育訓練，付随義務，福利厚生など労働者に対する一切の待遇が含まれると解されています（施行通達第5の6（2）イ）。また，ここでも「同一の使用者」という表現が出てきますが，18条と同じく事業場単位ではなくて，契約当事者である法人・個人を意味するという解釈が示されています（施行通達第5の6（2）ウ）。

この条文については，「要件」と「効果」という2つの側面について，それぞれ論点があると思われます。まず「要件」について見ますと，無期労働契約で雇用されている労働者と，有期労働契約で雇用されている労働者との労働条件の違いは，どの程度認められるのかということがあります。施行通達は，「労働者の業務の内容及び当該業務に伴う責任の程度」というときの業務は，労働者が従事している業務を指すといっていますし，「当該職務の内容及び配置の変更の範囲」は，今後の見込みも含めて転勤，昇進といった人事異動や当該労働者本人の役割の変化などの有無や範囲を指すと述べています（施行通達第5の6（2）エ）。

施行通達は，さらに，20条がいう「その他の事情」としては，合理的な労使の慣行などの諸事情が想定されるともいっています（施行通達同所）。こうした施行通達の示している考え方が妥当なのかという論点はあろうかと思います。例えば，施行通達で，定年後に再雇用された有期労働契約の労働者は，定年前の無

期労働契約の労働者よりも労働条件が低いのが一般であるけれども，それは許容されるといっていますが（施行通達同所），それでよいのかということがあると考えられます。

2．要件
▶ 不合理性の判断基準

島田 この条文は，難しい解釈問題が出てきそうです。不合理性の判断を裁判所に委ねているという点です。ただ，これは就業規則の不利益変更の際の判断と共通する予測可能性の難しさということかもしれません。

次に，パート労働法（短時間労働者の雇用管理の改善等に関する法律）との整合性です。パート労働法にも通常の労働者との差別禁止または均衡処遇を求める規定があります。パート労働法の規定は事業主に対する公法的義務と解されています。もちろん，民事的効果が全く否定されるわけではないと思います。それとは対照的に労契法の規定は民事的効果があるとされています。有期労働契約者は，同時に短時間労働者でもあることが少なくないので，この両者の関係が気になります。パート労働法は，「職務内容同一短時間労働者」という独特の概念を使っているのですが，労契法はそうではありません。また，パート労働法が賃金や教育訓練，福利厚生というように分けて差別禁止なり均衡処遇なりを問題にしていることと，有期であることを理由とする労働条件の不合理性ということとが，一体どういう関係に立つものとして理解をしていったらよいのか，そこが難しいかなと思っています。

荒木 労契法20条の期間の定めのあることによる不合理な労働条件の禁止は，パート労働法8条のようなパートを理由とする差別禁止とは異なり，そもそも差別禁止や均等待遇といった規制ではないということがまず重要な点だと思います。

まず，パート労働法8条との違いですが，パート労働法8条は，職務の内容が同一であること，職務内容・配置の変更の範囲（人材活用の仕組み）が同一であること，無期契約か無期と同視できる有期契約であること，この3つの基準

でパート労働者の通常労働者との「差別的取扱い」の禁止を定めています。これと比較すると、今回の改正は無期に関するところを削除して、その他の事情を考慮という一般条項的な考慮事項を付加しているという違いがあります。その結果、今回の20条の要件はかなり抽象的になり、予測可能性が低く、予見しがたいというのはそのとおりだと思います。しかし、こうした要件、あるいは規範が採用された背景には、パート労働法8条が要件を細かに規定した結果、かえって8条の適用を回避するためのネガティブ・チェックリストとして作用しているという反省があったように思われます。これは、「今後のパートタイム労働対策に関する研究会報告書」（厚生労働省、2011年）22頁にそういう指摘があります。

　そしてより重要なのは、パート労働法8条は差別禁止を定めていますが、ヨーロッパの雇用形態差別、パート、有期、派遣という雇用形態を理由とする差別といわれているような規制の内容は、実は差別禁止ではなくて、それらの雇用形態を理由とする不利益取扱いを禁止するものであって、差別禁止規制とは異なる類型の規制と捉えるべきではないかといった研究成果（労働政策研究・研修機構の「雇用形態による均等処遇についての研究会報告書」〔2011年〕）も踏まえられているように思います。この研究会は私も関与しましたが、検討の過程では東京大学社会科学研究所の水町勇一郎教授にもヒアリングを行い、同教授の「『格差』と『合理性』——非正規労働者の不利益取扱いを正当化する『合理的理由』に関する研究」（社会科学研究62巻3＝4号〔2011年〕125頁以下）の議論も大いに参考にいたしました。

　正規と非正規の処遇格差問題については、いろいろな考え方があると思います。非正規雇用の正規化ということがよくいわれるのですが、パート労働者は決してフルタイム化を望んでいるとは限りません。パートの場合には、パートのまま処遇を改善してほしいというのが最も切実な要求ですから、パートを理由とする不利益取扱いの法規制が望まれることになります。

　これに対して、有期労働契約の場合は、今回の無期転換ルールがそうであるように、無期雇用とか安定雇用への移行プロセスないしステップとして有期労働契

約が活用されることも重視しているとするならば，有期労働契約を無業・失業状態の者を雇用に引き入れるインセンティブを持った雇用形態として設計することも十分あり得ると思います。有期労働契約で雇用されている間に技能を蓄積し，伸ばして，無期労働契約という安定雇用に移行するという筋道を今回の法制は採用していますので，有期労働契約活用のインセンティブを付与するために，その敷居をなるべく低くするという考え方もあり得るところです。実際，諸外国では失業問題に対処するために，有期労働契約を禁止するより，むしろ使いやすくして，使用者に雇用インセンティブを与えるという試みをしています。

　現状では，非正規というだけであまりにも不合理な労働条件格差が放置されている状態にありますので，そうした事態を修正するために，20条が果たすべき役割はもちろん重要です。また，有期から無期に転換しても，労働条件は別段の合意がない限りは同一ということですから，有期の間に労働条件をより適正なものとすることも大切なことです。しかし，同時に有期契約にはステップ雇用としての重要な機能があるということを踏まえると，この「不合理と認められる」理由の解釈にあたっては，有期労働契約を有効に活用するという視点も含めた解釈も要請されるのではないかと思います。20条は抽象度の高い規定になっておりますが，これにはすでに述べたようなネガティブ・チェックリスト的規制とはしないという考慮とともに，有期労働契約の多様な機能を受け止め得るようなものであることが望ましいといった考慮をも読み込むことができるのではないかと考えています。

島田　そうすると，20条は差別禁止というより，むしろパート労働法との関係でいえば均衡のとれた処遇に近いと考えてよいのでしょうか。

荒木　均衡処遇に近いかどうかは，均衡処遇とは何かという議論になり簡単ではないのですが，少なくとも均等処遇や差別禁止の場合は，同一取扱いを要請しますから，端的にいうと，有利に扱うことも違法となります。ヨーロッパのいわゆる「雇用形態差別」といわれているものは，パート労働者を優遇したり，あるいは有期労働契約労働者を優遇することは全く禁止していなくて，むしろそういう劣悪な労働条件を社会的に是正しようという発想から出てきているので，これま

でそれらを一般の差別禁止ルールと同じものと見て議論していたことが議論の混乱を招いていたと思われます。その点をまず整理し、20条は均等処遇や差別禁止という発想をとらずに、期間の定めがあることによる不合理な取扱いを規制しようとしたものであることを認識しておくことが重要ではないかと思っています。

▶不合理性が問題となり得る事例

島田 20条の文言が「不合理と認められる」となっているので、それ自体からはよくわからないのですが、いま荒木さんがおっしゃったように、有期で雇っているということの必要性が不合理性判断の考慮要素となるという枠組みは非常にわかりやすいと思います。ただ、それは必ずしもこの条文からはストレートに読みとれないようにも思います。今後、不合理性の判断基準については、学説においても詰めていく必要があるのかなという気がします。

岩村 審議会での議論等を見ると、特に典型的に想定されていたのは通勤手当です。税制の関係で、無期労働契約で雇われている正規の従業員の場合でも、マイカーや自転車で通勤していて、通勤距離が2km未満だと通勤手当は払わないのが一般ですが、逆に2km以上だと通勤手当を払っています。しかし、有期労働契約の労働者にはマイカーや自転車による通勤距離が2km以上でも通勤手当を払っていないという場合には、これは不合理と認められる場合に当たると考えていたといってよいと思います。

島田 通勤手当、食堂の利用、安全管理。

岩村 おっしゃるように、もう一つは福利厚生を想定していたといえると思います。一番大きな問題は、基本給をどう考えるかです。まさにこれを判断するにあたっては、条文にあるように、業務の内容や業務に伴う責任の程度、さらに職務内容と配置の変更の有無と範囲といったものを考えて、不合理と認められるかどうかを判断することになるのだろうと思います。

島田 例えば、先ほどおっしゃった通勤手当の場合や、施行通達に挙がっているような食堂の利用、安全管理という場面での合理性判断にあたっては、職務の内

容はあまり関係ないともいえるわけですね。

荒木 まさにそうなのです。差別禁止というと，同一労働しているかどうか，同一労働だったら均等処遇をしなさいという発想なのですが，20条はそうではない。単に期間の定めの有無の違いのみをもって全く別に扱うことが合理的かどうかということで，これまでの同一労働かどうかという発想とは違うということですね。不合理かどうかということで検証する。

島田 そういう場合に不合理とされた労働条件は無効となって，無期労働契約労働者と同じとなるのですか。

岩村 無期労働契約の労働者と同じになるかどうか，またそれは大問題なのですが。

島田 いまいったような例だと，そうなる可能性が高いのではないかと思うのです。

岩村 一番問題なのは基本給のところで，例えば労働条件分科会でもいわれていた「ピカピカの正社員」とたまたま同じ仕事をしているというだけで，有期労働契約の労働者についてこの条文がそのままストレートに当てはまるのかという点です。そこが一番大きな問題なのですが，だからこそ，当該職務の内容と配置の変更の有無と範囲を考慮要素に入れて，ピカピカの正社員といわれる人たちとの間で基本給の格差が存在していても，一定の範囲内であればそれは不合理とは認められないという余地を承認している，そのようにこの条文は読めるだろうと思っています。

島田 つまり，パート労働法の場合は，職務の内容などは職務内容同一短時間労働者というカテゴリーを決めるためのある種の要件だったのだけれども，今回は職務内容等々が労働条件として不合理であるかどうかということの判断要素として議論するのだという理解でよいのですね。

岩村 そういうことです。

3．効果

岩村 20条の効果についても論点があります。効果について，20条は「不合理と認められるものであってはならない」と規定しています。施行通達はこの効果

に関する定め方について，これはいわゆる民事効を持つものだと解釈しており，したがって，この条文によって不合理とされた労働条件の定めは無効となり，故意・過失による権利侵害については不法行為として損害賠償が認められ得るといっています（施行通達第5の6（2）カ）。

▶ **無効とされた労働条件の補充**

岩村 問題は，不合理とされた労働条件の定めが無効となってしまった後，その無効となった労働条件の部分はどうなるのかです。施行通達は基本的には無期労働契約労働者と同じ労働条件が認められると解されると述べており（施行通達第5の6（2）カ），また，国会審議でも同旨の答弁がなされています（2012年7月25日の衆議院厚生労働委員会での金子順一政府参考人の答弁）。この点はどのように考えたらよいのでしょうか。

島田 なかなか難しいところですが，結局補充すべき労働条件がない場合には，無効となった部分について何らかの形で補充的な解釈をせざるを得ないですね。この場合，不合理な格差を設けたリスクは，原則的に使用者側に負わせるという解釈をとるしかないのかなという気がします。ただ，本来は，何らかの調整的解決ができるような仕組みが別途考えられるべきと思います。

荒木 これは20条により無効となった後の効力が，労基法13条とか労契法12条のような規定がないので議論となるところですが，施行通達が「基本的には」と書いているように，就業規則で正社員については通勤手当を支給するとすれば，正社員に限定した部分が無効となりますから，要するに，従業員には通勤手当を支給するというように契約が修正されて解釈され，適用されることになる。社員食堂について，「ただし，社員食堂を非正規従業員は利用できない」という規定であれば，それは無効で削除されて，使えるようになる。そういう契約解釈で対処できる場合には，そのようにして対処するということだと思います。多くの場合は，そういった契約解釈による合理的な補充解釈が可能となって，契約上の請求権なり利用権が肯定されるという処理が考えられるのではないかと思います。

岩村 つまり，そういう就業規則の解釈や，労契法の条文あるいは労基法の条文との連結によって解決が図られる。一定の民事上の請求権が出てくる場合については，そうした処理をすればよいということになるのですね。

　他方でこの処理が困難だということになると，あとは損害賠償で処理をするという整理になるのかなと思っています。ただ，もちろん島田さんがおっしゃったように，紛争が起きた場合には，使用者と個々の労働者との間で all or nothing でそれを解決するというのには必ずしも馴染まないときがあるので，紛争解決システムの中で，問題となっている制度自体の見直しという形での紛争解決を考えていかなければいけないということになっていくのかなとは思います。

　そういう意味で，この種の問題を担当することになった紛争処理解決機関としては，そういう視野を持ちつつ紛争解決を考えていただけるとよいでしょう。ですので，20条は民事上の効力規定ではあるのですが，その側面だけが強調されるのも少し問題があって，使用者あるいは労使双方に対する一定の行為規範といったものを示しているということも，意義としては考えておく必要があると思っています。

VI. おわりに

岩村 ここまで，今回の労契法改正の内容として掲げられている3つの論点について，島田さん，荒木さんからお話を伺ってきました。最後に，お二人から今回の労契法改正の意義や課題について，一言ずつお話を伺えればと思います。

荒木 今回の法改正にあたっては，まず，有期労働契約について入口規制を導入するかどうかが一つの大きな論点でしたが，厚労省の「有期労働契約研究会」では，どちらかというと否定的なニュアンスも窺える報告書が出されました。審議会でも入口規制は採用しないということになりましたが，その背景には，現に有期労働契約で雇用されている人の不安定雇用・処遇改善も重要ですが，同時に無業・失業状態にある人たちが雇用関係に入る上で，有期労働契約が重要な機能

を果たしている，そういう労働市場全体を見渡した有期労働契約の意義を考慮した結果，このような政策判断がなされたのではないかと理解しています。

ヨーロッパでも，ドイツ以北のヨーロッパの国々では，規制の重点を入口規制から出口規制に移動したということがありましたが，これは失業対策，特に若年失業問題への対策として，有期労働契約を原則利用禁止するという入口規制ではなくて，むしろ有期労働契約を活用する，しかしその濫用は規制しようというものでした。そうしたことも踏まえた今回の政策判断は，それなりの合理性が認められるのではないかと思います。

今回の法改正が，判例法理として確立していた雇止め法理の立法化に留まらず，新たな法規制として無期転換ルールと，有期を理由とする不合理な労働条件格差規制を導入したという点は，新たな規制に当然伴うことですが，そのメリットとデメリットの双方を巡って今後も議論が続くと予想されます。しかし，無期転換ルールについては，有期労働契約は単に解雇規制の潜脱問題として捉えられがちであったところを，常に雇止めの可能性があるという有期労働契約の不安定雇用の性質に着目して濫用規制の対象としたことについては，必ずしもこれまで十分に認識されてこなかったきらいがあるので，その意義を再度強調しておきたいと思います。

一口に非正規雇用問題といっても，パート労働者と有期労働契約労働者，そして派遣労働者では，問題状況が非常に異なっています。正規労働者との格差問題についても，パートの場合はパートのまま働き続けたいという労働者の希望を踏まえた規制が必要ですし，有期労働契約の場合は，安定雇用への移行過程としてのステップ雇用という側面があることも踏まえた判断があり得ようと思います。このように，非正規雇用の問題については，その多様性を踏まえて個々の規制のあり方とその解釈を検討する必要があるということも指摘しておきたいと思います。

また，従来労契法は確立した判例法理を明文化するという性格のもので，小さく産んで大きく育てるというような評価がされていた内容だったわけですが，今回の改正で初めて判例法理にはない新たな規制を導入したことになります。そう

いう意味では，労契法が独自の一歩を歩み始めたということがいえるかと思いますので，この点も労契法自身にとって注目すべき展開だと思います。

　いずれにしても，今回の有期労働契約規制は非正規労働者の大多数に適用がある重要な法改正です。2012年という年は，3月の派遣労働者の保護を法目的に明記した派遣法改正とともに，正規従業員を中心に展開されてきた日本の労働法制が，非正規雇用に正面から向き合って政策を展開し始めた重要な年と位置づけられることになるのではないかと思います。どのような雇用形態を選んだとしても，ディーセントワークを保障しようとする新たな労働法制がきちんと機能していくかどうか，今後もその展開を十分検証していく必要があると考えています。

島田　今回の有期労働契約法制が入口規制をとらなかったことは大変よかったと思っております。それは先ほど荒木さんがおっしゃった理由に加えて，日本の仕事のあり方は必ずしも職務の範囲が明確でないので，その現実を踏まえる必要があるということと，入口規制を設ければ，それによる紛争増加も予想されますし，さらにいえば，入口規制をとっているフランスにおいて，一方では先ほど荒木さんがおっしゃったような失業対策のための有期雇用が別枠でたくさん創出されているものの，他方，入口規制によって正規雇用に移行していったかというとそういった実態もないからです。この点は，有期雇用の濫用に渡らない範囲で，その機能の有効性を承認することを前提に作られたということを評価したい思います。

　また，当初，無期転換ルールについては3年ないし5年という議論があったように思いますが，これについても5年となったことについては，無期転換ルールの導入にはなお疑問がありますが，有期雇用が5年間は認められるという意味ではよかったのではないかと考えております。

　私としては，先ほど荒木さんがおっしゃった無期転換ルールのメリットについても，出口規制と更新に関する契約の明示ルールの徹底などを通じて，相当程度実現できるのではないかと考えておりました。無期転換ルールでどうしても引っかかるのは，今日の議論の前提にもありましたように，日本の雇用管理における正社員の位置づけの特殊性を軽視していないかということです。また，雇用の安

定という政策課題の解決を企業に過度に依存しているのではないかという疑問もあります。しかし，今回，無期転換ルールが思い切って導入された以上，是非，有期労働契約労働者の雇用の安定に資する方向で機能していくようにする必要があるだろうと思います。

そのためには，これを単に個別の労働契約の無期化ということではなくて，雇用システム全体の中で，多様な従業員全体の適正な労働条件の決定方法を含めて集団的に検討していく仕組みを考える必要があるでしょう。かつて労契法の立法過程では，労使委員会制度のさらなる活用ということも提案されていましたが，そういうシステムの構築が，これからの雇用管理を労使にとって実効あらしめるために必要になってくるのではないかと思います。

あと1点だけ付け加えますと，有期労働契約者の業務について，正社員化が困難であるために，有期労働契約を今後も中長期的に使わざるを得ない場合がどうしても残ると思います。このことを考慮すると，濫用の危険性が低い一定の業務について無期転換ルールの適用除外を考えていく必要があるのではないでしょうか。私としては，大学の教育研究職がすぐ浮かびます。韓国の立法においてもある程度の適用除外職を設けていることなどを考えると，今後検討が必要と思います。

有期労働契約の雇止めについては今回の改正で結構だと思いますが，なお雇止めの予告についても立法化することが考えられてよいと思います。また，有期労働契約の終了時にフランスの雇用終了手当のような制度を構想し，有期労働契約者の再就職を支援していくことが必要と思います。

最後に，こうした非正規雇用の雇用安定は，雇用形態の契約的な整備だけではなくて，すでに雇用政策研究会報告書の中に出ているように，全般的な生活保障のあり方と密接に関わって検討されるべきだと思いますし，そういう点での議論も今後労働法学には求められるのではないかと思っております。

岩村 今回の労契法の改正に盛り込まれた内容，すなわち，有期労働契約に関する無期転換ルール，雇止め法理の法定化，不合理な労働条件の禁止は，従来のいわゆる正社員を中心とする日本的な雇用慣行と，他方で，有期労働契約の労働者

に代表されるようないわゆる非正規の労働者，あるいは不安定雇用の労働者との間での微妙なバランスをとりつつ，有期労働契約で働く労働者に対して一定の保護を与えるものだと思っています。

　難しいのは，今回の法改正がこれからの有期雇用に対してどういう影響を与えるかということです。この予想は非常に難しいとは思います。おそらく企業側は，今回の法改正をベースにしつつ，認められた5年間という契約通算期間の枠の中で，有期労働契約のままで雇用関係を終了させる労働者と，そうでない労働者との区分けを行い，後者の労働者たちについては労働契約を無期化するという方向で動いていくのではないかと考えています。そうしますと，いままでとは異なるタイプの無期労働契約で雇用される労働者が今後生まれていき，そうした労働者たちをどのように処遇するかということが課題として出てくるであろうと思います。

　先日，ある会合で，菅野和夫中央労働委員会会長が今回の労契法改正について触れられ，個別の労働関係に関する立法ではあるけれども，結局これによって企業の雇用の仕組みそのものを見直すことが求められる，そういう意味では，集団的な労使関係の中で，どう新たな雇用システムを構築していくかが求められているのだと述べておられましたが，全くそのとおりだと思います。実際に無期転換ルールが動き出すのは，2013年4月1日以降に新たな契約期間の初日を迎える有期労働契約が5年を経て更新されてからということになりますから，まだかなり時間があります。ですので，それまでの間に労使がこの問題に向き合って，新しい有期労働契約労働者の処遇のあり方，あるいはそれぞれの企業における雇用システムのあり方を再検討していく必要があると思います。それを今後注意深く見守っていきたいと思います。

　今日は，島田さん，荒木さん，長時間にわたり本当にありがとうございました。
荒木　ありがとうございました。
島田　ありがとうございました。

［2012年10月8日収録］

有期雇用法制ベーシックス

BASICS OF FIXED-TERM EMPLOYMENT LAW

資料

条文

Ⅰ．民法（明治29年法律第89号）（抄）

（期間の定めのある雇用の解除）

第626条

①　雇用の期間が5年を超え，又は雇用が当事者の一方若しくは第三者の終身の間継続すべきときは，当事者の一方は，五年を経過した後，いつでも契約の解除をすることができる。ただし，この期間は，商工業の見習を目的とする雇用については，10年とする。

②　前項の規定により契約の解除をしようとするときは，三箇月前にその予告をしなければならない。

（期間の定めのない雇用の解約の申入れ）

第627条

①　当事者が雇用の期間を定めなかったときは，各当事者は，いつでも解約の申入れをすることができる。この場合において，雇用は，解約の申入れの日から2週間を経過することによって終了する。

②　期間によって報酬を定めた場合には，解約の申入れは，次期以後についてすることができる。ただし，その解約の申入れは，当期の前半にしなければならない。

③　6箇月以上の期間によって報酬を定めた場合には，前項の解約の申入れは，3箇月前にしなければならない。

（やむを得ない事由による雇用の解除）

第628条

　当事者が雇用の期間を定めた場合であっても，やむを得ない事由があるときは，各当事者は，直ちに契約の解除をすることができる。この場合において，その事由が当事者の一方の過失によって生じたものであるときは，相手方に対して損害賠償の責任を負う。

（雇用の更新の推定等）

第629条

① 　雇用の期間が満了した後労働者が引き続きその労働に従事する場合において，使用者がこれを知りながら異議を述べないときは，従前の雇用と同一の条件で更に雇用をしたものと推定する。この場合において，各当事者は，第627条の規定により解約の申入れをすることができる。

② 　従前の雇用について当事者が担保を供していたときは，その担保は，期間の満了によって消滅する。ただし，身元保証金については，この限りでない。

Ⅱ．労働基準法（昭和22年法律第49号）（抄）

（契約期間等）

第14条

① 　労働契約は，期間の定めのないものを除き，一定の事業の完了に必要な期間を定めるもののほかは，3年（次の各号のいずれかに該当する労働契約にあつては，5年）を超える期間について締結してはならない。

一　専門的な知識，技術又は経験（以下この号において「専門的知識等」という。）であつて高度のものとして厚生労働大臣が定める基準に該当する専門的知識等を有する労働者（当該高度の専門的知識等を必要とする業務に就く者に限る。）との間に締結される労働契約

二　満60歳以上の労働者との間に締結される労働契約（前号に掲げる労働契約を除く。）

②　厚生労働大臣は，期間の定めのある労働契約の締結時及び当該労働契約の期間の満了時において労働者と使用者との間に紛争が生ずることを未然に防止するため，使用者が講ずべき労働契約の期間の満了に係る通知に関する事項その他必要な事項についての基準を定めることができる。

③　行政官庁は，前項の基準に関し，期間の定めのある労働契約を締結する使用者に対し，必要な助言及び指導を行うことができる。

（労働条件の明示）

第 15 条

①　使用者は，労働契約の締結に際し，労働者に対して賃金，労働時間その他の労働条件を明示しなければならない。この場合において，賃金及び労働時間に関する事項その他の厚生労働省令で定める事項については，厚生労働省令で定める方法により明示しなければならない。

②，③　（略）

● **労働基準法施行規則（昭和 22 年厚生省令第 23 号）（抄）**
　【平成 25 年 4 月 1 日以降】

> ※　有期労働契約の継続・終了について予測可能性と納得性を高め，紛争の防止につなげるため，労働基準法施行規則第 5 条が改正され，労働契約締結時に，契約期間とともに「期間の定めのある労働契約を更新する場合の基準」も書面の交付によって明示しなければならない事項となります（平成 25 年 4 月 1 日から施行）。

第 5 条　　　　　　　　　　　　　　　　　　　　　　（下線部は改正箇所）

①　使用者が法第 15 条第 1 項前段の規定により労働者に対して明示しなければならない労働条件は，次に掲げるものとする。ただし，<u>第一号の二に掲げる事項については期間の定めのある労働契約であつて当該労働契約の期間の満了後に当</u>

該労働契約を更新する場合があるものの締結の場合に限り，第四号の二から第十一号までに掲げる事項については使用者がこれらに関する定めをしない場合においては，この限りでない。

一　　労働契約の期間に関する事項
一の二　期間の定めのある労働契約を更新する場合の基準に関する事項
一の三〜十一　（略）
②，③　（略）

● 有期労働契約の締結，更新及び雇止めに関する基準（平成15年厚生労働省告示第357号）【平成25年4月1日以降】

> ※　下記のほか，現行の告示では，更新の有無・更新の判断基準について，明示することが求められています（平成25年4月1日からは，労働基準法施行規則で，「期間の定めのある労働契約を更新する場合の基準」を書面の交付により明示することが義務付けられます。上記の労働基準法施行規則第5条をご覧下さい。）。

（雇止めの予告）

第1条

　使用者は，期間の定めのある労働契約（当該契約を3回以上更新し，又は雇入れの日から起算して1年を超えて継続勤務している者に係るものに限り，あらかじめ当該契約を更新しない旨明示されているものを除く。次条第二項において同じ。）を更新しないこととしようとする場合には，少なくとも当該契約の期間の満了する日の30日前までに，その予告をしなければならない。

（雇止めの理由の明示）

第2条

①　前条の場合において，使用者は，労働者が更新しないこととする理由につい

て証明書を請求したときは，遅滞なくこれを交付しなければならない。

② 期間の定めのある労働契約が更新されなかった場合において，使用者は，労働者が更新しなかった理由について証明書を請求したときは，遅滞なくこれを交付しなければならない。

（契約期間についての配慮）

第3条

使用者は，期間の定めのある労働契約（当該契約を1回以上更新し，かつ，雇入れの日から起算して1年を超えて継続勤務している者に係るものに限る。）を更新しようとする場合においては，当該契約の実態及び当該労働者の希望に応じて，契約期間をできる限り長くするよう努めなければならない。

出所／IIについて，厚生労働省パンフレット『労働契約法のあらまし』70頁～72頁

III．労働契約法（平成19年12月5日法律第128号）

第1章　総則

（目的）

第1条

この法律は，労働者及び使用者の自主的な交渉の下で，労働契約が合意により成立し，又は変更されるという合意の原則その他労働契約に関する基本的事項を定めることにより，合理的な労働条件の決定又は変更が円滑に行われるようにすることを通じて，労働者の保護を図りつつ，個別の労働関係の安定に資することを目的とする。

（定義）

第2条

① この法律において「労働者」とは，使用者に使用されて労働し，賃金を支払われる者をいう。

② この法律において「使用者」とは，その使用する労働者に対して賃金を支払

う者をいう。

（労働契約の原則）

第3条

① 労働契約は，労働者及び使用者が対等の立場における合意に基づいて締結し，又は変更すべきものとする。

② 労働契約は，労働者及び使用者が，就業の実態に応じて，均衡を考慮しつつ締結し，又は変更すべきものとする。

③ 労働契約は，労働者及び使用者が仕事と生活の調和にも配慮しつつ締結し，又は変更すべきものとする。

④ 労働者及び使用者は，労働契約を遵守するとともに，信義に従い誠実に，権利を行使し，及び義務を履行しなければならない。

⑤ 労働者及び使用者は，労働契約に基づく権利の行使に当たっては，それを濫用することがあってはならない。

（労働契約の内容の理解の促進）

第4条

① 使用者は，労働者に提示する労働条件及び労働契約の内容について，労働者の理解を深めるようにするものとする。

② 労働者及び使用者は，労働契約の内容（期間の定めのある労働契約に関する事項を含む。）について，できる限り書面により確認するものとする。

（労働者の安全への配慮）

第5条

使用者は，労働契約に伴い，労働者がその生命，身体等の安全を確保しつつ労働することができるよう，必要な配慮をするものとする。

第2章　労働契約の成立及び変更

（労働契約の成立）
第6条
　労働契約は，労働者が使用者に使用されて労働し，使用者がこれに対して賃金を支払うことについて，労働者及び使用者が合意することによって成立する。
第7条
　労働者及び使用者が労働契約を締結する場合において，使用者が合理的な労働条件が定められている就業規則を労働者に周知させていた場合には，労働契約の内容は，その就業規則で定める労働条件によるものとする。ただし，労働契約において，労働者及び使用者が就業規則の内容と異なる労働条件を合意していた部分については，第12条に該当する場合を除き，この限りでない。

（労働契約の内容の変更）
第8条
　労働者及び使用者は，その合意により，労働契約の内容である労働条件を変更することができる。

（就業規則による労働契約の内容の変更）
第9条
　使用者は，労働者と合意することなく，就業規則を変更することにより，労働者の不利益に労働契約の内容である労働条件を変更することはできない。ただし，次条の場合は，この限りでない。
第10条
　使用者が就業規則の変更により労働条件を変更する場合において，変更後の就業規則を労働者に周知させ，かつ，就業規則の変更が，労働者の受ける不利益の程度，労働条件の変更の必要性，変更後の就業規則の内容の相当性，労働組合等との交渉の状況その他の就業規則の変更に係る事情に照らして合理的なものであるときは，労働契約の内容である労働条件は，当該変更後の就業規則に定めるところによるものとする。ただし，労働契約において，労働者及び使用者が就業規

則の変更によっては変更されない労働条件として合意していた部分については，第12条に該当する場合を除き，この限りでない。

(就業規則の変更に係る手続)

第11条

　就業規則の変更の手続に関しては，労働基準法 (昭和22年法律第49号) 第89条及び第90条の定めるところによる。

(就業規則違反の労働契約)

第12条

　就業規則で定める基準に達しない労働条件を定める労働契約は，その部分については，無効とする。この場合において，無効となった部分は，就業規則で定める基準による。

(法令及び労働協約と就業規則との関係)

第13条

　就業規則が法令又は労働協約に反する場合には，当該反する部分については，第7条，第10条及び前条の規定は，当該法令又は労働協約の適用を受ける労働者との間の労働契約については，適用しない。

第3章　労働契約の継続及び終了

(出向)

第14条

　使用者が労働者に出向を命ずることができる場合において，当該出向の命令が，その必要性，対象労働者の選定に係る事情その他の事情に照らして，その権利を濫用したものと認められる場合には，当該命令は，無効とする。

(懲戒)

第15条

　使用者が労働者を懲戒することができる場合において，当該懲戒が，当該懲戒に係る労働者の行為の性質及び態様その他の事情に照らして，客観的に合理的な

理由を欠き，社会通念上相当であると認められない場合は，その権利を濫用したものとして，当該懲戒は，無効とする。
（解雇）
第16条
　解雇は，客観的に合理的な理由を欠き，社会通念上相当であると認められない場合は，その権利を濫用したものとして，無効とする。

第4章　期間の定めのある労働契約

（契約期間中の解雇等）
第17条
①　使用者は，期間の定めのある労働契約（以下この章において「有期労働契約」という。）について，やむを得ない事由がある場合でなければ，その契約期間が満了するまでの間において，労働者を解雇することができない。
②　使用者は，有期労働契約について，その有期労働契約により労働者を使用する目的に照らして，必要以上に短い期間を定めることにより，その有期労働契約を反復して更新することのないよう配慮しなければならない。
（有期労働契約の期間の定めのない労働契約への転換）
第18条
①　同一の使用者との間で締結された二以上の有期労働契約（契約期間の始期の到来前のものを除く。以下この条において同じ。）の契約期間を通算した期間（次項において「通算契約期間」という。）が5年を超える労働者が，当該使用者に対し，現に締結している有期労働契約の契約期間が満了する日までの間に，当該満了する日の翌日から労務が提供される期間の定めのない労働契約の締結の申込みをしたときは，使用者は当該申込みを承諾したものとみなす。この場合において，当該申込みに係る期間の定めのない労働契約の内容である労働条件は，現に締結している有期労働契約の内容である労働条件（契約期間を除く。）と同一の労働条件（当該労働条件（契約期間を除く。）について別段の定めがある部

分を除く。）とする。

② 当該使用者との間で締結された一の有期労働契約の契約期間が満了した日と当該使用者との間で締結されたその次の有期労働契約の契約期間の初日との間にこれらの契約期間のいずれにも含まれない期間（これらの契約期間が連続すると認められるものとして厚生労働省令で定める基準に該当する場合の当該いずれにも含まれない期間を除く。以下この項において「空白期間」という。）があり，当該空白期間が6月（当該空白期間の直前に満了した一の有期労働契約の契約期間（当該一の有期労働契約を含む二以上の有期労働契約の契約期間の間に空白期間がないときは，当該二以上の有期労働契約の契約期間を通算した期間。以下この項において同じ。）が1年に満たない場合にあっては，当該一の有期労働契約の契約期間に2分の1を乗じて得た期間を基礎として厚生労働省令で定める期間）以上であるときは，当該空白期間前に満了した有期労働契約の契約期間は，通算契約期間に算入しない。

（有期労働契約の更新等）

第19条

　有期労働契約であって次の各号のいずれかに該当するものの契約期間が満了する日までの間に労働者が当該有期労働契約の更新の申込みをした場合又は当該契約期間の満了後遅滞なく有期労働契約の締結の申込みをした場合であって，使用者が当該申込みを拒絶することが，客観的に合理的な理由を欠き，社会通念上相当であると認められないときは，使用者は，従前の有期労働契約の内容である労働条件と同一の労働条件で当該申込みを承諾したものとみなす。

一　当該有期労働契約が過去に反復して更新されたことがあるものであって，その契約期間の満了時に当該有期労働契約を更新しないことにより当該有期労働契約を終了させることが，期間の定めのない労働契約を締結している労働者に解雇の意思表示をすることにより当該期間の定めのない労働契約を終了させることと社会通念上同視できると認められること。

二　当該労働者において当該有期労働契約の契約期間の満了時に当該有期労働契約が更新されるものと期待することについて合理的な理由があるものであ

ると認められること。

（期間の定めがあることによる不合理な労働条件の禁止）

第20条

　有期労働契約を締結している労働者の労働契約の内容である労働条件が，期間の定めがあることにより同一の使用者と期間の定めのない労働契約を締結している労働者の労働契約の内容である労働条件と相違する場合においては，当該労働条件の相違は，労働者の業務の内容及び当該業務に伴う責任の程度（以下この条において「職務の内容」という。），当該職務の内容及び配置の変更の範囲その他の事情を考慮して，不合理と認められるものであってはならない。

第5章　雑則

（船員に関する特例）

第21条

①　第12条及び前章の規定は，船員法（昭和22年法律第100号）の適用を受ける船員（次項において「船員」という。）に関しては，適用しない。

②　船員に関しては，第7条中「第12条」とあるのは「船員法（昭和22年法律第100号）第100条」と，第10条中「第12条」とあるのは「船員法第100条」と，第11条中「労働基準法（昭和22年法律第49号）第89条及び第90条」とあるのは「船員法第97条及び第98条」と，第13条中「前条」とあるのは「船員法第100条」とする。

（適用除外）

第22条

①　この法律は，国家公務員及び地方公務員については，適用しない。

②　この法律は，使用者が同居の親族のみを使用する場合の労働契約については，適用しない。

附則

（施行期日）

第1条

　この法律は，公布の日から起算して3月を超えない範囲内において政令で定める日（平成20・3・1―平成20政10）から施行する。

附則（平成24・8・10法56）

（施行期日）

①　この法律は，公布の日から施行する。ただし，第2条（労働契約法の一部改正）並びに次項及び附則第3項の規定は，公布の日から起算して1年を超えない範囲内において政令で定める日（平成25・4・11―平成24政267）から施行する。

（経過措置）

②　第2条の規定による改正後の労働契約法（以下「新労働契約法」という。）第18条の規定は，前項ただし書に規定する規定の施行の日以後の日を契約期間の初日とする期間の定めのある労働契約について適用し，同項ただし書に規定する規定の施行の日前の日が初日である期間の定めのある労働契約の契約期間は，同条第1項に規定する通算契約期間には，算入しない。

（検討）

③　政府は，附則第1項ただし書に規定する規定の施行後8年を経過した場合において，新労働契約法第18条の規定について，その施行の状況を勘案しつつ検討を加え，必要があると認めるときは，その結果に基づいて必要な措置を講ずるものとする。

労働契約法の施行について（抜粋）

平成24年8月10日基発0810第2号（平成24年10月26日一部改正）

第5 期間の定めのある労働契約（法第4章関係）

1 総論

　期間の定めのある労働契約（以下「有期労働契約」という。）については，使用者のみならず労働者のニーズもあることから，有期労働契約が良好な雇用形態となるようにすることが重要であるが，その実態をみると，契約の終了場面において紛争がみられるところである。有期労働契約の予期せぬ終了は，有期労働契約により労働する労働者（以下「有期契約労働者」という。）への影響が大きいことから，有期労働契約の終了場面における紛争を防止する必要がある。

　このため，法第17条において，契約期間中の解雇及び契約期間についての配慮について規定することにより，有期労働契約の終了場面に関するルールを明らかにしたものであること。

　また，有期労働契約は，パート労働，派遣労働を始め，いわゆる正社員以外の多くの労働形態に共通してみられる特徴になっているが，有期労働契約の反復更新の下で生じる雇止めに対する不安を解消していくことや，期間の定めがあることによる不合理な労働条件を是正していくことが課題となっていることに対処し，労働者が安心して働き続けることができる社会を実現するため，有期労働契約の適正な利用のためのルールを整備するものとして，法第18条から第20条までの規定が設けられたものであること。

2 契約期間中の解雇（法第17条第1項関係）

（1）趣旨

有期契約労働者の実態をみると、契約期間中の雇用保障を期待している者が多くみられるところである。この契約期間中の雇用保障に関しては、民法第628条において、「当事者が雇用の期間を定めた場合であっても、やむを得ない事由があるときは、各当事者は、直ちに契約の解除をすることができる」ことが規定されているが、「やむを得ない事由があるとき」に該当しない場合の取扱いについては、同条の規定からは明らかでない。

このため、法第17条第1項において、「やむを得ない事由があるとき」に該当しない場合は解雇することができないことを明らかにしたものであること。

（2）内容

ア 法第17条第1項は、使用者は、やむを得ない事由がある場合でなければ、契約期間中は有期契約労働者を解雇することができないことを規定したものであること。

イ 法第17条第1項の「やむを得ない事由」があるか否かは、個別具体的な事案に応じて判断されるものであるが、契約期間は労働者及び使用者が合意により決定したものであり、遵守されるべきものであることから、「やむを得ない事由」があると認められる場合は、解雇権濫用法理における「客観的に合理的な理由を欠き、社会通念上相当であると認められない場合」以外の場合よりも狭いと解されるものであること。

ウ 契約期間中であっても一定の事由により解雇することができる旨を労働者及び使用者が合意していた場合であっても、当該事由に該当することをもって法第17条第1項の「やむを得ない事由」があると認められるものではなく、実際に行われた解雇について「やむを得ない事由」があるか否かが個別具体的な事案に応じて判断されるものであること。

エ 法第17条第1項は、「解雇することができない」旨を規定したものである

ことから，使用者が有期労働契約の契約期間中に労働者を解雇しようとする場合の根拠規定になるものではなく，使用者が当該解雇をしようとする場合には，従来どおり，民法第628条が根拠規定となるものであり，「やむを得ない事由」があるという評価を基礎付ける事実についての主張立証責任は，使用者側が負うものであること。

3 契約期間についての配慮（法第17条第2項関係）

（1）趣旨

　有期労働契約については，短期間の契約が反復更新された後に雇止めされることによる紛争がみられるところであるが，短期間の有期労働契約を反復更新するのではなく，当初からその有期契約労働者を使用しようとする期間を契約期間とする等により全体として契約期間が長期化することは，雇止めに関する紛争の端緒となる契約更新の回数そのものを減少させ，紛争の防止に資するものである。
　このため，法第17条第2項において，その有期労働契約により労働者を使用する目的に応じて適切に契約期間を設定するよう，使用者は配慮しなければならないことを規定したものであること。

（2）内容

ア　使用者が有期労働契約により労働者を使用する目的は，臨時的・一時的な業務の増加に対応するもの，一定期間を要する事業の完成のためのもの等様々であるが，法第17条第2項は，当該目的に照らして必要以上に短い契約期間を設定し，その契約を反復して更新しないよう使用者は配慮しなければならないことを明らかにしたものであること。
　例えば，ある労働者について，使用者が一定の期間にわたり使用しようとする場合には，その一定の期間において，より短期の有期労働契約を反復更新するのではなく，その一定の期間を契約期間とする有期労働契約を締結するよう配慮しなければならないものであること。

イ　法第17条第2項の「その労働契約により労働者を使用する目的に照らして，必要以上に短い期間」に該当するか否かは，個別具体的な事案に応じて判断されるものであり，同項は，契約期間を特定の長さ以上の期間とすることまでを求めているものではないこと。

4　有期労働契約の期間の定めのない労働契約への転換（法第18条関係）

（1）趣旨

　有期労働契約（期間の定めのある労働契約をいう。以下同じ。）については，契約期間の満了時に当該有期労働契約が更新されずに終了する場合がある一方で，労働契約が反復更新され，長期間にわたり雇用が継続する場合も少なくない。こうした中で，有期契約労働者（有期労働契約を締結している労働者をいう。以下同じ。）については，雇止め（使用者が有期労働契約の更新を拒否することをいう。以下同じ。）の不安があることによって，年次有給休暇の取得など労働者としての正当な権利行使が抑制されるなどの問題が指摘されている。

　こうした有期労働契約の現状を踏まえ，法第18条において，有期労働契約が5年を超えて反復更新された場合は，有期契約労働者の申込みにより期間の定めのない労働契約（以下「無期労働契約」という。）に転換させる仕組み（以下「無期転換ルール」という。）を設けることにより，有期労働契約の濫用的な利用を抑制し労働者の雇用の安定を図ることとしたものであること。

（2）内容

ア　法第18条第1項は，同一の使用者との間で締結された2以上の有期労働契約の契約期間を通算した期間（以下「通算契約期間」という。）が5年を超える有期契約労働者が，使用者に対し，現に締結している有期労働契約の契約期間が満了する日までの間に，無期労働契約の締結の申込みをしたときは，使用者が当該申込みを承諾したものとみなされ，現に締結している有期労働契約の契約期間が満了する日の翌日から労務が提供される無期労働契約が成立することを規定し

たものであること。

イ　法第18条第1項の「同一の使用者」は，労働契約を締結する法律上の主体が同一であることをいうものであり，したがって，事業場単位ではなく，労働契約締結の法律上の主体が法人であれば法人単位で，個人事業主であれば当該個人事業主単位で判断されるものであること。

　ただし，使用者が，就業実態が変わらないにもかかわらず，法第18条第1項に基づき有期契約労働者が無期労働契約への転換を申し込むことができる権利（以下「無期転換申込権」という。）の発生を免れる意図をもって，派遣形態や請負形態を偽装して，労働契約の当事者を形式的に他の使用者に切り替えた場合は，法を潜脱するものとして，同項の通算契約期間の計算上「同一の使用者」との労働契約が継続していると解されるものであること。

　なお，派遣労働者の場合は，労働契約の締結の主体である派遣元事業主との有期労働契約について法第18条第1項の通算契約期間が計算されるものであること。

ウ　無期転換申込権は，「二以上の有期労働契約」の通算契約期間が5年を超える場合，すなわち更新が1回以上行われ，かつ，通算契約期間が5年を超えている場合に生じるものであること。したがって，労働基準法第14条第1項の規定により一定の事業の完了に必要な期間を定めるものとして締結が認められている契約期間が5年を超える有期労働契約が締結されている場合，一度も更新がないときは，法第18条第1項の要件を満たすことにはならないこと。

エ　無期転換申込権は，当該契約期間中に通算契約期間が5年を超えることとなる有期労働契約の契約期間の初日から当該有期労働契約の契約期間が満了する日までの間に行使することができるものであること。

　なお，無期転換申込権が生じている有期労働契約の契約期間が満了する日までの間に無期転換申込権を行使しなかった場合であっても，再度有期労働契約が更新された場合は，新たに無期転換申込権が発生し，有期契約労働者は，更新後の有期労働契約の契約期間が満了する日までの間に，無期転換申込権を行使することが可能であること。

オ　無期転換申込権が発生する有期労働契約の締結以前に，無期転換申込権を行使しないことを更新の条件とする等有期契約労働者にあらかじめ無期転換申込権を放棄させることを認めることは，雇止めによって雇用を失うことを恐れる労働者に対して，使用者が無期転換申込権の放棄を強要する状況を招きかねず，法第18条の趣旨を没却するものであり，こうした有期契約労働者の意思表示は，公序良俗に反し，無効と解されるものであること。

カ　法第18条第1項の規定による無期労働契約への転換は期間の定めのみを変更するものであるが，同項の「別段の定め」をすることにより，期間の定め以外の労働条件を変更することは可能であること。この「別段の定め」は，労働協約，就業規則及び個々の労働契約（無期労働契約への転換に当たり従前の有期労働契約から労働条件を変更することについての有期契約労働者と使用者との間の個別の合意）をいうものであること。

　この場合，無期労働契約への転換に当たり，職務の内容などが変更されないにもかかわらず，無期転換後における労働条件を従前よりも低下させることは，無期転換を円滑に進める観点から望ましいものではないこと。

　なお，就業規則により別段の定めをする場合においては，法第18条の規定が，法第7条から第10条までに定められている就業規則法理を変更することになるものではないこと。

キ　有期契約労働者が無期転換申込権を行使することにより，現に締結している有期労働契約の契約期間が満了する日の翌日から労務が提供される無期労働契約がその行使の時点で成立していることから，現に締結している有期労働契約の契約期間が満了する日をもって当該有期契約労働者との契約関係を終了させようとする使用者は，無期転換申込権の行使により成立した無期労働契約を解約（解雇）する必要があり，当該解雇が法第16条に規定する「客観的に合理的な理由を欠き社会通念上相当であると認められない場合」には，権利濫用に該当するものとして無効となること。

　また，現に締結している有期労働契約の契約期間が満了する日前に使用者が当該有期契約労働者との契約関係を終了させようとする場合は，これに加えて，当

該有期労働契約の契約期間中の解雇であり法第17条第1項の適用があること。

なお、解雇については当然に労働基準法第20条の解雇予告等の規定の適用があるものであること。

ク　有期労働契約の更新時に、所定労働日や始業終業時刻等の労働条件の定期的変更が行われていた場合に、無期労働契約への転換後も従前と同様に定期的にこれらの労働条件の変更を行うことができる旨の別段の定めをすることは差し支えないと解されること。

また、無期労働契約に転換した後における解雇については、個々の事情により判断されるものであるが、一般的には、勤務地や職務が限定されている等労働条件や雇用管理がいわゆる正社員と大きく異なるような労働者については、こうした限定等の事情がない、いわゆる正社員と当然には同列に扱われることにならないと解されること。

ケ　法第18条第2項は、同条第1項の通算契約期間の計算に当たり、有期労働契約が不存在の期間（以下「無契約期間」という。）が一定以上続いた場合には、当該通算契約期間の計算がリセットされること（いわゆる「クーリング」）について規定したものであること。

法及び「労働契約法第十八条第一項の通算契約期間に関する基準を定める省令」（平成24年厚生労働省令第148号。以下「基準省令」という。）の規定により、同一の有期契約労働者と使用者との間で、1か月以上の無契約期間を置いて有期労働契約が再度締結された場合であって、当該無契約期間の長さが次の①、②のいずれかに該当するときは、当該無契約期間は法第18条第2項の空白期間に該当し、当該空白期間前に終了している全ての有期労働契約の契約期間は、同条第1項の通算契約期間に算入されない（クーリングされる）こととなること。

なお、無契約期間の長さが1か月に満たない場合は、法第18条第2項の空白期間に該当することはなく、クーリングされないこと（基準省令第2条。シ参照）。

①　6か月以上である場合
②　その直前の有期労働契約の契約期間（複数の有期労働契約が間を置かず

に連続している場合又は基準省令第1条第1項で定める基準に該当し連続
　　するものと認められる場合にあっては，それらの有期労働契約の契約期間の
　　合計）が1年未満の場合にあっては，その期間に2分の1を乗じて得た期
　　間（1か月未満の端数は1か月に切り上げて計算する。）以上である場合
コ　基準省令第1条第1項は，法第18条第2項の「契約期間が連続すると認め
　られるものとして厚生労働省令で定める基準」を規定したものであること。具体
　的には，次の①から③までのとおりであること。
　　なお，ケ①のとおり，6か月以上の空白期間がある場合には当該空白期間前に
　終了している全ての有期労働契約の契約期間は通算契約期間に算入されない。こ
　のため，通算契約期間の算定に当たり，基準省令第1条第1項で定める基準に
　照らし連続すると認められるかどうかの確認が必要となるのは，労働者が無期転
　換の申込みをしようとする日から遡って直近の6か月以上の空白期間後の有期
　労働契約についてであること。
　①　最初の雇入れの日後最初に到来する無契約期間から順次，無契約期間と
　　その前にある有期労働契約の契約期間の長さを比較し，当該契約期間に2
　　分の1を乗じて得た期間よりも無契約期間の方が短い場合には，無契約期
　　間の前後の有期労働契約が「連続すると認められるもの」となり，前後の有
　　期労働契約の契約期間を通算すること。
　②　①において，無契約期間の前にある有期労働契約が他の有期労働契約と
　　間を置かずに連続している場合，又は基準省令第1条第1項で定める基準
　　に該当し連続すると認められるものである場合については，これら連続し
　　ている又は連続すると認められる全ての有期労働契約の契約期間を通算した期
　　間と，無契約期間の長さとを比較すること。
　③　基準省令第1条第1項各号の「二分の一を乗じて得た期間」の計算に
　　おいて，1か月に満たない端数を生じた場合は，1か月単位に切り上げて計
　　算した期間とすること。また，「二分の一を乗じて得た期間」が6か月を超
　　える場合は，無契約期間が6か月未満のときに前後の有期労働契約が連続
　　するものとして取り扱うこと。

表 1

有期労働契約の契約期間 （②に該当する場合は通算した期間）	無契約期間
2か月以下	1か月未満
2か月超〜4か月以下	2か月未満
4か月超〜6か月以下	3か月未満
6か月超〜8か月以下	4か月未満
8か月超〜10か月以下	5か月未満
10か月超〜	6か月未満

　　すなわち，次の表〔**表 1**―編集部注〕の左欄に掲げる有期労働契約の契約期間（②に該当する場合は通算後の期間）の区分に応じ，無契約期間がそれぞれ同表の右欄に掲げる長さのものであるときは，当該無契約期間の前後の有期労働契約が連続すると認められるものとなること。

　　①から③までの説明を図示すると，別紙〔資料2末尾の**表 3**―編集部注〕のとおりであること。

サ　基準省令第1条第2項は，同条第1項で定める基準に該当し無契約期間の前後の有期労働契約を通算する際に，1か月に満たない端数がある場合には，30日をもって1か月とすることを規定したものであること。

　　また，1か月の計算は，暦に従い，契約期間の初日から起算し，翌月の応当日の前日をもって1か月とすること。具体例を示すと次のとおりであること。

　　前の契約　平成25年4月5日〜同年7月15日（3か月＋11日）
　　次の契約　平成25年8月3日〜同年10月1日（1か月＋29日）の場合
　　（3か月＋11日）＋（1か月＋29日）
　＝4か月＋40日
　＝5か月＋10日　として，コ③の表〔**表 1**―編集部注〕に当てはめ，無契約期間が3か月未満であるときは前後の有期労働契約が連続すると認めら

表2

有期労働契約の契約期間	空白期間
2か月以下	1か月以上
2か月超～4か月以下	2か月以上
4か月超～6か月以下	3か月以上
6か月超～8か月以下	4か月以上
8か月超～10か月以下	5か月以上
10か月超～1年未満	6か月以上

れる。

　なお，法第18条第1項の通算契約期間の計算においても，これと同様に計算すべきものと解されること。

シ　基準省令第2条は，法第18条第2項の「二分の一を乗じて得た期間を基礎として厚生労働省令で定める期間」を規定したものであること。

　具体的には，コ③と同様，1か月に満たない端数を生じた場合は，1か月単位に切り上げて計算した期間とすること。すなわち，次の表〔**表2**―編集部注〕の左欄に掲げる有期労働契約の契約期間の区分に応じ，空白期間がそれぞれ同表の右欄に掲げる長さのものであるときは，当該空白期間前に満了した有期労働契約の契約期間は，通算契約期間に算入しない（クーリングされる）こととなること。

5　有期労働契約の更新等（法第19条（平成25年4月1日前は法第18条。以下同じ。）関係）

（1）趣旨

　有期労働契約は契約期間の満了によって終了するものであるが，契約が反復更

新された後に雇止めされることによる紛争がみられるところであり，有期労働契約の更新等に関するルールをあらかじめ明らかにすることにより，雇止めに際して発生する紛争を防止し，その解決を図る必要がある。

このため，法第 19 条において，最高裁判所判決で確立している雇止めに関する判例法理（いわゆる雇止め法理）を規定し，一定の場合に雇止めを認めず，有期労働契約が締結又は更新されたものとみなすこととしたものであること。

（2）内容
ア　法第 19 条は，有期労働契約が反復して更新されたことにより，雇止めをすることが解雇と社会通念上同視できると認められる場合（同条第 1 号），又は労働者が有期労働契約の契約期間の満了時にその有期労働契約が更新されるものと期待することについて合理的な理由が認められる場合（同条第 2 号）に，使用者が雇止めをすることが，客観的に合理的な理由を欠き，社会通念上相当であると認められないときは，雇止めは認められず，したがって，使用者は，従前の有期労働契約と同一の労働条件で労働者による有期労働契約の更新又は締結の申込みを承諾したものとみなされ，有期労働契約が同一の労働条件（契約期間を含む。）で成立することとしたものであること。

イ　法第 19 条は，次に掲げる最高裁判所判決で確立している雇止めに関する判例法理（いわゆる雇止め法理）の内容や適用範囲を変更することなく規定したものであること。

法第 19 条第 1 号は，有期労働契約が期間の満了毎に当然更新を重ねてあたかも期間の定めのない契約と実質的に異ならない状態で存在していた場合には，解雇に関する法理を類推すべきであると判示した東芝柳町工場事件最高裁判決（最高裁昭和 49 年 7 月 22 日第一小法廷判決）の要件を規定したものであること。

また，法第 19 条第 2 号は，有期労働契約の期間満了後も雇用関係が継続されるものと期待することに合理性が認められる場合には，解雇に関する法理が類推されるものと解せられると判示した日立メディコ事件最高裁判決（最高裁昭和 61 年 12 月 4 日第一小法廷判決）の要件を規定したものであること。

ウ　法第19条第1号又は第2号の要件に該当するか否かは，これまでの裁判例と同様，当該雇用の臨時性・常用性，更新の回数，雇用の通算期間，契約期間管理の状況，雇用継続の期待をもたせる使用者の言動の有無などを総合考慮して，個々の事案ごとに判断されるものであること。

　なお，法第19条第2号の「満了時に」は，雇止めに関する裁判例における判断と同様，「満了時」における合理的期待の有無は，最初の有期労働契約の締結時から雇止めされた有期労働契約の満了時までの間におけるあらゆる事情が総合的に勘案されることを明らかにするために規定したものであること。したがって，いったん，労働者が雇用継続への合理的な期待を抱いていたにもかかわらず，当該有期労働契約の契約期間の満了前に使用者が更新年数や更新回数の上限などを一方的に宣言したとしても，そのことのみをもって直ちに同号の該当性が否定されることにはならないと解されるものであること。

エ　法第19条の「更新の申込み」及び「締結の申込み」は，要式行為ではなく，使用者による雇止めの意思表示に対して，労働者による何らかの反対の意思表示が使用者に伝わるものでもよいこと。

　また，雇止めの効力について紛争となった場合における法第19条の「更新の申込み」又は「締結の申込み」をしたことの主張・立証については，労働者が雇止めに異議があることが，例えば，訴訟の提起，紛争調整機関への申立て，団体交渉等によって使用者に直接又は間接に伝えられたことを概括的に主張立証すればよいと解されるものであること。

オ　法第19条の「遅滞なく」は，有期労働契約の契約期間の満了後であっても，正当な又は合理的な理由による申込みの遅滞は許容される意味であること。

6　期間の定めがあることによる不合理な労働条件の禁止（法第20条関係）

(1)　趣旨

　有期契約労働者については，期間の定めのない労働契約を締結している労働者

（以下「無期契約労働者」という。）と比較して，雇止めの不安があることによって合理的な労働条件の決定が行われにくいことや，処遇に対する不満が多く指摘されていることを踏まえ，有期労働契約の労働条件を設定する際のルールを法律上明確化する必要がある。

このため，有期契約労働者の労働条件と無期契約労働者の労働条件が相違する場合において，期間の定めがあることによる不合理な労働条件を禁止するものとしたものであること。

（2）内容
ア 法第20条は，有期契約労働者の労働条件が期間の定めがあることにより無期契約労働者の労働条件と相違する場合，その相違は，職務の内容（労働者の業務の内容及び当該業務に伴う責任の程度をいう。以下同じ。），当該職務の内容及び配置の変更の範囲その他の事情を考慮して，有期契約労働者にとって不合理と認められるものであってはならないことを明らかにしたものであること。

したがって，有期契約労働者と無期契約労働者との間で労働条件の相違があれば直ちに不合理とされるものではなく，法第20条に列挙されている要素を考慮して「期間の定めがあること」を理由とした不合理な労働条件の相違と認められる場合を禁止するものであること。

イ 法第20条の「労働条件」には，賃金や労働時間等の狭義の労働条件のみならず，労働契約の内容となっている災害補償，服務規律，教育訓練，付随義務，福利厚生等労働者に対する一切の待遇を包含するものであること。

ウ 法第20条の「同一の使用者」は，労働契約を締結する法律上の主体が同一であることをいうものであり，したがって，事業場単位ではなく，労働契約締結の法律上の主体が法人であれば法人単位で，個人事業主であれば当該個人事業主単位で判断されるものであること。

エ 法第20条の「労働者の業務の内容及び当該業務に伴う責任の程度」は，労働者が従事している業務の内容及び当該業務に伴う責任の程度を，「当該職務の内容及び配置の変更の範囲」は，今後の見込みも含め，転勤，昇進といった人事

異動や本人の役割の変化等（配置の変更を伴わない職務の内容の変更を含む。）の有無や範囲を指すものであること。「その他の事情」は，合理的な労使の慣行などの諸事情が想定されるものであること。

例えば，定年後に有期労働契約で継続雇用された労働者の労働条件が定年前の他の無期契約労働者の労働条件と相違することについては，定年の前後で職務の内容，当該職務の内容及び配置の変更の範囲等が変更されることが一般的であることを考慮すれば，特段の事情がない限り不合理と認められないと解されるものであること。

オ　法第20条の不合理性の判断は，有期契約労働者と無期契約労働者との間の労働条件の相違について，職務の内容，当該職務の内容及び配置の変更の範囲その他の事情を考慮して，個々の労働条件ごとに判断されるものであること。とりわけ，通勤手当，食堂の利用，安全管理などについて労働条件を相違させることは，職務の内容，当該職務の内容及び配置の変更の範囲その他の事情を考慮して特段の理由がない限り合理的とは認められないと解されるものであること。

カ　法第20条は，民事的効力のある規定であること。法第20条により不合理とされた労働条件の定めは無効となり，故意・過失による権利侵害，すなわち不法行為として損害賠償が認められ得ると解されるものであること。また，法第20条により，無効とされた労働条件については，基本的には，無期契約労働者と同じ労働条件が認められると解されるものであること。

キ　法第20条に基づき民事訴訟が提起された場合の裁判上の主張立証については，有期契約労働者が労働条件が期間の定めを理由とする不合理なものであることを基礎づける事実を主張立証し，他方で使用者が当該労働条件が期間の定めを理由とする合理的なものであることを基礎づける事実の主張立証を行うという形でなされ，同条の司法上の判断は，有期契約労働者及び使用者双方が主張立証を尽くした結果が総体としてなされるものであり，立証の負担が有期契約労働者側に一方的に負わされることにはならないと解されるものであること。

表3／労働契約法第18条第1項の通算契約期間に関する基準を定める省令第1条第1項について

```
   1      2      3      4      5           n-1     n
  ┌┐    ┌┐    ┌┐    ┌┐    ┌┐          ┌┐    ┌┐
  ││    ││    ││    ││    ││  ……      ││    ││
  ↑     ①     ②     ③     ④            (n-1)  ↑
最初の   第一    第二    第三    第四          第n-1   現在の
雇入れ日 無契約  無契約  無契約  無契約        無契約   契約
        期間    期間    期間    期間          期間
```

号	無契約期間の位置		次の基準を満たすときは，左欄の無契約期間の前後の有期労働契約が連続すると認められる
一	①（最初の雇入れの日後最初に到来する無契約期間）		①の期間が，**1**に2分の1を乗じて得た期間（★）未満であるときは，**1**と**2**が連続すると認められる。
二	②		次に掲げる場合に応じ，それぞれ次に定めるものであるときは，**2**と**3**が連続すると認められる。
	イ	**1**と**2**が連続すると認められる場合	②の期間が，（**1**＋**2**）に2分の1を乗じて得た期間（★）未満であること。
	ロ	イに掲げる場合以外の場合	②の期間が，**2**に2分の1を乗じて得た期間（★）未満であること。
三	③		次に掲げる場合に応じ，それぞれ次に定めるものであるときは，**3**と**4**が連続すると認められる。
	イ	**3**以前の全ての有期労働契約が連続すると認められる場合	③の期間が，（**1**＋**2**＋**3**）に2分の1を乗じて得た期間（★）未満であること。
	ロ	**2**と**3**が連続すると認められる場合	③の期間が，（**2**＋**3**）に2分の1を乗じて得た期間（★）未満であること。
	ハ	イ又はロに掲げる場合以外の場合	③の期間が，**3**に2分の1を乗じて得た期間（★）未満であること。
四	④以降の無契約期間		当該無契約期間が，前三号の例により計算して得た期間未満であること。

※ ★印は「6か月を超えるときは6か月とし，1か月に満たない端数を生じたときは，これを1か月として計算した期間とする。」の略。

資料／3

有期労働契約研究会 報告書

平成22年9月10日

目次
　はじめに
　第1　総論的事項
　　　1　現状と課題
　　　2　検討に当たっての基本的考え方
　　　3　検討に当たっての留意事項
　第2　締結事由の規制，更新回数や利用可能期間に係るルール，
　　　雇止め法理（解雇権濫用法理の類推適用の法理）の明確化
　　　1　基本的考え方
　　　2　締結事由の規制
　　　3　更新回数や利用可能期間に係るルール
　　　4　雇止め法理（解雇権濫用法理の類推適用の法理）の明確化
　第3　労働条件明示等の契約締結時の手続に関連する課題
　　　1　契約締結時の明示事項等
　　　2　契約期間について書面明示がなされなかった場合の効果
　第4　有期労働契約の終了（雇止め等）に関する課題
　　　1　契約期間の設定
　　　2　雇止めの予告等
　　　3　雇止め後の生活安定等
　第5　均衡待遇，正社員への転換等
　　　1　基本的な考え方
　　　2　均衡待遇など公正な待遇
　　　3　正社員への転換等
　第6　1回の契約期間の上限，その他
　　　1　平成15年労働基準法改正の影響等
　　　2　暫定措置についての取扱い

はじめに

　期間を定めて締結される労働契約（以下「有期労働契約」という。）は，我が国の雇用システムにおいて労使のニーズに対応する雇用形態の一つとして用いられており，また，これに関する法制としては労働基準法の1回の契約期間の上限に係る規制，労働契約法の期間途中の解雇に係るルールや民法（雇用の節）の5年経過後の契約解除等に係るルール等が存在するところである。

　有期労働契約については，労働基準法の一部を改正する法律（平成15年法律第104号）附則第3条に基づき契約期間等について検討することとされているほか，労働契約法の制定に関わる労働政策審議会答申「今後の労働契約法制及び労働時間法制の在り方について（報告）」（平成18年12月27日）において，「就業構造全体に及ぼす影響も考慮し，有期労働契約が良好な雇用形態として活用されるようにするという観点も踏まえつつ，引き続き検討することが適当」とされている。

　本研究会は，厚生労働省労働基準局長の委嘱を受けて，平成21年2月以降，有期労働契約に係る施策の方向性について18回にわたって検討を行ってきた。検討に当たっては，まず，事業所及び有期契約労働者を対象とした実態調査，労使その他の関係者からのヒアリングを行うとともに，外国法制に関し専門家からの報告を聞き，意見交換を行った。その上でこれらの実態等を踏まえて，総論，有期労働契約の範囲，通常の労働者との処遇の均衡等，契約の更新・雇止め等の項目にわたり設定した論点項目に従って，議論を重ね，本年3月には，それまでの検討状況を中間的に整理した中間取りまとめを公表した。

　中間取りまとめ公表後は，労使関係者からも意見を聴くとともに，諸外国の事例の研究等を踏まえて，さらに議論を深めてきたところであり，今般その議論の成果を報告書として取りまとめた。

　本研究会としては，今後，本報告書を受けて，有期労働契約のルールの在り方の議論が更に深められることを期待するものである。

第1 総論的事項

1 現状と課題

　我が国企業における雇用は，いわゆる正社員（使用者から直接雇用され，労働契約期間の定めがなく，フルタイムで長期雇用を前提とした待遇を受ける者などの，いわゆる正規型の労働者をいうこととする。以下同じ。）を中心とした長期雇用システムを基本としてきた。一方で，有期契約労働者は，企業にとっては，需要変動等の場合の雇用調整を弾力的に行うことや人件費を削減することを目的として，あるいは社内で得ることが困難な専門的な人材を必要とされる期間受け入れるなどのため，また，労働者にとっては，パートタイム労働（契約期間の定めがあることが多い。）の場合に典型的に見られるように，勤務地や責任の度合い等の点で家庭責任の状況など自らの都合に合った働き方の選択肢の一つなどとして，労使の多様なニーズにより用いられてきた。

　特に，近年は，企業の生産技術等の変化，国際競争の激化，需給の変化の加速化等の中で雇用調整等に備え活用する企業ニーズが高まっている。企業が有期契約労働者を活用する理由として，「人件費を低く抑える」と「業務量の中長期的な変動に対応するため」がそれぞれ約4割を占めることからもうかがえる[1]。また，労働者の意識の多様化等により，就業形態の多様化が進行している。こうした事情から，有期契約労働者の数を総務省「労働力調査（基本集計）」における「臨時雇（1ヶ月以上1年以内の期間を定めて雇われている者）」「日雇（日々又は1ヶ月未満の契約で雇われている者）」の合計で見たとき，昭和60（1985）年

---

[1]「平成21年有期労働契約に関する実態調査（事業所調査）（以下「実態調査（事業所）」という。）」によれば，企業が有期契約労働者を活用する理由（複数回答3つまで）として，「人件費を低く抑えるため」（37.7%）と同水準の38.9%を「業務量の中長期的な変動に対応するため」が占めている。また，「就業形態の多様化に関する総合実態調査」（平成11年，平成15年）によれば，企業が契約社員を活用する理由として「景気変動に応じた雇用量調節」を挙げる割合は平成11年より15年の方が高くなっている。

の437万人から平成21（2009）年には751万人（雇用者総数の13.8%）に量的に増加[2]し，また，特にこの間の平成12（2000）年から3年ほどその増加のピッチが上昇した後，高止まりしている。その中には，新卒就職が特に厳しい時期，いわゆる就職氷河期に正社員を希望しつつも正社員としての職を得られないままやむを得ず就いた有期契約労働者等の非正規労働者に，その後もとどまったままの者も多数存在しているものと考えられる。こうした就業に関する労働者本人の希望や意見を含めて眺めれば，有期契約労働者は，多様さの度合いを更に増しているものと言えよう。

また，勤務の実態をみると，企業としては，有期契約労働者について，特段の支障のない限り継続雇用する方針にあるものも少なくなく，実態調査（事業所）によれば，約7割の事業所が雇止めを行ったことがないとしている。結果として，雇用する労働者について，平均の契約更新回数が11回以上とする事業所や平均の勤続年数が10年超とする事業所も1割程度見られるなど，一時的・臨時的ではない仕事についても有期労働契約の反復更新で対応している実態も見られる[3]。

一方，我が国の現行法制を見ると，労働基準法の1回の契約期間の上限，労働契約法の有期労働契約に係る期間途中の解雇に係るルール等はあるが，労働契約について期間の定めのない契約（以下「無期労働契約」という。）を原則とす

---

[2] 総務省「労働力調査（基本集計）」においては，「従業上の地位」として雇用者を「常雇（1年を超える又は雇用期間を定めない契約で雇われている者）」「臨時雇」「日雇」の3区分で調査を行っているため，「臨時雇」「日雇」の合計数である，751万人（平成21年）はあくまで1年以内の契約期間で働く有期契約労働者の数であり，1年を超える契約期間で働く有期契約労働者の数は含まれず，かつ，その数を把握することはできない。このほか，有期契約労働者数の全数を把握する調査は存在しないが，総務省「労働力調査（基本集計）」の雇用者数5,460万人（平成21年）に「実態調査（事業所）」における常用労働者に占める有期契約労働者の割合（22.2%）を乗じることにより，推計（1,212万人）する方法もあり得るが，2つの調査では，母集団，サンプル構成，調査項目の定義は異なっており，大まかな推計にとどまる点に留意する必要がある。
[3] 「実態調査（事業所）」によれば，過去3年間に雇止めを行ったことがないとした事業所が69.4%，契約更新回数が11回以上とする事業所が14.7%，勤続年数が10年超とする事業所が9.1%となっている。

る旨を定めている規定はなく，有期労働契約の締結事由や更新回数や利用可能期間を限定している規定もない。また，労働契約の終了の局面では，無期労働契約における解雇については，解雇権濫用法理が判例上定着し[4]，それが労働契約法に規定されるに至っているが，有期労働契約における雇止め一般は，契約期間の満了の当然の帰結であり，解雇のような法規制には服していない。ただし，有期労働契約のうち無期労働契約と実質的に異ならない状態に至っていると認められる等一定のものの雇止めについては，解雇権濫用法理が類推適用されるとする判例法理（雇止め法理）が形成されている[5]。こうした中，OECDからは，我が国においては，正規労働者に強度の雇用保障がある一方で，非正規労働者の雇用保護は実際には弱く「労働市場の二重性」が見られるとの指摘もなされている[6]。

　一方で，有期労働契約の雇止めに関する判例法理の形成に続いて，労働基準法に基づき策定された「有期労働契約の締結，更新及び雇止めに関する基準（平成15年厚生労働省告示第357号）」（以下「大臣告示」という。）により，労働基準法第15条に定める明示事項等を超えた契約内容の明示，雇止め予告等に関するルール作りがなされてきている。このように，我が国では，法の規制は最低限のものとしつつも，紛争が生じた場合には，無期労働契約の保護との均衡等の見地から，無期労働契約に係るルールを準用するなどの形で対処がなされてきたものと見られよう。

　最近生じている実態を見れば，平成20年末以降，雇用情勢が急激に悪化する

---

[4] 判例上定着した解雇権濫用法理は，現在，労働契約法第16条において，「解雇は，客観的に合理的な理由を欠き，社会通念上相当であると認められない場合は，その権利を濫用したものとして，無効とする。」として，法定化されている。
[5] 有期労働契約であっても，期間の定めのない契約と実質的に異ならない状態に至っている契約である場合や，反復更新の実態，契約締結時の経緯等から雇用継続への合理的期待が認められる場合は，更新拒否（雇止め）について，解雇権濫用法理の類推適用がなされるというものであり，「雇止め法理」とも呼ばれる。（東芝柳町工場事件（昭和49年7月22日最高裁第一小法廷判決），日立メディコ事件（昭和61年12月4日最高裁第一小法廷判決）等参照）
[6] OECD「対日審査報告書2008」

過程で、いわゆる「非正規切り」など有期契約労働者の雇用不安が大きな問題となった。「いつ解雇や雇止めされるかわからないから」不満とする者は有期契約労働者全体の41.1%に上っており、雇止めに係る紛争も増加している[7]。加えて、賃金の水準が低いなどその労働条件が正社員より低位にあり、働きや貢献に照らしてもバランスを欠いたものとなっていることが一般に指摘されている[8]。現在、我が国の景気は、着実に持ち直してきており、自律的回復への基盤が整いつつあるが、失業率が高水準にあるなど、依然として厳しい状況にあり、先行きについては、当面、雇用情勢に厳しさが残ると見られている。このように、有期契約労働者にとって雇用の不安定さは、依然として大きな課題である。

また、我が国は、平成17年から人口減少に転じ、平成21年には労働力人口が全人口の6割を下回るなど、中長期的に労働力供給が制約されることが見込まれており、労働者の能力発揮を促し、労働力を有効に活用し、労働市場への幅広い人材の参加を促進することが、今後、企業や我が国経済の競争力の維持強化のためにも不可欠である。このため、今や労働力全体の中で相当程度の割合を占めるに至った有期契約労働者を対象に、公正な処遇の下で、労働者の職場定着やその下での職業能力形成を促進していくことが重要であり、これにより、労働者が家庭生活との調和も図りつつ、生きがいや働きがいのある充実した職業生活を送ることができるようになるとともに、生産性も向上するなど労使双方に正の相乗効果をもたらすことにもなると考えられる。

一方で、現状を見ると、有期契約労働者が期間を定めて就業している理由として最も多いのが「正社員としての働き口がなかったから」(38.7%)となってい

---

7) 総合労働相談コーナー（労働問題に関するあらゆる相談にワンストップで対応するため各都道府県労働局、各労働基準監督署内等に設置されている）における、「雇止め」に係る平成21年度の相談件数は、13,610件となっており、平成19年度の7,886件から急増している（厚生労働省「平成21年度個別労働紛争解決制度施行状況」）。
8)「平成21年有期労働契約に関する実態調査（個人調査）（以下「実態調査（個人）」という。）」によれば、働いていて不満のある理由（複数回答3つまで）は、「頑張ってもステップアップが見込めないから」(42.0%)、「いつ解雇・雇止めされるかわからないから」(41.1%)、「賃金水準が正社員に比べて低いから」(39.9%)、「賃金の絶対水準が低いから」(37.0%)等となっている。

る[9]。こうした中で，本来正社員を希望しながらやむを得ず有期契約労働者となっているような者を典型に，先が見えない不安や頑張ってもステップアップが見込めないことなどから，働く意欲の向上や職業能力形成への取組が十分ではない実態が見られる。また，雇止めへの不安を背景に，有期契約労働者が労働条件への不満の表明や労働者としての権利の主張を十分にできない現状も指摘されるところである。

　このような雇用の不安定さ，待遇の低さ等に不安，不満を有し，これらの点について正社員との格差が顕著な有期契約労働者の課題に対して政策的に対応することが，今，求められている。これらの課題は，有期労働契約が様々な目的や動機により利用・活用される過程において，結果的に生じたものという面もあることを踏まえ，今後は，契約の締結から終了に至るまでを視野に入れて，いかにして有期労働契約の不合理・不適正な利用がなされないようにするかとの視点が重要となってこよう。すなわち，有期契約労働者の雇用の安定，公正な待遇等を確保するため，有期労働契約の不合理・不適正な利用を防止するとの視点を持ちつつ，有期労働契約法制の整備を含め，有期契約労働をめぐるルールや雇用・労働条件管理の在り方を検討し，方向性を示すことが必要と考える。

2　検討に当たっての基本的考え方

（1）我が国の労働市場（雇用システム）が公正を確保しつつ機能するためのルール作りを図ること

　　労働者の意識の多様化も踏まえ，1人でも多くの人が生きがいや働きがいを実感しながら就業し，仕事を通じて能力を十分に発揮し，充実した職業生

---

9)「実態調査（個人）」による。また，「就業形態の多様化に関する総合実態調査」（平成19年）により雇用形態別で就業理由を見ると「正社員として働ける会社がなかったから」が契約社員について31.5%で，パートタイム労働者の12.2%を大きく上回っている。

活を送ることができるようにするとともに，そうした労働者が社会の支え手と競争力の源泉となって，今後とも我が国経済社会の持続的な発展を可能なものとしていくためには，有期契約労働者の雇用の安定や公正な待遇等を確保することが重要である。

　また，雇用の安定という場合，現下の厳しい雇用失業情勢の下，労働者全員が正社員の職を得ることが困難な状況にある中で，仕事への適性を高め正社員登用に備えるトライアル雇用としての活用例があるように，有期労働契約は求人，雇用の場の確保，特に，無業・失業状態から安定的雇用に至るまでの間のステップという役割を果たし得ることに注目すべきであろう。特に正社員の新規採用に苦慮しがちな中小企業においても，経済・経営状況により機会の多少の差こそあれ，有期労働契約によって採用した後，正社員登用の途を開くなどの取組の例も報告されたところである。さらに，職業生涯全体を見据え，キャリア形成のために時宜を得て有期労働契約が活用されることで，職業能力の向上に寄与する役割も期待できよう。

　さらに，労働市場における有期労働契約の機能に関し，企業側からは，中長期的ばかりでなく短期のものを含めて需要変動等に伴う「経営リスク」へ対応するといった「柔軟性[10]」への要請があるところである。この点については，例えば，需要変動が予測しにくくなったとして恒常的な業務についても有期労働契約が活用されるようになったが，この結果，かつては企業側が負担していた経営リスクを，有期労働契約を利用することで回避する傾向が顕著になってきているとの指摘もあり，こうしたリスクについて，いかにして公正な配分を企業と労働者の間で実現するのか十分に検討されるべきである。また，この場合において，正社員と有期契約労働者の処遇を含めた雇用の在り方についても，公正さの視点で検討すべき点がないかについても検

---

[10]「柔軟性」については，個々の企業レベルにおける需要変動に対応して雇用量を弾力的に調整する側面と，労働市場全体を通じ，多様な働き方や雇用機会が選択され，適応・順応が円滑になされる側面とがあることなど様々な意見があることに留意。

討の余地がある。

　このような有期労働契約の有する様々な側面を見るとき，雇用の不安定さへの対応，あるいは労使のニーズへの対応等の観点で，有期労働契約の不合理・不適正な利用を防止するための措置も含めたルールの検討が求められる。

　一方で，労働市場全体の機能という見地に立てば，有期契約労働者の雇用の安定や公正な待遇等の確保を検討するに当たっては，有期契約労働者以外の類型の労働者の雇用の在り方やルールとの関係も視野に入れることが必要である。本研究会は，正社員に適用されるルールそのものを論ずる場ではないが，正社員に適用されるルールとの関係や正社員の在り方も含めた雇用システム全体への影響にも留意すべきである。

　さらに，派遣労働者については，派遣元事業主との間では有期労働契約を締結している者が多数存在しているほか，短時間労働者の多くが有期労働契約で雇用されているとされており，労働者派遣法制，パートタイム労働法制との相互関係にも留意が必要である。

　また，正社員との格差等に対処するに当たっては，雇用の安定が重要である一方，働き方等については様々なニーズがあること等から，従来のようないわゆる正社員のみではなく，「多様な正社員」（従来の正社員でも非正規労働者でもない，職種や勤務地等が限定された無期労働契約で雇用される者なども含めた多様な類型の労働者を総称する。）の環境整備も視野に入れることが有用である[11]。

　このような「多様な正社員」の環境整備により，有期契約労働者と従来の正社員との間に，多様な選択肢が職場の実情に応じ，いわば連続的なものと

---

[11] 厚生労働省雇用政策研究会報告書（「持続可能な活力ある社会を実現する経済・雇用システム」平成22年7月）においても，「従来非正規労働者として位置づけられてきた労働者に対しても，ある程度正社員的な雇用管理をするような雇用システムが望まれる。そのためには，「多様な正社員」（従来の正社員でも非正規労働者でもない，正規・非正規労働者の中間に位置する雇用形態）について労使が選択しうるような環境の整備が望まれる。（P17）」と言及。

して用意されることも，公正な待遇等を実現するために有用であると考えられる。

　なお，こうした正社員，「多様な正社員」，有期契約労働者等の多様な働き方やその選択は，労働者の意思に反して一方的に実現されてはならないことに留意すべきである。ただ，その場合，働き方如何にかかわらず，すべての労働者にとって，雇用の安定，公正な待遇等が確保されるべきことを忘れてはならず，また，労使当事者の取組に委ねるのみではこれらは十分に実現できないものであることから，政府の役割，つまり，有期契約労働者の均衡待遇・正社員化の推進，マッチング機能も重視した就労支援，雇用保険等のセーフティネットや職業能力開発といった政策も重要であることは言うまでもない。

（2）有期契約労働者の多様な実態を踏まえ対応を図ること

　かねてより指摘されている有期契約労働者の多様な実態へのアプローチとして，本研究会においては，有期契約労働者をその職務内容や責任の度合いに応じて，4つの職務タイプ（正社員同様職務型，高度技能活用型，別職務・同水準型及び軽易職務型）に区分して，事業所及び有期契約労働者を対象として，就業の実態や意識等を調査した。その労働条件等の実態や，企業が有期労働契約を活用する理由，「正社員」，「短時間労働者」，「派遣労働者」等の働き方がある中で有期契約労働を選択した理由など労使のニーズや不満等の実情の一端を，職務タイプに応じて明らかにした。また，高年齢者には，定年後に有期労働契約で同一の職場に再雇用された者を典型に，満足度等の点で他の年齢層の者と異なる傾向も見られる等，年齢及び契約社員，嘱託社員といった就業形態等によってニーズが異なっていることも確認された。また，有期契約労働者の中でも，有期労働契約やそれに伴うことが多い「勤務時間が限定されている」「勤務地が限定されている」「職種が限定されている」「正社員に比べての責任が軽い」等の働き方を自らのニーズに合致しているとして「本意」で選択している者と，正社員を希望しながら叶わずに「不本意」で有期労働契約を締結し就労している者とが存在することか

ら，例えば，いずれかを前提として一律のルールを当てはめると，労働者によっては，意図せざる効果を惹起させる可能性があるといったことも確認されたところである。

こうした多様な実態を踏まえ，有期労働契約が良好な雇用形態として，また，多様な選択肢の一つとして活用されるようにするという観点から検討することが重要である。

(3) 労働契約の原則を踏まえ，これを発展させること

労働契約法第3条は，無期労働契約・有期労働契約に共通する労働契約の原則として，総則的に，5つの原則的考え方を規定している。

すなわち，労働契約について，第1項は労使が対等の立場における合意に基づいて締結又は変更すべきもの（労使対等）と，第2項は労使が就業実態に応じて，均衡を考慮しつつ締結又は変更すべきもの（均衡考慮）と，第3項は労使が仕事と生活の調和にも配慮しつつ締結又は変更すべきもの（仕事と生活の調和）と，第4項は労使は契約を遵守し，信義に従い誠実に権利を行使し，義務を履行しなければならない（契約遵守及び信義誠実）と，第5項は労使は労働契約に基づく権利を濫用することがあってはならない（権利濫用の禁止）としている。

この無期労働契約・有期労働契約を通じた総則的な規定に盛り込まれた原則的な考え方を，関係法令の整合性に配慮しつつ，より機能するよう発展させることが必要である。

一定のルールを設けて私法的効果を生じさせることを検討するに当たっては，例えば，有期労働契約について一定の状態となったときに，契約当事者双方の意思を超越して「無期労働契約とみなす」ことなどについては，労働契約の合意原則との関係に十分に留意が必要である。

なお，現在，法制審議会民法（債権関係）部会において議論が行われている雇用の規定を含む民法（債権関係）の見直しの検討動向についても留意する必要がある。

3 検討に当たっての留意事項

(1) 労使当事者の予測可能性の向上を旨とし紛争の予防・迅速な解決に資すること

　一定のルールを設ける際には，内容の明確さを確保し，もって労使当事者にとっての予測可能性を高め，紛争が生じた場合には，裁判等による紛争解決規範として機能するとともに，当事者の行為規範としても妥当するようなものとすることで，労使当事者の間での紛争防止，解決の促進を図ることが重要である。

　それでもなお紛争の発生を完全に抑止することは困難であるところ，その解決を裁判のみに任せるとするのではなく，簡易，迅速な解決が強く要請される局面では，行政の助言・指導等の関与が効果的になされるようにすることも必要である。

(2) 施策の相互関係，施策の及ぼす効果等を考慮すること

　有期労働契約の締結から終了に至るまでの各段階において様々な施策が考えられるが，それぞれの施策については，組み合わせ得る関係，代替的な関係などの相互関係が見られる部分もあり，これらに留意しながら，考えることが必要である。

　また，一定のルールを設けた場合には，その規制を回避するための行動を誘発し，意図せぬ結果をもたらすことがあるとの「副作用」等についても留意することが必要であり，かつ，そうした「副作用」の緩和や防止のための方策を講じることについても配意することが必要である。

(3) 雇用・労働をめぐるシステムやその中での有期労働契約の位置付けを含め総合的な比較法的検討を行うこと

　諸外国の有期労働契約に係る法制については，専門家からの報告を受けたものの，その運用の実態を含め現時点ではなお評価が定めがたいものが少なくない。言うまでもなく，外国法制との比較検討に当たっては，その国の労働市場や賃金決定システム（いわゆる「職務給」が一般的であるか等）の在

り方，解雇に対する救済の在り方を含めた労働契約の終了に係る法制など，雇用・労働をめぐるシステムの全体像及びその中での有期労働契約ないしその法制の位置付けや機能の相違にも十分留意する必要がある。

(4) 様々な性格の規定・行政手法の総合的な活用を図ること

有期労働契約について，適正に締結され，運用されるようにするためには，罰則付きの最低労働基準を定める労働基準法，民事法規である労働契約法のほか，労使当事者による自主性や創意工夫を活かす意味でも既に存在しているパートタイム労働法を始めとする雇用・労働条件管理に関わる立法例と，そこで採られている行政による指導，援助といった手法も視野に入れて検討することが必要である。

また，労働者のニーズや現場の労使の取組み方も多様であることを踏まえ，一律のルールにより雇用管理を一定の方向に促す方法のほか，例えば，対象労働者の意向も踏まえつつ，集団的な労使間の合意によって，法律の規制を当該労使にとってより妥当性を持つルールに修正することを可能とする諸外国の例も参考に，当事者による自主的な創意工夫を取り込める余地を残したルールの在り方も視野に入れることが必要であると考えられる。

さらに，手続に関するルールと実体に関するルールを適切に組み合わせることにも留意することが必要である。

第2 締結事由の規制，更新回数や利用可能期間に係るルール，雇止め法理（解雇権濫用法理の類推適用の法理）の明確化

1 基本的考え方

我が国の法制においては，有期労働契約の締結事由や更新回数や利用可能期間の上限について特段の規制は設けられていない。このような中で，第1で述べたとおり，有期労働契約が多様なニーズや形態で利用される中で，例えば，恒常

的な業務にも有期労働契約が活用されるケースなどにおいては、雇用の不安定、待遇の低さ等の課題が生じている面もあることに対応して、有期労働契約の不合理・不適正な利用を防止、抑制するという視点でルールを定立する立場に立てば、本項で取り上げる有期労働契約の締結事由の在り方、更新回数や利用可能期間の上限の在り方等、有期労働契約の利用自体を対象にするルールを如何に設けるかが、検討の中心となる事項であると考えられる。

　具体的には、有期労働契約の利用による雇用の不安定さ等に対処するためには、有期労働契約の締結の時点で利用可能な事由を制限する「締結事由規制」、有期労働契約の締結事由自体は規制せずに、その更新の状況等に応じて解雇規制の潜脱等を防止するための「更新回数や利用可能期間の規制」や一定の雇止めに解雇と同様のルールを課す規制、すなわち「雇止め法理（解雇権濫用法理の類推適用の法理）の明確化」等が考えられるところである。

　この場合、有期労働契約の締結から終了までの連続する過程のいずれに着目してルール化を図る必要性が高いのか、あるいはいくつかの過程に重畳的に規制を及ぼすか否かについても検討が必要であり、例えば、締結事由規制と、更新回数や利用可能期間の規制は、フランスのようにそのすべてについて規制を行う国もあれば、利用可能期間のみ、あるいは更新回数と利用可能期間について規制を行い、締結事由については規制を行わない国があるように、これらの規制は選択（組合せ）可能なものと考えられる。

　このように、雇用の安定等に向けた手法は一様ではなく、以下2～4に掲げるルールの選択肢について、それぞれが抱える課題、規制がもたらす効果、影響等を念頭に置きつつ、また、他の施策との組合せによる施策の全体像も描きながら検討が必要であるが、有期契約労働者が充実した職業生活を送ることができる可能性を最大限広げるという視点も持ちながら、今後必要な政策の立案に関わる関係者において適切に判断されることが望まれる。

　なお、実態調査で区分した4つの職務タイプの一つである「高度技能活用型」に一定程度見られる、外部労働市場から専門的・技術的な労働者を期間限定で受け入れている場合を典型に、労働市場での交渉力が強く、相対的に高い処遇を得

ている労働者や高年齢者等については，これらの規制は，その特質の発揮のために必要かという観点にも留意が必要である。

2　締結事由の規制

　有期労働契約が締結されている事由を見ると，労働者側は，正社員としての働き口がなかったことと仕事内容・責任の程度，勤務時間等が希望に合っていたこととが拮抗しており[12]，企業側は，業務量の中長期的あるいは急激な変動への対応，人件費の削減等といった理由が多く，有期契約労働者を雇用できなくなると，事業が成り立たないとする事業所が過半数を超えている[13]。また，契約更新回数が11回以上とする事業所や勤続年数が10年超とする事業所も1割程度見られる[14]など，一時的・臨時的な仕事に限らず，恒常的に存在する業務についても有期労働契約が利用されている実態が見られる。このような労使のニーズ，利用実態がある中で，締結事由を規制することをどのように考えるか検討する必要がある。

　有期労働契約の締結事由を規制する例として締結事由を一時的な事業活動の増加や季節的・一時的な業務，その他の法の列挙した事由に該当する場合に限定しているフランスでは，労働法典において労働契約は期間の定めなく締結される原則を定めた上で，有期労働契約を利用することは法律上認められる場合に限って許されている。

　これに対して，我が国について見ると，まず，こうした無期労働契約の原則を採用しておらず，いかなる事由・目的のために有期労働契約を締結するかは当事

[12)]「実態調査（個人）」によれば，有期契約労働者が期間を定めて就業している理由（複数選択3つまで）として最も多いのが「正社員としての働き口がなかったから」（38.7%）であり，以下「仕事の内容，責任の程度が自分の希望にあっていたから」（32.3%），「勤務時間，日数が短く，自分の希望にあっていたから」（31.0%）となっている。
[13)] 注1）参照。
[14)] 注3）参照。

者の自由に委ねており，それを前提に，労働慣行としても，有期労働契約が雇用の中心たる長期雇用を補完するものとして機能してきたところである。こうした中で，我が国においても無期労働契約の原則（無期原則）を採用するべきとの意見もある。しかしながら，雇用に関する基本的な考え方そのものの転換については，その根拠となる雇用の実態や労使関係者の意識等についての認識，評価にもかかわるものであり，また他方，無期原則を採るとしても，制度化の在り方は一様ではないとも考えられる。

　一方，有期労働契約の締結事由の規制を導入することについては，雇用に関する基本的な考え方から直ちに採否が決まるものでもなく，有期労働契約の果たしてきた機能や抱えている課題の双方を踏まえ検討し得るし，実際にも様々な議論があるところである。

　例えば，有期労働契約には，無業・失業状態から安定雇用へのステップとしての機能や，企業にとって様々なニーズに応え得る雇用形態としての機能等，雇用システム全体にとって有用な機能を果たし得ることについても十分に留意すべきであろう。すなわち，こうした機能を担い得る有期労働契約の締結が制限されれば，現下の雇用・失業情勢において，新規の雇用が抑制される，中小企業における人材確保が困難となる，企業の海外移転が加速する等の影響が生じないかということや，個々の労働者が希望した場合でも締結を認めないこととするのか，また，各企業において，需要の中長期的な変動に応じて有期労働契約が利用されている業務については，請負や派遣といった他の雇用形態への需要を誘発し，必ずしも安定的な雇用への移行をもたらすとは言えない可能性があることなどに意を払う必要がある。判例において有期労働契約の締結に客観的事由が必要とされたドイツでは，労働市場の硬直化により雇用・失業問題が深刻化し，その後，高失業に対する雇用促進策として立法で一定期間内であれば客観的事由を要しないとして締結事由規制が緩和されたほか，フランスでも，法律上限定列挙されている締結事由が失業対策のため拡大されたという経験もあるところである。

　締結事由を規制する方式としては，フランスの例のように具体的事由を限定列挙する方式や，「合理的な理由が必要」と一般的に規定する方式等が考えられる。

フランスにおいては，実態としては，従事する業務が法律で規定された締結事由に該当するものであるかをめぐって争いが生じており，その解決のためには最終的に，司法の判断を仰ぐこととなるとの報告があった。また，「合理的な理由」が必要とした場合にも，何が合理的とされるか等について複雑な法律問題を惹起する可能性がある。現実に労使当事者が有期労働契約を締結し，終了に至る過程に即して考えたとき，締結事由規制が労使の予測可能性の確保，ひいては紛争の発生防止，迅速解決の観点から有効に機能し得るかは，課題となろう。

　他方，紛争が期間満了時の雇止めの有効性をめぐって生ずることが回避しきれないことを想定するとき，有期労働契約の雇用の不安定さという課題を踏まえ，有期労働契約の締結事由を規制する手法のほか，ドイツのように客観的な理由が存在しない場合にも有期労働契約の締結を認めた上で，濫用を規制するため，更新回数や利用可能期間に関するルールを設けることでその弊害に対処する手法も考え得るところである。なお，スウェーデンにおいても，締結事由規制を設けていたものの，事由の拡大とそれに伴う規制の複雑化，実効性が問題となり，制度改正が行われ，一般的には事由を問わずに有期労働契約の締結・利用を認めた上，その濫用的利用を制限すべく，利用可能期間に上限を設ける規制に移行しているところである。

　なお，締結事由に該当しないとされた場合の効果をどうするかについて，労働契約自体を無効とはしないとしても，これが，無期労働契約となることとするのか等，紛争防止の観点等から更に検討が必要である。その際には，締結事由に該当しない場合には，無期労働契約とみなすこととされているフランスなどの諸外国においては，無期労働契約の解雇について金銭解決が可能とされており，これと解雇権濫用法理の適用により解雇無効とされる我が国との違いについても留意が必要である。

　締結事由規制を導入した場合の第3以下の施策との関係について見ると，締結事由規制を導入することとした場合には，その後の更新に当たっても締結事由に該当する必要があり，その結果，後述する「契約締結時の更新の有無，更新の際の判断基準の明示」や「雇止め予告」の必要性は相対的に低下するものと考え

られる。

3　更新回数や利用可能期間に係るルール

　更新や雇止めの実態を見ると，7割の事業所が雇止めを行ったことがなく，結果として勤続年数が10年を超えるような有期契約労働者も存在する[15]。元来有期労働契約は契約期間の満了により終了するものであり，雇止めと無期労働契約の解雇とは自ずから性格が異なるものの，このような実態を踏まえ，更新回数又は利用可能期間の上限を設定して，それを超えてなお存在するような業務のための有期労働契約であれば，無期労働契約と同様の，又はこれに類するルールに従うものとすることが公平に適うとの考え方がある。これは，有期労働契約の利用を基本的には認めた上で，利用の状況に応じて，いわば濫用と言える状態を排除するという手法であり，今後稀少となっていく労働力の有効な活用にも資するものと考えられる。

　この点，例えば，イギリス，ドイツ，韓国やスウェーデンの法制では有期労働契約の利用期間がそれぞれ4年又は2年を超えた場合（ドイツにおいては，法が定める客観的な事由がある場合を除く。）には，無期労働契約を締結したものとみなすこととしている。

　上記のような考え方から，更新回数や利用可能期間について，一定の「区切り」（上限）を，設けることとした場合，我が国の社会に妥当なものとして受容されるものとする必要があるとともに，具体的な区切りの在り方については，業種，職種，就業形態，定年後の再雇用の場合におけるような年齢等の属性といった多様性にも留意しながら，検討すべきである。既に大臣告示では，告示に基づく雇止めの予告等の対象として「3回以上更新し，又は雇入れの日から起算して1年を超えて継続勤務している」という状態をもって「区切り」としている。ここでは，雇止め予告等の対象から「あらかじめ当該契約を更新しない旨明示され

15）注3）参照。

ている」有期労働契約を除くとされているものの，「区切り」について個別事情は反映されない。これまで指摘されてきた有期労働契約の多様性に照らせば，産業や個々の職場の具体的事情を反映し得る工夫，例えば，対象労働者の意向も踏まえつつ，集団的な労使の合意により，法律による共通の「区切り」のルールを，当該労使にとってより妥当性を持つ内容に修正し得るような可能性やルールの適用対象の在り方を含め検討すべきである。

これに関連して，有期労働契約の更新を重ねた場合，1回の契約期間の上限として定められた労働基準法第14条による「3年」を利用可能期間の規制と誤解したり，「3年」を超えて使用すると，雇止めに関し解雇権濫用法理が類推適用される可能性があるとの言わばリスク回避的考慮から有期契約労働者を3年未満の一定期間を上限として雇止めとする企業の雇用管理の実例が報告された。また，大臣告示は，雇止め予告等の対象を3回以上更新し，あるいは1年を超えて継続勤務している者に係る有期労働契約としており，これらの例等にも留意することが必要である。

更新回数や利用可能期間の規制は，規制基準として一義的に明確であり，労使双方にとって予測可能性は非常に高いものとなるため，紛争の未然防止につながるほか，組み合わせる法的効果によってステップアップの道筋が見え，労働者の意欲の向上にもつながり得ると考えられる。また，その「区切り」を，労働者の雇用の安定や，職業能力形成の促進，正社員への転換等と関連付けて制度を構築するなどにより広がりを持ち得ることも評価に値する。

一方，基準の明確さの反面，この「区切り」の手前での雇止めの誘発という副作用をもたらす懸念が指摘された。ただし，更新回数や利用可能期間として設定した内容に応じて，その弊害の程度は調整され得るとの指摘もあった。2007年7月に，2年間の利用可能期間の上限規制を導入した韓国では，上限到達時において，雇止め，無期化双方の例が見られたところである[16]。規制を導入して間もないため，引き続き動向を継続的に注視し，その施行状況を参考とすべきであろう。

また，有期労働契約を更新してこの一定の「区切り」を超えるに至った場合，

どのような法的効果を生じさせるかについては、例えば、「無期労働契約とみなす」、「無期労働契約への変更の申込みがあったものとみなす」、「無期労働契約への変更の申込みを使用者に義務付ける」ことや、後記4のように解雇権濫用法理と同様のルールが適用されるものとする、あるいは同ルールが適用可能な状況にあることを推定する、解雇予告制度を参考に雇止めの予告義務を課すことなど、様々な選択肢が考えられる。有期労働契約の多様性、労働者の意思の取扱いや法的効果がもたらす影響、上記の「副作用」への対処等を踏まえつつ、検討が必要である。

なお、法的効果として無期労働契約とみなされた場合には、従前の労働契約のうち、期間を定めた部分のみが変更されるものと考えられ、他の労働条件全般が直ちに正社員と同様となるかは別個の問題と考えられる。

また、更新回数や利用可能期間を規制する場合には、クーリング期間（離職した労働者を再度雇用するまでの間隔）の評価について、ルールの公平な遵守との関係で検討が必要となる。

ここで他の施策との関係について見ると、「区切り」に至るまでの間の長さ等によっては、「区切り」までの間であっても、雇止め法理や雇止め予告の適用に一定の意義が認められる場合もあり、また、「区切り」を超えるに至った場合の法的効果（例えば労働者の意思により、有期労働契約の締結を認める等）によっては、「区切り」後における雇止め法理の適用の意義はなお存すると考えられる。また、更新の有無や、更新の際の判断基準の明示義務については、とりわけ更新回数を制限した場合は当事者の予測可能性が高まることから、必要性は相対的に低下するものの、依然として「区切り」に至るまでの間は、当該義務を課すこと

---

16) 韓国雇用労働部発表によると、法が施行された2007年7月1日以後、新規採用又は契約更新された勤続2年以上の期間制勤労者のうち、2010年5月末時点において、契約期間が満了した者（5,947人）の状況は、契約終了（32.4％）、正規職転換（24.8％）、継続雇用（42.7％）となっている。（当初期間制労働者として雇用していても勤続2年を超過して引き続き雇用する場合は、法律上、無期契約労働者として転換されたこととなるため、約68％の者が無期契約に移行したことになる。）ただし、当該データは各月中に契約期間が満了した者について集計されるものであり、全体的な傾向を把握するには、引き続き動向を注視する必要がある。

に一定の意義があるとも考えられる。一方，更新回数の上限規制を導入することとした場合，労使双方にとって一回の契約期間をできる限り長くするというインセンティブが働き，契約期間の細切れ化への対応の必要性は低下することとなる。

4 雇止め法理（解雇権濫用法理の類推適用の法理）の明確化

有期労働契約が反復更新を重ねた後の雇止めに関し，一定の場合について，判例法理によって，その雇止めに無期労働契約における解雇について形成されてきた「解雇権濫用法理」が類推適用され，客観的理由を欠き社会的に相当と認められない雇止めの場合，更新拒絶の効力が否定され，当該契約が更新されたものとして扱われるという，いわゆる「雇止め法理」[17]が確立している。

この雇止め法理は，裁判において雇止めが認められなかった場合にも，その労働契約が無期労働契約に転化するわけではなく，期間の定めのある契約が更新して存続することとなり，この点で，労働者にとって無期労働契約との格差を即座に解消するまでの効果を伴うものではない。このルールを法定化する際には，解雇権濫用法理が類推適用された場合の法的効果も検討が必要となる。

解雇権濫用法理の類推適用の趣旨をルールとして法律で明確化することは，解雇権濫用法理の類推適用が個々の雇止めの事情を個別具体的に判断することを前提としたものであるため，事案に応じた妥当な処理が可能となり，一律の更新回数や利用可能期間に係るルールについて指摘したような，一定の「区切り」の手前でのモラルハザード的な雇止めを誘発する可能性は低いものと考えられる。

一方，判例法理の具体的な適用に際しては，事案ごとに業務の内容や更新回数などの客観的要素のみならず，言動，期待・認識など主観的なものを含め当事者の態様が勘案され，最終的な判断は個々の事案ごとに裁判所に委ねることとなるため，労使にとって当該最終判断に対する予測可能性に欠けるとともに，労使間

---

17) 注5) 参照。

で紛争が生じること自体についての未然防止も図りにくいという問題点が指摘されている。この点について，労使の判断の参考となるよう，行政が助言，指導の一環として抽象性を残さざるを得ない法律の規定を補足する内容を示し得るかについては，すぐれて実務の問題として検討されるべきである。

雇止め法理の明確化は，締結事由の規制や更新回数や利用可能期間に係るルールが導入されない場合に機能することはもちろんのこと，第2の3で論じた「区切り」に至るまでの期間についても機能し得るものであるとともに，「区切り」超えの効果の一つとすることにより，予測可能性を高める効果を期待し得ることについても，検討することが必要である。

第3　労働条件明示等の契約締結時の手続に関連する課題

1　契約締結時の明示事項等

現行法制において，労働基準法第15条に基づくもののほか，大臣告示において使用者が労働契約締結時に明示することとされている事項のうち主なものについての実際の履行状況を見ると，実態調査（事業所）と実態調査（個人）で若干の差は見られるものの，法に基づく労働契約の期間については約92〜95％，大臣告示に基づく「更新の有無」が約83〜87％，「更新の判断基準」については約62％と，制度化からの時間経過に応じ，定着し，新たに制度化した事項も定着しつつあることがうかがえる。他方，ヒアリングでは，労働相談の現場の声として，更新の判断基準の明示等が必ずしも守られておらず，期間満了時のトラブル防止の観点から更なる周知徹底を求める声が寄せられたところである。実務においても定着しつつあることを踏まえ，紛争防止を一層図るためにも，大臣告示において規定している更新の判断基準等の明示義務について，法律に規定することによって規範性を高めることが一つの方向性として考えられる。その場合には，明示事項について追加すべきものがあるか，明示すべき更新の判断基準としてどの程度の具体性を求めるのか等の点とともに，求める措置の性格として，労

働基準法上の労働条件明示義務のような取締法規的な義務とするのか，紛争防止の観点から，雇止めの効力判断に当たって考慮するという労働契約ルール（民事上の効果）とするのかなど，複数の選択肢を更に検討することが必要である。

また，第2の2で述べた締結事由規制，第2の3で述べた更新回数や利用可能期間の上限の規制を設ける場合には，更新の判断基準を始めとして簡潔に表現することに困難を伴いがちな事項を締結時における明示事項とすることについて，紛争の発生防止に向け期待する役割は相対的に軽減し得るものと考えられるなど，両者の関係にも留意が必要である。さらに，更新の可能性等を明示した場合，そのことが更新，雇止めの効果に影響を及ぼし得るのか，あるいは及ぼすものとするのか等についても整理する必要がある。

2　契約期間について書面明示がなされなかった場合の効果

契約期間は，契約の成立そのものに関わり，労働者の雇用，生活の安定にとって非常に重要な要素であり，多くの場合その明示はなされているが，労働基準法においても書面明示が義務付けられていることから，契約締結時に契約期間の書面明示がなかった場合に無期労働契約として扱われるような効果を付与することが考えられる。

法的効果については，まず，書面に記載がないことにより期間の定めが無効であるとして「無期労働契約とみなす」とする立場，口頭で有期労働契約である旨の合意が当事者間で明確に存在したものの書面での明示がなされなかった場合など，当事者の意思を解釈する観点に立って反証により覆される余地を残すよう「無期労働契約と推定する」とする立場，使用者に対して「無期労働契約の申込み義務を課す」とする立場など様々な選択肢を含めて，更に検討していく必要がある。この際，他の施策における法的効果（例えば，「区切り」超えの効果等）の在り方との関係についても留意すべきである。

また，契約期間の書面明示が求められる「時点」をどうするかについても議論がある。どのような法的効果とするのかとも関連させつつ，契約締結時に明示す

べきとするのか，一部の国の例にあるように締結時点から一定期間内に明示すればよいとするのか等の選択肢がある。これについては，単純な書面の手交の遅れの場合にまでその効果が及ぶ場合などを想定し，混乱や紛争を防止することも念頭において，検討していく必要がある。

第4　有期労働契約の終了（雇止め等）に関する課題

1　契約期間の設定

ヒアリングにおいては，労働組合関係者から，労働相談等を通じ様々な事案に接しての受け止めとして，1回の契約期間の短縮化（細切れ化）が進んでいるという実態が報告されたところである。

また，労働契約法第17条第2項においては，「使用者は労働者を使用する目的に照らして，必要以上に短い期間を定めることにより，その労働契約を反復して更新することのないよう配慮しなければならない。」とされている。

契約期間の細切れ化については，市場の需給変動の予想が難しくなる中で経営上の必要性が指摘されるが，労働者にとってはリスクヘッジができず，雇用が一層不安定となるという問題が指摘されている。この点については，更新の機会を一定の面談機会に活用し，コミュニケーションの一環として捉えている例や業種，業態によって実態は異なり，評価も一律ではない点に留意しつつ，先述した労働契約法の規定も踏まえ，必要以上に短い期間を定めることがないようにする方策を検討することが必要である。この場合，契約期間の設定を適切に行うことが，能力発揮，職業能力開発や職業生涯を通じたステップアップにつながるという視点も重要と考えられる。

その際，第2の3で述べた更新回数の上限の規制を講じる場合には，細切れ化への対応に取り組む必要性は相対的には低下するものと考えられる。

2　雇止めの予告等

　ヒアリングにおいては，雇止めの理由の明示が徹底されていないとの意見があった。雇止めをめぐるトラブルの原因としては，「雇止めの理由が納得できなかった」，「雇止めの予告がなかった，あるいは遅かった」などが多くなっている[18]。

　このため，大臣告示に定める雇止めの予告等についても，対象を広げることも含めて見直しの上，法律に基づくものとすること等について検討すべきであり，その際には，有期労働契約の多様な実態に即して行うことが必要である。

　すなわち，実態調査で区分した4つの職務タイプの一つである「高度技能活用型」に属する者や，高年齢者など労働者の類型によっては必要性が異なり得る点にも留意しつつ，一律に予告制度の対象とするのか等について検討が必要である。

　他方，法律に基づく義務の履行によるかは別として，ヒアリングにおいて紹介された「軽易職務型」の有期契約労働者で家計補助的に働いている場合を主な対象に，育児，介護といった家庭状況の変化に応じた勤務時間帯を含む労働条件の見直しの節目として，更新期に先立って労使双方が意思確認を行い，紛争を回避しているケースを見ると，契約期間が満了するより一定の期間先立っての予告を契機に労使で意思等を確認し合い，コミュニケーションを図ることの意義が見出だされる。

　なお，第2の2で述べたとおり，締結事由規制を導入する場合には，雇止め予告の必要性は相対的に低下することとなると考えられる。

---

[18]「実態調査（個人）」によれば，雇止めを巡るトラブルを経験した有期契約労働者（解雇・雇止め経験のある有期契約労働者のうち41.4%）のうち，トラブルの原因（複数回答3つまで）は，「雇止めの理由が納得できなかった」（52.8%），「雇止めの予告がなかった，あるいは遅かった」（27.7%），「雇止めの人選が納得できなかった」（24.4%）などとなっている。

3　雇止め後の生活安定等

　雇止め予告の検討に関連し，現行の解雇予告の制度における予告手当に相当する手当を法的に位置付け，導入することも考えられるが，その場合は，解雇と雇止めの性格の違いに留意が必要である。

　具体的には，現行の解雇予告が，労働者にとって予期しない生活困窮を補償するという性格のものとされるところ，有期労働契約については，更新を重ねた場合であっても1回の契約の終期はあらかじめ合意により定められていることに留意が必要である。また，契約締結時の「更新の有無」や「更新の判断基準」の明示により，予測可能性を高める余地があることも併せて考慮すべきである。

　また，これとは別に，フランスでは，不安定雇用への補償として，契約終了の際に一定の手当の支払を事業主に求めることとしている。この手当は，無期化へのステップとならない有期労働契約としての利用には，使用者に対して不安定雇用の代償としての費用負担を課す（当該契約を有期労働契約として継続する場合もその度に支払義務がある）ものであるが，契約が無期化された場合には，支払義務がなくなることから，無期化を促進する効果も持つものと考えられる。我が国について考えると，契約終了時の手当について，こうした雇用の不安定さへの補償や，無期化の促進の観点，あるいは，雇止め時における無期労働契約との公平の観点を含め，様々な趣旨，目的や内容，対象などが考えられるところ，どのような趣旨，目的の実現のためにこうした金銭の支払義務が有効なのかどうかを，他の採り得る政策手段との比較を含め検討することが必要である。それらの趣旨に応じて，退職金や雇用保険との関係や，誰が費用を負担することとなるかといった点も含めて慎重に検討されるべきものと考える。

　なお，契約終了時の手当の導入については，締結事由規制や更新回数や利用可能期間に係るルールの導入の有無に関わらず，検討し得る論点であると考えられる。

第5　均衡待遇，正社員への転換等

1　基本的な考え方

　有期契約労働者については，多様な職務タイプの労働者が存在するが，正社員と同様の職務に従事していても正社員に比較して労働条件が低位に置かれていること（正社員同様職務型の 45.7%）や，それ以外の職務タイプの者についても労働条件の水準が低いこと（例えば軽易職務型で 36.7%）等の不満が生じており，これらの者については特に納得性のある公正な待遇を実現することが望まれる。一方，高度技能活用型について見ると，賃金水準についての不満は一定程度あるものの，基本給の水準について「正社員を上回る」，「正社員と同水準」とする者の割合も他の類型よりも高くなっており，均衡待遇等への要請は相対的には高くないと考えられる。

　また，有期契約労働者全体を通じて，頑張ってもステップアップが見込めないことへの不満は高い水準（42.0%）を示している[19]。

　このため，パートタイム労働法も参考に，有期契約労働者と正社員との間の均衡のとれた待遇を推進するとともに，有期契約労働者の雇用の安定及び職業能力形成の促進という観点から，有期労働契約の無期化や正社員転換等を推進するという施策が考えられる。

　なお，正社員とは第1の1で記したとおり，単に無期労働契約で働く労働者ではなく，直接雇用，フルタイムで長期雇用を前提とした待遇を受ける者であるとの前提で論じてきた。正社員転換等という場合の転換先を，この意味での正社員に限定して考えることは，正社員と有期契約労働者の間の処遇や活用の態様等の格差が大きい場合などは，ハードルが高くなりすぎることが指摘された（後述3参照）。

　また，均衡待遇と無期化・正社員への転換との関係については，無期化・正社

---

[19]「実態調査（個人）」による。

員への転換は、事業主が正社員へ転換する制度等を導入し、希望する労働者がこれに応ずるという形で実施されるものと考えられる。その際、個々の事情や希望等からこれに応募しない、あるいはできない労働者がそのままの処遇で取り残されることは公平を欠くと考えられる。したがって、両者は二者択一的な関係に立つものではなく、多様な選択を可能とするべく総合的な取組みが期待されるものと言えよう。

　なお、均衡待遇や正社員転換の施策の在り方については、基本的には、締結事由規制や更新回数や利用可能期間に関するルールの導入の有無に関わらず、検討することが可能と考えられるが、締結事由規制をせず、有期労働契約の利用可能性をさほど限定しない場合は、これらの施策への期待はより大きくなる。また、第2の3の利用可能期間等の上限、すなわち「区切り」を超えるに至った場合には、職業能力開発等の観点からより積極的な取組がなされるようなシステムが考えられてよい。こうした点とも関連づけて、均衡待遇や正社員転換の施策の在り方を検討することも考慮に値する。

2　均衡待遇など公正な待遇

　有期契約労働者の待遇について正社員との格差を是正するための規制方法として、EU諸国のような「有期契約労働者であることを理由とした合理的理由のない不利益取扱いの禁止」のような一般的な規定を法に置き、具体的な適用については個々に裁判所等が判断するという枠組みが一つの例となる。この枠組みを考える場合、我が国においては、近年、職務給的な要素を取り入れる動きも出てきているとはいえ、一般的には、諸外国のように職務ごとに賃金が決定される職務給体系とはなっておらず、職務遂行能力という要素を中核に据え、職務のほか人材活用の仕組みや運用などを含めて待遇が決定され、正社員は長期間を見据えて賃金決定システムが設計されていることから、何をもって正社員と比較するのか、また、何が合理的理由がない不利益取扱いに当たるかの判断を行うことが難しく、民事裁判における判断も区々となることが懸念され、これらの点につい

て，十分な検討が必要である。

　一方，パートタイム労働法の枠組みを参考に，職務の内容や人材活用の仕組みや運用などの面から正社員と同視し得る場合には厳格な均等待遇を（差別的取扱いの禁止）導入しつつ，その他の有期契約労働者については，正社員との均衡を考慮しつつ，その職務の内容・成果，意欲，能力及び経験等を勘案して待遇を決定することを促すとともに，待遇についての説明責任を課すという均衡待遇の仕組みの方法がある。このような仕組みは多様な有期契約労働者を対象とすることができるとともに，努力義務等に対する行政指導等によるほか，当事者の交渉を促し，妥当な労働条件に向けた当事者の創意工夫を促すなどの実情に即した対応を可能とすると考えられる。

　この仕組みのうち，正社員と同視し得る者に係る均等待遇（差別的取扱いの禁止）については，現行のパートタイム労働法は，無期契約労働者か「実質無期」の有期契約労働者であることを要件としている。有期契約労働者について同様の均等待遇の措置を考える場合，そもそも期間を定めて雇用されていることから，パートタイム労働法にいう実質無期要件についてどのように考えるべきかについて議論があった。この点を含め正社員との比較の在り方など，パートタイム労働法の枠組みや，平成19年の同法改正法附則第7条に基づく検討の動向に留意しつつ，引き続き十分に検討していく必要がある。

3　正社員への転換等

　前述のとおり，正社員としての就職を希望しながらそれが叶わず，やむを得ず有期契約労働者として働いている者が一定程度存在しているところである。一方，一部の国についてではあるが，実証分析によれば，自らが正社員に転換できる可能性が高いと考えている有期契約労働者ほど働くインセンティブが高まるといった効果も認められているとの指摘もあった。こうした意欲と能力がある有期契約労働者については，雇用の安定のみならず職業能力向上，ひいては企業の生産性向上を図るといった観点から，労働契約の無期化，更には正社員への登用制

度を設ける等により正社員になる機会を提供する等々の，正社員への転換等を促進する方策を講じることが効果的と考えられる。

　この場合に，パートタイム労働法の枠組みも参考としつつ，事業主に対して，正社員への転換を推進するための措置を義務付けるほか，正社員への転換を有効に進めるため，労使の自主性も活かしつつ，制度導入への何らかのインセンティブを与えるなど様々な選択肢を検討していく必要がある。

　また，今ある正社員の処遇はそのままに，処遇等が大きく異なる有期契約労働者を一挙にそのような正社員に転換をすることは，使用者にとっては超えるべきハードルが高い場合が多く，一方，職種や勤務地が限定されていることを志向することも少なくない有期契約労働者の側も，雇用の安定は望みつつ，責任や拘束度などの面から正社員となることを必ずしも望まない場合もあることから，無期労働契約への転換により雇用の安定を図りつつ，「勤務地限定」，「職種限定」の無期労働契約など，多様な雇用モデルを労使が選択し得るようにすることも視野に入れた環境整備を検討することが求められる。この場合，勤務地限定等の無期労働契約については，勤務場所の閉鎖等の際の雇用保障の在り方について，その契約の下で働く労働者の職務内容や勤務地等の制約の度合いに応じ，どこまで雇用が保障されるのか等について，様々な意見がある。何よりもまず，労使間での自主的な問題解決が図られるよう，契約内容についてあらかじめ明確に合意しておくことが必要であるが，これらのルールの在り方については，労使の自主的な取組，実例や裁判例の集積の状況も注視しつつ，検討が必要である。

第6　一回の契約期間の上限，その他

1　平成15年労働基準法改正の影響等

　実態調査結果は，1回の契約期間の上限を原則1年から3年に延長した平成15年の労働基準法改正から5年余り経過した時点のものであるところ，「1回の契約期間が1年を超える有期労働契約」の利用は総じて低調であった。職務タ

イプ別に見て比較的長い契約期間の設定になじむものと考えられる「高度技能活用型」だけをみても，傾向としては変わらない。また，高度の専門的知識等を有する者等に認められる3年を超える契約期間のものについては，一層少ない利用にとどまっている[20]。

さらに，本研究会のヒアリングにおいても，企業から，需要変動に対応しつつも一定程度の勤続を可能とするものであればよいとして，上限延長の必要性は薄いとの意見が出された。また，労働組合からは，不安定雇用を継続することとなるため，上限の延長には反対という意見が出されるなど，上限を延長する具体的ニーズを把握するに至っていない。

この点については，具体的ニーズが示されれば更に検討を尽くすべきであるが，現状の原則3年（一定の場合5年）を1回の契約期間の上限としては維持することが一つの方向と考えられる。

なお，第2の3で述べた利用可能期間の上限規制を講じる場合には，1回の契約期間の上限等の規制の必要性にも影響し得ることから，こうした利用可能期間の上限規制との関係にも留意が必要である。

2　暫定措置についての取扱い

同じく，実態調査やヒアリングでは，有期労働契約の契約期間中途で退職を希望する労働者が意に反して拘束される事態が頻繁に生じていることを窺わせるものも把握されなかった。実態調査（個人）では，契約期間の途中で退職申出をしたことがある労働者は約30％であり，これを母数（100％）として使用者から損害賠償の請求その他を求められたことがある労働者は4％と，極めて少なかったところである。また，ヒアリングにおいても，労働組合から1回の契約期間が細切れになってきている中では労働者が拘束される懸念は実際にはあまりないとの意見が寄せられた。

---

[20]「実態調査（個人）」によれば，3年を超える契約期間の者は，1.5％となっている。

今後，有期労働契約について，「良好な雇用形態」の一つとして活用の方途を考えるに当たっては，期間の定めについて労使双方が互いに義務（拘束）を負い，その義務に見合う良好な待遇とすることを相互に約し，同時に，期間途中の解雇は労働契約法第17条第1項により厳しく制限されるものであることを徹底することが欠かせないものと考えられる。

　平成15年労働基準法改正で「当分の間」の規定として附則中に設けられた労働基準法第137条により，高度の専門的知識等を有する者等の場合を除いて，有期契約労働者について，「労働契約の期間の初日から一年を経過した日以後においては，その使用者に申し出ることにより，いつでも退職することができる。」とされている。労働者からは一切の予告なく退職できるとするこの暫定措置については，これらの実態等を踏まえたとき，その役割を終えたものと考えてよいか，更に議論するべきであると考えられる。

雇用形態による均等処遇についての研究会
報告書の概要

平成23年7月　（独）労働政策研究・研修機構

第1章　非正規労働者の現状及び正規・非正規労働者間の不合理な処遇格差を禁止する法原則に関する議論の高まりの背景

- 近年，企業側・労働者側双方のニーズにより，非正規労働者が増加し，労働者に占める非正規労働者の割合は3分の1を超えるに至っている。
- 非正規労働者は，これまで，女性パートタイム労働者やアルバイトが中心であったが，近年，①常用雇用・基幹化の傾向がみられること，②男女問わず，特に，若年層での非正規労働者割合が上昇傾向にあること，③契約社員・嘱託や派遣労働者が増加する傾向にあること等の特徴がみられる。
- 非正規労働者の処遇をみると，正規労働者と比較して，職務の内容や，異動・転勤の有無といった働き方が違うことが一因となり，賃金や教育訓練，福利厚生等について両者の間に格差がみられる。
- このような正規・非正規労働者の二極化構造の解消が労働政策上の大きな課題となっている。雇用の質の向上等に資するため，新成長戦略（平成22年6月18日閣議決定）においても，「同一価値労働同一賃金」に向けた均等・均衡待遇の推進に取り組むこととされている。
- こうした中，非正規労働者の常用雇用・基幹化により，正規労働者と非正規労働者の職務の内容や働き方が近づく中，両者間の処遇の差が合理的な理由によるものか否か，また，合理的な理由があるとしても処遇の差が大きく十分な納得が得られていないのではないか，そうだとすれば，こうした状況を解消するため，何らかの法政策等が採られるべきかが，今，問われている。

第2章　EU諸国における正規・非正規労働者間の不合理な処遇格差を禁止する法制等の概要及び運用の実態から得られた知見並びに日本への示唆

1　EU諸国における正規・非正規労働者間の不合理な処遇格差を禁止する法制の法的性格及び特徴等

　日本における正規・非正規労働者の二極化構造が社会問題になる中，両者間の不合理な処遇格差を是正するため，EU諸国にみられる「同一（価値）労働同一賃金原則」や「均等待遇原則」などを導入すべきか否かが議論されている。

　そこで，EU及びその加盟国であるドイツ，フランス，イギリス及びスウェーデン（EU対象国）の関係法制の概要及び運用の実態の検討から得られた知見を踏まえ，EU諸国における雇用形態に係る「均等待遇原則」を，人権保障に係る「均等待遇原則」及びその下位規範たる「同一（価値）労働同一賃金原則」との比較を通じて，以下のとおり整理した。

（1）人権保障に係る「均等待遇原則」の法的性格及び特徴─差別的取扱い禁止原則
- EU対象国において，人権保障に係る「均等待遇原則」とは，人権保障の観点から，性別，人種など個人の意思や努力によって変えることのできない属性や自らの意思での選択の自由が保障されている宗教・信条を理由に，賃金を含む労働条件等につき，差別的取扱いを禁止するものと解される。
- 人権保障に係る「均等待遇原則（差別的取扱い禁止原則）」は，原則として，一方の属性を持つ者を不利に取り扱うことのみならず，有利に取り扱うことも逆差別として許容しない両面的規制であることが特徴である。
- なお，性別や人種などを理由とする異別取扱いは，原則として，真に職務上の必要性がある場合，そしてポジティブ・アクションとして例外的に許容される場合にのみ許される。

（2）雇用形態に係る「均等待遇原則」の法的性格及び特徴―不利益取扱い禁止原則
- EU対象国において，雇用形態に係る「均等待遇原則」とは，非差別原則等とも称され，差別禁止の範疇で議論されることも少なくないが，その規制内容を法的に分析すると，差別的取扱い禁止原則とは異なり，非正規労働者の処遇改善の観点から，賃金を含む労働条件につき，雇用形態（パートタイム労働・有期契約労働・派遣労働）を理由とする不利益取扱いを禁止するものと解される。
- 雇用形態に係る「均等待遇原則（不利益取扱い禁止原則）」は，正規・非正規労働者間の処遇格差が問題となる中，主に労働政策上の要請から，非正規労働者の処遇改善等を図ることを目的として導入された原則であることから，正規労働者と比べて，非正規労働者を不利に取り扱うことを禁止し，かつ，有利に取り扱うことは許容する，片面的規制であることが特徴である。
- なお，雇用形態の違いを理由とする異別取扱いは，客観的（合理的）理由があれば許容される。

（3）「同一（価値）労働同一賃金原則」の法的性格及び特徴
- EU対象国において，「同一（価値）労働同一賃金原則」とは，人権保障の観点から，主として性別など個人の意思や努力によって変えることのできない属性等を理由に，ある労働者が，他の労働者と比較して，同一（価値）の労働をしていると認められるにもかかわらず，他の労働者より低い賃金の支払いを受けている場合に，他の労働者と同一の賃金の支払いを義務づけるものであり，人権保障に係る「均等待遇原則（差別的取扱い禁止原則）」の賃金に関する一原則と位置付けられるものである。
- その帰結として，「同一（価値）労働同一賃金原則」も，「均等待遇原則（差別的取扱い禁止原則）」一般と同様，一方の属性等を持つ者を他方より有利に取り扱うことも許さない両面的規制である。
- また，「同一価値労働同一賃金原則」は，元々，男女間の賃金差別につき，性別の違いによる職務分離がみられる中，「同一労働同一賃金原則」では十分に

是正できないことから，異なる職務間でも適用ができるよう，同一労働から同一価値労働へ比較対象を拡大したものである。
- これに対して，性別等とは異なり当事者の合意により決定される雇用形態の違いを理由とする賃金格差に関しては，何らかの立法がない限り，「同一（価値）労働同一賃金原則」は直接的に適用可能な法原則とは解されていない。
- なお，性別等人権に関わる法定差別禁止事由について認められる「同一（価値）労働同一賃金原則」は強行的なもので，これらの差別禁止事由を直接理由とする賃金に関する異別取扱いは原則として許されない。
- 一方，賃金に関する異別取扱いにつき，間接差別として争われる場合は，より広い客観的（合理的）理由が認められる。EU法における男女「同一（価値）労働同一賃金原則」の間接差別に関する判例をみると，勤続年数，学歴，資格，勤務成績，技能，生産性，移動可能性（勤務時間や勤務場所の変更にどの程度対応できるかという柔軟性），労働市場の状況等が，広く賃金に関する異別取扱いを許容する客観的（合理的）理由として考慮されている。
- このうち，勤続年数の違いによる賃金格差は，勤続の積み重ねによる職業能力の向上の観点から，異別取扱いの合理性について，通常，使用者の立証を要しないとされる。
- また，勤務時間や就業場所の変更にどの程度対応できるかという柔軟性については，それらが，特定の職務の遂行に重要であることを使用者が立証できれば，賃金格差の客観的（合理的）理由として認められるとされる。

(4) 雇用形態の違いを理由とする不合理な賃金格差を禁止する法原則の法的性格及び特徴
- EU対象国において，雇用形態の違いを理由とする賃金に関する異別取扱いについての争いは，上記（2）の雇用形態に係る不利益取扱い禁止原則の枠組みの中で，対処されている。
- 賃金に関する異別取扱いについては，比較対象者の存在が問題となるとともに，問題となる給付の性質・目的に応じて客観的（合理的）理由の有無が以下

のように判断がされている。
- 職務関連給付（基本給，職務手当など）については，同一労働に従事する比較対象者が必要とされている。勤続期間，学歴，資格，職業格付けが違う場合には，客観的（合理的）理由があるものとして，異別取扱いが認められる。
- 職務関連以外の給付（食事手当など）については，やはり比較対象者が必要とされるが，同一労働であることまでは求められていない。また，客観的（合理的）な理由がない限り，量的に分割可能な給付は比例原則による給付が求められるとともに，量的に分割不能な給付（食事手当など）は，全面的に非正規労働者に認められる傾向にある。
- 一方，日本のパートタイム労働法8条の「均等待遇原則（不利益取扱い禁止原則）」では，給付の性質・目的に関係なく，「職務の内容」の同一性（同一労働要件）に加えて，「人材活用の仕組みや運用」も同一で，「労働契約の期間の定めがない（反復更新することにより無期労働契約と同視できる有期労働契約を含む。）」ことを満たす場合に，通常の労働者と同視され，不利益取扱い禁止原則が適用される点で，EUにおける雇用形態に係る不利益取扱い禁止原則との違いが見いだされる。

（5）まとめ
- 日本においては，正規・非正規労働者間の賃金格差是正の文脈で「同一（価値）労働同一賃金原則」が言及されることも少なくない。しかし，EU諸国においては，同原則は，性別など個人の意思や努力によって変えることのできない属性等を理由とする，人権保障に係る差別的取扱い禁止原則の賃金に関する一原則として位置付けられていると理解することができる。

　このため，「同一（価値）労働同一賃金原則」は，（EUやイギリスにおいて，男性正規労働者と女性パートタイム労働者間の賃金格差につき，性別を理由とする間接差別禁止としては適用されることがあるものの）当事者の合意により決定される雇用形態の違いを理由とするパートタイム労働者に対する賃金

格差として争われる場合には，何らかの立法がない限りは，直接的に適用可能な法原則とは解されていない。
- そして，EU諸国においては，正規・非正規労働者間の賃金格差をはじめとする不合理な処遇格差の是正については，雇用形態に係る不利益取扱い禁止原則の枠組みの中で，対処されている。
- このような雇用形態に係る不利益取扱い禁止原則は，
  - 賃金に限定されず，処遇全般を射程として，
  - 正規労働者と比べて，客観的（合理的）理由なく，非正規労働者を不利に取り扱うことを禁止し，かつ，非正規労働者を有利に取り扱うことも許容する片面的規制である

  ことを特徴とする，正規・非正規労働者間の不合理な処遇格差を禁止する法原則として理解することができる。

  そして，その具体的適用においては，
  - 基本給など職務関連給付について，同一労働に該当しない，異なる職種・職務間の職務関連賃金格差は射程としない，
  - 原則として，間接差別は禁止されない

  という特色も見られる。
- また，雇用形態に係る不利益取扱い禁止原則の適用に当たり，異別取扱いを許容する客観的（合理的）理由については，問題となる給付等の性質・目的に応じて柔軟な判断がなされる傾向がみられ，その判断要素も，勤続期間，学歴，資格，職業格付けなど様々な点が考慮に入れられている。
- なお，日本における正規・非正規労働者間の処遇の差は，両者の職務の違いに加え，働き方（人材活用の仕組み・運用等）の違いも一因と考えられる。

  本研究会で検討したEU対象国における雇用形態に係る不利益取扱い禁止原則の判例等の中で，異別取扱いを許容する客観的（合理的）理由の判断要素として，人材活用の仕組み・運用等が明示的に取り上げられたものはなかった。しかし，
  - EU法における男女「同一（価値）労働同一賃金原則」の判例において，労

働時間や就業場所の変更にどれだけ対応できるかという点が，特定の職務の遂行に重要であることを使用者が立証できれば，男女間の賃金格差の客観的正当化事由として認められるとされていること
・フランスの判例法理である「同一労働同一賃金原則」の判例において，キャリアコースの違いが賃金格差を許容する客観的（合理的）理由になり得るとされていること

など，人権保障に係る「均等待遇原則」に由来する「同一（価値）労働同一賃金原則」に関して，人材活用に通ずる要素について異別取扱いの正当化事由と解する考え方が見られた。このことは，日本及びEU対象国における正規労働者と非正規労働者の働き方の違いに留意する必要はあるものの，EU対象国における雇用形態に係る不利益取扱い禁止原則についても，同様の考え方が認められる可能性を示唆しているように思われる。

2 正規・非正規労働者間の不合理な処遇格差を是正するための仕組みづくりへの示唆

上述のEU対象国における関係法制の概要及び実態の検討を踏まえ，日本における正規・非正規労働者間の不合理な処遇格差を是正するための仕組みづくりに当たって，示唆となる点を，以下のとおり，まとめた。

（1）個別企業の労使による取組を通じた処遇の改善及び納得性の向上
●EU対象国においては，職種・職務給制度が中心で，正規・非正規労働者いずれについても産業別に設定される協約賃金が適用されること等から，正規・非正規労働者間の基本給についての処遇格差をめぐる紛争は，あまりみられない。
●一方，日本においては，正規・非正規労働者間のとりわけ基本給をめぐる処遇格差が大きな問題となっている。
●日本においては，近年，職務給や成果給的な要素を取り入れる動きも出てきて

いるとはいえ，正規労働者については，職務遂行能力という要素を中核に据え，職務のほか人材活用の仕組みや運用などを含めて待遇が決定されるなど，長期間を見据えた賃金制度が主流と考えられる一方，非正規労働者については，一時的・臨時的な労働力としての位置づけから，地域の外部労働市場の需給状況等を踏まえた職務給的な要素が中心の賃金制度が多いと考えられる。

このように，正規・非正規労働者で適用される賃金制度が異なることが多い中，仮に，EU対象国のような，パートタイム労働者や有期契約労働者，派遣労働者であることを理由とする不合理な不利益取扱いを禁止する法原則の下，その具体的な適用については，個々に裁判所等が判断するという枠組みを日本に導入した場合，何が合理的な理由のない不利益取扱いに当たるかの判断を行うことが難しく，民事裁判における判断も区々となることを懸念する向きもある。

● EUにおいては，社会の複雑性・不確実性が高まる中，実体規制のみを通じた法違反による事後救済のみでは十分に効果が上がらないことから，当事者自らによる改善に向けた取組を促す手続規制を活用する例も見られる。実体規制と手続規制には，それぞれメリットとデメリットがあるが，規制事項とそれをとりまく社会経済状況を勘案して，適切なアプローチを模索する必要があろう。

● EUの取組と日本とEUの雇用形態差別の実情の違いにも十分考慮を払い，日本においても，正規・非正規労働者間の不合理な処遇格差を是正するため，個別企業による処遇の差の実態把握や，当該処遇格差が不合理な場合の是正に向けた労使の取組を進めることが，非正規労働者の処遇の改善及び納得性の向上に資すると考えられる。

また，こうした取組の際に，非正規労働者の声を反映することが重要と考えられる。

● なお，労働者の処遇の決定に当たっては，様々な要素が考慮されているが，こうした取組の際，処遇の決定要素の一つである職務を把握するための制度である，職務分析・職務評価制度の活用も考えられる。

日本においては，大企業を中心に，企業の経営戦略に応じて，職能資格制度

をはじめとして,職務等級制度や役割等級制度などの社員格付け制度を活用して人事管理が行われている。また,社員格付け制度と連動するであろう賃金表の作成状況をみると,大企業は,概ね賃金表が作成されているが,小規模企業の4割が賃金表を作成していないなど,企業規模によってばらつきがみられる。こうした状況の中,自社内の人事管理の実情に応じて,職務分析・職務評価を実施できる企業が,その取組を進めることは,正規・非正規労働者間の処遇の差についての納得性の向上や処遇の改善にも資するのではないかと考えられる。

(2)正社員への移行や多様な正社員に係る環境整備等の取組
● 雇用形態に係る不利益取扱い禁止原則は,正規・非正規労働者間で,業務内容が異なる場合や,同じ業務内容でも責任が軽かったり内容が単純な場合など,職務分離が発生しているケースや,非正規労働者が正規労働者への移行を希望しているケースには,十分実効的には機能しない。このため,非正規労働者の正社員等への移行に向けたキャリアアップ支援や,多様な正社員に係る環境整備など,他の施策を併せて検討・推進していくことも考えられる。
● また,正規・非正規労働者間の不合理な処遇格差を是正する仕組みづくりの検討に当たっては,併せて,雇用形態に中立的な税・社会保障制度の検討が必要である。

3 おわりに

● 本研究会は,EU及びその加盟国であるドイツ,フランス,イギリス及びスウェーデン並びに日本を対象に,雇用形態に係る「均等待遇原則」と称される,正規・非正規労働者間の不合理な処遇格差を禁止する法制を中心に,関係する法制の概要及び運用について検討した上で,そこから得られた知見及び日本への示唆をまとめた。
● 日本においては,正規・非正規労働者間の処遇格差是正の文脈で「同一(価

値）労働同一賃金原則」に言及されることもあるが，EU 諸国における同原則は，人権保障の観点から，性別など個人の意思や努力によって変えることのできない属性等を理由とする賃金差別を禁止する法原則として位置付けられていると理解することができる。

　他方，当事者の合意により決定することが可能な雇用形態の違いを理由とする賃金の異別取扱いについては，上記の人権保障に係る差別禁止事由について認められる「同一（価値）労働同一賃金原則」は，特段の立法がない限り，直ちに適用可能なものではないと解されている。

● EU 諸国では，正規・非正規労働者間の賃金を含む処遇格差の是正については，雇用形態に係る不利益取扱い禁止原則の枠組みの中で対処されている。

　同原則は，非正規労働者の処遇改善の観点から，正規労働者と比べて，客観的（合理的）理由なく，非正規労働者を不利に取り扱うことを禁止し，かつ，非正規労働者を有利に取り扱うことも許容するものであり，有利にも不利にも両面的に異別取扱いを禁止するいわゆる均等待遇原則（差別的取扱い禁止原則）とは異なる類型に属するものである。

● そして，雇用形態による異別取扱いが違法となるかどうかは，客観的（合理的）理由の有無により決せられるが，その判断は，人権保障に係る差別的取扱い禁止原則（特に直接差別）におけるよりも柔軟な解釈が行われている。

● このような雇用形態に係る不利益取扱い禁止原則は，雇用形態の違いを理由とする異別取扱いについて，その客観的（合理的）理由につき使用者に説明責任を負わせることで，正規・非正規労働者間の処遇格差の是正を図るとともに，当該処遇の差が妥当公正なものであるのか否かの検証を迫る仕組みと解することができる。

　このような仕組みは，正規・非正規労働者間の不合理な処遇格差の是正及び納得性の向上が課題とされている日本において，示唆に富むものと考えられる。

● また，EU では，差別禁止法一般について法違反による事後的救済のみでは十分に効果が上がらないことから，当事者自らによる改善に向けた取組を促すア

プローチも導入されていることを参考に，日本においても，個別企業による正規・非正規労働者間の処遇の差の実態把握や，当該処遇格差が不合理な場合の是正に向けた労使の取組を進めることは，非正規労働者の処遇の改善及び納得性の向上に資すると考えられる。

判例索引

大審院・最高裁判所

大判大正 11・5・29 民集 1 巻 259 頁（福音印刷事件） ……………………………………… 42
最二小判昭和 48・1・19 民集 27 巻 1 号 27 頁（シンガー・ソーイング・メシーン事件）…… 134,135
最大判昭和 48・12・12 民集 27 巻 11 号 1536 頁（三菱樹脂事件） ………………………… 27
最一小判昭和 49・7・22 民集 28 巻 5 号 927 頁（東芝柳町工場事件）……… 70〜74,96,150,152
最一小判昭和 61・12・4 労判 486 号 6 頁（日立メディコ事件）…… 8,71,72,78,95〜97,150,152
最三小判平成 2・6・5 民集 44 巻 4 号 668 頁（神戸広陵学園事件） ………………………… 27
最三小判平成 8・3・26 民集 50 巻 4 号 1008 頁（朝日火災海上保険〔高田〕事件） ………… 119
最二小判平成 9・2・28 民集 51 巻 2 号 705 頁（第四銀行事件） …………………………… 119
最一小判平成 9・3・27 労判 713 号 27 頁（朝日火災海上保険〔石堂〕事件） ………… 64,119
最二小判平成 21・12・18 民集 63 巻 10 号 2754 頁（パナソニックプラズマディスプレイ
  〔パスコ〕事件） ……………………………………………………………………… 72,152
最三小判平成 23・4・12 判時 2117 号 139 頁（INAX メンテナンス事件） ………………… 145
最三小決平成 25・4・9 労経速 2182 号 34 頁（本田技研工業事件） ………………………… 82

高等裁判所

札幌高判昭和 56・7・16 労民集 32 巻 3＝4 号 502 頁（旭川大学事件） ……………………… 35
大阪高判平成 3・1・16 労判 581 号 36 頁（龍神タクシー事件） ……………………………… 72
東京高判平成 11・3・31 労判 758 号 7 頁（丸子警報器事件） ………………………………… 98
東京高判平成 13・6・27 労判 810 号 21 頁（カンタス航空事件） …………………………… 81
福岡高決平成 14・9・18 労判 840 号 52 頁（安川電機八幡工場〔パート解雇〕事件）…… 39,40,44
東京高判平成 14・11・26 労判 843 号 20 頁（日本ヒルトンホテル〔本訴〕事件） ………… 94
福岡高判平成 21・5・19 労判 989 号 39 頁（河合塾〔非常勤講師・出講契約〕事件） …… 94
東京高決平成 21・12・21 労判 1000 号 24 頁（アンフィニ〔仮処分〕事件） ……………… 45
東京高判平成 22・12・15 労判 1019 号 5 頁（ジョブアクセスほか事件） ………………… 30
東京高判平成 23・2・15 判時 2119 号 135 頁（JAL メンテナンスサービス事件） ………… 82
仙台高秋田支判平成 24・1・25 労判 1046 号 22 頁（学校法人東奥義塾事件） …………… 44
東京高判平成 24・9・20 労経速 2162 号 3 頁（本田技研工業事件） ………………………… 82

243

地方裁判所

大阪地判昭和 46・11・11 判タ 274 号 276 頁 ………………………………………… 47
大阪地決昭和 62・9・11 労判 504 号 25 頁（北陽電機事件）……………………… 80
東京地判平成 2・5・18 労判 563 号 24 頁（読売日本交響楽団事件）……………… 35
福岡地判平成 2・12・12 労判 578 号 59 頁（福岡大和倉庫事件）…………………… 72
大阪地判平成 3・10・22 労判 595 号 9 頁（三洋電機事件）………………………… 98
名古屋地決平成 5・5・20 判タ 826 号 228 頁（中部共石油送事件）……………… 43
東京地八王子支決平成 5・10・25 労判 640 号 55 頁（日本電子事件）…………… 98
名古屋地判平成 7・3・24 労判 678 号 47 頁（ダイフク事件）……………………… 78,97
長野地上田支判平成 8・3・15 労判 690 号 32 頁（丸子警報器事件）……………… 101
長野地松本支決平成 8・3・29 労判 719 号 77 頁（芙蓉ビジネスサービス事件）… 98
福島地会津若松支平成 10・7・2 労判 748 号 110 頁（本田金属技術事件）……… 97,98
横浜地決平成 11・5・31 労判 769 号 44 頁（大京ライフ事件）……………………… 72
横浜地判平成 11・9・30 労判 779 号 61 頁（ヘルスケアセンター事件）…………… 97,98
浦和地川越支決平成 12・9・27 労判 802 号 63 頁（雪印ビジネスサービス事件）… 82
大阪地判平成 14・5・22 労判 830 号 22 頁（日本郵便逓送〔臨時社員・損害賠償〕事件）…… 101
東京地判平成 15・4・28 労判 854 号 49 頁（モーブッサンジャパン〔マーケティング・コンサルタント〕事件）………………………………………………………… 39,43
福岡地小倉支判平成 16・5・11 労判 879 号 71 頁（安川電機八幡工場〔パート解雇・本訴〕事件）………………………………………………………………… 98
大阪地判平成 17・1・13 労判 893 号 150 頁（近畿コカ・コーラボトリング事件）………… 82,87
大阪地判平成 17・3・30 労判 892 号 5 頁（ネスレ・コンフェクショナリー関西支店事件）… 39,49
京都地判平成 18・4・13 労判 917 号 59 頁（近畿建設協会〔雇止め〕事件）……… 80
東京地判平成 19・12・20 労判 966 号 21 頁（渡辺工業〔住友重機横須賀工場〕事件）… 82,87
東京地判平成 20・6・17 労判 969 号 46 頁（日立製作所〔帰化嘱託従業員・雇止め〕事件）… 82,87
大阪地判平成 20・9・17 労判 976 号 60 頁（新生ビルテクノ事件）……………… 47
神戸地尼崎支判平成 20・10・14 労判 974 号 25 頁（報徳学園事件）……………… 81
東京地判平成 20・12・25 労判 981 号 63 頁（学校法人立教女学院事件）………… 81,157
宇都宮地栃木支決平成 21・4・28 労判 982 号 5 頁（プレミアライン〔仮処分〕事件）…… 11,45

秋田地決平成 21・7・16 労判 988 号 20 頁（江崎グリコ〔雇止め・仮処分〕事件）……… 98
福井地決平成 21・7・23 労判 984 号 88 頁（ワークプライズ〔仮処分〕事件）………… 47
広島地判平成 21・11・20 労判 998 号 35 頁（社団法人キャリアセンター中国事件）……… 46,48
大阪地決平成 22・1・20 労判 1002 号 54 頁（東大阪市環境保全公社〔仮処分〕事件）………… 44
東京地判平成 22・3・26 労経速 2079 号 10 頁（東京地下鉄事件）………………………… 80
東京地判平成 22・3・30 労判 1010 号 51 頁（ドコモ・サービス〔雇止め〕事件）……………… 94
京都地判平成 22・5・18 労判 1004 号 160 頁（京都新聞 COM 事件）…………………… 81
東京地判平成 22・5・28 労判 1013 号 69 頁（ジョブアクセスほか事件）………………… 30
東京地決平成 22・7・30 労判 1014 号 83 頁（明石書店〔製作部契約社員・仮処分〕事件）…… 85
津地判平成 22・11・5 労判 1016 号 5 頁（アウトソーシング事件）………………………… 46,49
京都地判平成 22・11・26 労判 1022 号 35 頁（エフプロダクト事件）……………………… 80,98
新潟地判平成 22・12・22 労判 1020 号 14 頁（学校法人加茂暁星学園事件）……………… 98
大阪地判平成 23・8・12 労経速 2121 号 3 頁（フジタ事件）………………………………… 98
東京地判平成 23・9・16 労経速 2127 号 21 頁（バキュームモールド工業事件）…………… 80
東京地判平成 24・2・17 労経速 2140 号 3 頁（本田技研工業事件）………………………… 82
大阪地判平成 24・11・1 労判 1070 号 142 頁（ダイキン工業事件）………………………… 80
札幌地判平成 25・3・28 労判 1082 号 66 頁（日本郵便〔苫小牧支店・時給制契約社員 A 雇止め〕事件）……………………………………………………………………………………………… 98
横浜地判平成 25・4・25 労判 1075 号 14 頁（東芝ライテック事件）……………………… 85
札幌地判平成 25・7・30 労判 1082 号 24 頁（日本郵便〔苫小牧支店・時給制契約社員 B 雇止め〕事件）……………………………………………………………………………………………… 98

事項索引

あ行

入口規制（有期労働契約締結事由の規制）
　………………………………………… 10

か行

解雇
　――の予告 ……………………… 41
　期間途中の―― ……………… 39,48
期間途中の解約 ………………… 38
　――のやむを得ない事由 … 4,6,38,41,43,47
期間の定め（有期労働契約も参照）
　――の解釈 ……………………… 27
　――の高度の専門的知識等を有する労働
　　者に関する特例 ……………… 31
　――の職業訓練に関する特例 … 31
　――の書面明示 ……………… 4,27
　――の満60歳以上の労働者に関する特例
　　………………………………… 33
クーリング期間 ………… 57,128,148
契約期間
　――の下限 ……………………… 36
　――の雇用保障機能 …………… 40
　――の上限 ……………………… 22
　――の上限規制違反の効果 …… 34
　事業の完了に必要な―― …… 22,28
研究プロジェクト ……………… 29
更新
　――上限の約定 ………………… 80
　――の合理的な期待 …………… 154

　――の申込み …………………… 89
更新拒絶（使用者による） ……… 93
合理的期待
　――の判断基準時 ……………… 80
　――の放棄・消滅 ……………… 81
　更新の―― …………………… 154
　雇用継続への―― ……………… 79
5年無期転換ルール ……… 4,6,14,52,126
　――の特例 ……………………… 56
雇用継続の申込み ………………… 89
雇用形態差別 ……………………… 12
雇用形態による均等処遇についての
研究会報告書 ………… 12,巻末資料4
雇用保障効果 …………………… 3,6

さ行

差別（不利益取扱い）禁止規制 … 10
3年雇止め慣行 ………………… 146
事業の完了に必要な期間 …… 22,28
自動終了効果 ………………… 3,7,13
就業規則による労働条件変更 …… 64
試用期間 …………………………… 27
上限規制違反の効果 ……………… 34
使用者の拒絶 ……………………… 93
職業訓練期間の特例 ……………… 31
人身拘束効果 …………………… 3,4
整理解雇法理 ……………………… 98

た行

定年制 ……………………………… 24

出口（濫用）規制 …………………… 10
同一（価値）労働同一賃金原則 ……… 106
同一の使用者
　――（労働契約法18条における）‥ 54,127
　――（労働契約法20条における）…… 111
東芝柳町工場事件 ………………… 70,73,96

な行

任期法 ……………………………… 25

は行

派遣労働者の中途解雇 …………… 45
非正規雇用 ………………………… 7
日立メディコ事件 ……………… 71,95,96
日雇い派遣 ………………………… 37
不確定期限 ………………………… 30
不更新特約 ……………………… 80,82
不合理な労働条件の禁止（期間の定めが
　あることによる）……………… 15,100,158
別段の定め …………………… 63,139
変更解約告知 ……………………… 93

ま行

民法
　――626条 ………………………… 6
　――628条 ……………………… 3,6
　――629条 ……………………… 70
無期転換後の雇用保障 …………… 67
無期転換申込権 ………………… 54,133
　――行使の効果 ………………… 137
　――導入の意義 ………………… 143
　――の放棄 …………………… 60,134
無期転換ルール ……………… 14,52,126
　――と労働条件 ………………… 61
無契約期間 ………………………… 75

や行

雇止め
　――が解雇と社会通念上同視できること
　　………………………………… 75
　――の効力審査 ……………… 73,95
　組織再編に伴う―― …………… 87
雇止め法理 …………………… 6,13,70
　――の効果 ……………………… 98
　――の適用審査 ……………… 73,95
　――の立法化 ………………… 150
　期待保護タイプに対する―― … 78,96
　実質無期契約タイプに対する―― … 73,96
やむを得ない事由（期間中途解約の）
　………………………… 4,6,38,41,43,47
　――の立証責任 ………………… 42
有期雇用法制 ……………………… 3
有期労働契約
　――の更新 ……………………… 69
　――の更新拒絶 ………………… 93
　――の更新の申込み …………… 89
　――の雇用保障効果 …………… 3,6
　――の自動終了効果 ………… 3,7,13
　――の人身拘束効果 …………… 3,4
　――の締結の申込み …………… 89

247

――の反復更新 …………………… 73	――137条 …………………………… 24
――の利用目的 …………………… 28	労働契約法
――を理由とする不合理な労働条件の禁止	――17条 …………………………… 38
………………………… 15, 100, 158	――18条 …………………………… 51
諸外国における―― …………………… 10	――19条 …………………………… 69
有期労働契約研究会 ………………… 125	――20条 ………………………… 100
――報告書 ……………… 11, 巻末資料3	労働契約法施行通達（労働契約法の施行
有期労働契約締結事由の規制（入口規制）	について）……………… 126, 巻末資料2
………………………………………… 10	労働条件
	――相違の不合理性 …………………… 113
	――に関する別段の定め ………… 63, 139
	無期転換ルールと―― ………………… 61

ら行

労働基準法
　　――14条 ……………………… 4, 21

編著者紹介　　荒木尚志
　　　　　　　ARAKI TAKASHI

東京大学大学院法学政治学研究科教授・法学博士
《主要著書》
諸外国の労働契約法制（共編著，労働政策研究・研修機構，2006年）／雇用社会の法と経済（共編著，有斐閣，2008年）／ケースブック労働法〔第3版〕（共著，有斐閣，2011年）／労働法〔第2版〕（有斐閣，2013年）／*Multinational Human Resource Management and the Law*（Multi-Authored, Edward Elgar, 2013）／詳説 労働契約法〔第2版〕（共著，弘文堂，2014年）　等

有期雇用法制ベーシックス
BASICS OF FIXED-TERM EMPLOYMENT LAW

2014年6月20日　初刷第1刷発行

編著者	荒木尚志
発行者	江草貞治
発行所	株式会社 有斐閣
	〒101-0051 東京都千代田区神田神保町2-17
電話	03-3264-1311（編集）
	03-3265-6811（営業）
	http://www.yuhikaku.co.jp/

デザイン　北田進吾（キタダデザイン）
印刷　　　株式会社暁印刷
製本　　　大口製本印刷株式会社

©2014, Araki Takashi. Printed in Japan
落丁・乱丁本はお取替えいたします
ISBN 978-4-641-14464-4

JCOPY
本書の無断複写（コピー）は，著作権法上での例外を除き，禁じられています。複写される場合は，そのつど事前に，(社)出版者著作権管理機構（電話 03-3513-6969,FAX03-3513-6979,email:info@jcopy.or.jp）の許諾を得てください。